Dr. Karl Burney's
Nachricht
von
Georg Friedrich Händel's
Lebensumständen

und

der ihm zu London im Mai und Jun. 1784 angestellten

Gedächtnißfeyer.

Aus dem Englischen übersetzt
von
Johann Joachim Eschenburg,
Professor in Braunschweig.

Mit Kupfern.

Berlin und Stettin,
bei Friedrich Nicolai, 1785.

Dr. Karl Burney's

Nachricht
von
Georg Friedrich Händel's
Lebensumständen
und
der ihm zu London im Mai u. Jun. 1784 angestellten
Gedächtnißfeyer

First published by Friedrich Nicolai in 1785.

Republished by Travis & Emery 2009.

Published by
Travis & Emery Music Bookshop
17 Cecil Court, London, WC2N 4EZ, United Kingdom.
(+44) 20 7240 2129
neworders@travis-and-emery.com

ISBN: Hardback: 978-1-906857-89-9.   Paperback: 978-1-906857-90-5.

This is a facsimile of the first edition of Charles Burney's "Nachricht von Georg Friedrich Händel's Lebensumständen und der ihm zu London im Mai u. Jun. 1784 angestellten Gedächtnißfeyer", printed in Berlin, also in 1785, being a translation of "An Account of the Musical Performances in Westminster-Abbey, and the Pantheon, May 26th, 27th, 29th; and June the 3rd, and 5th, 1784. In Commemoration of Handel", printed for the Benefit of the Musical Fund, 1785.

Dr. Charles Burney, Mus. D. (1726-1814), organist, composer and music historian.

Music related books written by Dr. Burney include:

1771: The Present State of Music in France and Italy or, The Journal of a Tour through those Countries, undertaken to collect Materials for a General History of Music. London: Printed for T. Becket and Co. (Second edition 1773)

1771: A Letter from the Late Signor Tartini to Signora Maddalena Lombardini (now Signora Sirmen). Published as an Important Lesson to Performers on the Violin. Translated by Dr. Burney. (Also 1779)

1773: The Present State of Music in Germany, the Netherlands, and the United Provinces, or, The Journal of a Tour through those Countries, undertaken to collect Materials for a General History of Music. London: Printed for T. Becket and Co. 2 vols. (Second edition 1775)

1776-1789: A General History of Music from the Earliest Ages to the Present Period, to which is prefixed, a Dissertation on the Music of the Ancients. 4 vols. (Vol 1 reprinted in 1789).

1779: Account of an Infant Musician. [William Crotch.]

1785: An account of Mademoiselle Theresa Paradis.

1785: An Account of the Musical Performances in Westminster-Abbey, and the Pantheon, May 26th, 27th, 29th; and June the 3rd, and 5th, 1784. In Commemoration of Handel", printed for the Benefit of the Musical Fund. A version was also printed in Dublin by Messrs. Moncrieffe, Jenkin, White, H. Whitestone, Burton, and Byrne, also in 1785.

Standard works on the life of Dr. Burney include:

BURNEY, Frances ['Fanny', Madame d'Arblay, his daughter], Memoirs of Dr. Burney. (1832)

SCHOLES, Percy A.: The Great Dr. Burney: His Life, His Travels, His Works, His Family and His Friends. (OUP, 1948)

LONSDALE, Roger: Dr. Charles Burney: A Literary Biography: (OUP, 1965)

More information, and fuller bibliography, can also be found in The New Grove Dictionary of Music and Musicians (Macmillan / OUP)

Within these sacred Walls
the Memory of HANDEL
was celebrated,
under the patronage
and in the presence
of his most Gracious Majesty
GEORGE the III.
on the XXVI and XXIX of May,
and on the III and V of June
MDCCLXXXIV.

the Musick performed
on this Solemnity
was selected from his own Works,
under the direction of
BROWNLOW Earl of Exeter,
JOHN Earl of Sandwich,
HENRY Earl of Uxbridge,
Sir WATKIN WILL^m WYNN Bar^t
and
Sr RICHARD JEBB Bar^t

the Band consisting
of 525 Vocal & Instrumental Performers,
was conducted by
JOAH BATES Esqr.

GEORGE FREDERIC HANDEL Esqr
born February XXIII, MDCLXXXIV
died on Good Friday April XIII MDCCLIX

E. Henne sc.

Hændel's Denkmal in der Westmünster=Abtey.

Dr. Karl Burney's
Nachricht
von
Georg Friedrich Händel's
Lebensumständen
und
der ihm zu London im Mai und Jun. 1784 angestellten
Gedächtnißfeyer.

Aus dem Englischen übersetzt
von
Johann Joachim Eschenburg,
Professor in Braunschweig.

Mit Kupfern.

Berlin und Stettin,
bei Friedrich Nicolai, 1785.

Ihrer Majestät

der

Königin von Grosbritannien.

Allergnädigste Königin,

Eingedenk der huldreichen Aufmerksamkeit, deren Ew. Königl. Majestät vor einigen Jahren meine Verdeutschung des Shakspeare zu würdigen geruhten, wagte ich den Wunsch, auch die Uebersetzung gegenwärtiger Schrift Ew. Majestät ehrfurchtvoll überreichen zu dürfen; und erhielt dazu, durch Vermittelung ihres Verfassers, die allergnädigste Erlaubniß.

* 3   Der

Der große Tonkünstler, dessen Verdiensten diese Schrift gewidmet ist, war deutscher Abkunft; wurde schon früh in seinem Vaterlande geschätzt und geliebt; wurde in England mit froher Erwartung aufgenommen; fand dort, je mehr man seinen großen Werth kennen und schätzen lernte, immer allgemeinere und eifrigere Bewunderung; ward Liebling der Nation, die auf seinen Besitz stolz war.

Wenn ich es wagen darf, den hohen Namen Ew. Königl. Majestät hier in die Stelle des unsterblichen Händelischen Namens zu setzen; so trifft auch dann alles das aufs

wahrste

wahrste und vollkommenste von **Britanniens Königinn**
zu, was ich itzt von i h m gesagt habe. Aber, nicht blos
diese auffallende Parallele veranlaßte mich zu dem Wunsche,
Ew. Majestät dieses geringe Opfer meiner tiefsten Verehrung darbringen zu dürfen. Noch dringender ward ich durch
die Pflicht dazu aufgefordert, **Ew. Majestät** bey dieser Gelegenheit öffentlich, und im Namen meines Vaterlandes, für
die Gnade zu danken, mit welcher Dero höchste Gegenwart
dieser Feyer, bey jedesmaliger Wiederkehr derselben, den größten
Glanz ertheilte, und mit welcher **Ew. Majestät** die Ver-

an-

anstaltung und Bestimmung derselben so königlich milde befördert und unterstützt haben.   So verdankt nun die brittische Nation der deutschen nicht nur einen der größten Künstler, sondern auch die erhabenste Kennerinn und Beschützerinn der Kunst.

Ich ersterbe in tiefster Ehrfurcht

Ew. Königl. Majestät

allerunterthänigst treugehorsamster
Johann Joachim Eschenburg.

Vorbericht des Verfassers.

Von jeher war ein öffentlicher und von einer ganzen Nation entrichteter Zoll der Dankbarkeit gegen Verstorbene, deren Arbeiten und Talente dem menschlichen Geschlechte wahre Wohlthaten, oder unschuldiges Vergnügen verschafften, eines der frühesten Merkmale der Sittenverbesserung in jedem Lande, das sich vom Joche der Unwissenheit und Barbarey befreyet hatte. Und keine Erklärung der Geheimnisse der alten griechischen Fabellehre scheint gegründeter zu seyn, als wenn man annimmt, daß Menschen, deren Tugend und Geschicklichkeiten über das gewöhnliche Maaß menschlicher Vollkommenheit hinaus giengen, sich die Verehrung ihrer Nachkommen in einem so hohen Grade erworben hatten, daß daraus Vergötterung und Apotheose wurde.

Eine so gigantische Idee von Gedächtnißfeyer, wie die gegenwärtige, die nicht anders, als durch Zusammenstimmung so vieler Gemüther zu Stande kommen konnte, mußte lange vorher gehegt und unterhalten seyn, ehe sie zur Ausführung gedeihen, und zur Wirklichkeit reifen konnte. Aber von dem ersten Gedanken an diesen Entwurf bis zu seiner Vollendung trafen so viele günstige Umstände zusammen, als man in der Geschichte keiner Kunst noch Wissenschaft antreffen wird: der königliche Schutz, womit er beehrt wurde; der hohe Rang, die Einmüthigkeit und der thätige Eifer der Direktoren; die Muße sowohl, als die Emsigkeit und Geschicklichkeit des Anführers; die uneigennützige Folgsamkeit der einzelnen Theilnehmer, und die freygebigen Beyträge des Publi-

** 2

kum's:

Vorbericht des Verfaſſers.

kum's; alles vereinte ſich, dieſe Begebenheit denkwürdig, und einer Stelle, nicht nur in den Jahrbüchern der Muſik, ſondern der Menſchheit, werth zu machen.

Und in der That konnte ein muſikaliſcher Geſchichtſchreiber kaum umhin, zu glauben, daß ein Unternehmen, beehrt mit dem Schutz und der Gegenwart Ihrer Majeſtäten; entworfen und perſönlich dirigirt von Perſonen des erſten Ranges; beglückt durch die Anweſenheit der zahlreichſten und ausgeſuchteſten Zuhörer, die jemals bey einer ähnlichen Gelegenheit, in irgend einem Lande, beyſammen waren, unter welchen ſich nicht nur der König, die Königinn, die königliche Familie, der hohe Adel und die erſten Staatsbedienten befanden, ſondern auch die Erzbiſchöfe, Biſchöfe und andre angeſehene Geiſtliche, nebſt den vornehmſten Rechtsgelehrten und obrigkeitlichen Perſonen; daß ſolch eine Begebenheit in der Muſik eine Epoche machen würde, die eben ſo ehrenvoll für die Kunſt und Nationalerkenntlichkeit, als für den großen Künſtler ſeyn mußte, der zu dieſer Feyer Gelegenheit gab.

Händel, deſſen Genie und Verdienſte jüngſthin auf eine ſo edle Art verherrlicht ſind, war zwar kein geborner Engländer: er widmete aber den größten Theil ſeines Lebens dem Dienſt unſerer Nation, verbeſſerte unſern Geſchmack, ergötzte uns in der Kirche, auf der Bühne, und im Zimmer, und bereicherte uns mit ſo vielen Arten muſikaliſcher Trefflichkeit, daß wir mehr als ein halbes Jahrhundert hindurch, in welchem Gefühl, nicht Mode, unſern Beyfall lenkte, kein andres Muſter wünſchten, noch bedurften. Er kam zu uns in einer barbariſchen Periode für faſt alle Gattungen der Tonkunſt, die Kirchenmuſik allein ausgenommen. Aber nicht nur die Chöre ſeiner Oratorien, die ſo gerechten Anſpruch auf Unſterblichkeit machen; auch ſeine Orgelſtücke, und ſeine Spielart, ſind noch immer Muſter der Vollkommenheit, die von keinem andern Meiſter in ganz Europa übertroffen ſind; und ſeine Opern ſetzte er in einer ſo neuen und vortrefflichen Schreibart, daß ſeitdem noch keine Muſik, bey allen ihren Verfeinerungen in Anſehung der Melodie und Symmetrie der Arie, in der Aufführung ſo viel Wirkung auf die Zuhörer hervorgebracht hat.

Seine

Vorbericht des Verfassers.

Seine Werke waren wirklich so lange schon Muster der Vollkommenheit bey uns, daß man ihnen die Bildung des englischen Nationalgeschmacks mit Recht zuschreiben kann. Denn, wenn gleich in den letzten Jahren, viele einzelne Personen in London für die Kompositionen Italiens, Deutschlands und Frankreichs vorzüglich eingenommen gewesen sind; so hat doch die Nation, im Ganzen genommen, diese Neuerungen mehr geduldet, als sich eigen gemacht.

Die Engländer, ein männliches, kriegrisches Volk, wurden sogleich von Händel's ernster, kühner und kraftvoller Setzart eingenommen, die mit ihren Sitten und Gesinnungen so ganz zusammen stimmt. Und wenn gleich die Arbeiten mancher mit großem Genie und Talent begabter Männer, die nach ihm kamen, eine vorübergehende Aufmerksamkeit und Bewunderung erregt; so wird doch allemal ein Händelisches Werk, von einem vorzüglichen Meister vorgetragen, mit einem Grade von allgemeinem Vergnügen und Beyfall angehört, die andern Kompositionen selten zu Theil werden. Die ausgesuchte vortreffliche Art, mit welcher man seine Arbeiten in dem zur Erhaltung und Ausführung alter Musik errichteten Concert vorträgt, erregt das Verlangen bey allen Zuhörern, mit mehrern Werken von ihm bekannt zu werden. Und vielleicht erhielten bey der neulichen Aufführung in der Westmünsterabtey die Kompositionen dieses großen Meisters zum erstenmal ein Orchester, das im Stande war, alle die wundervolle Gewalt seiner Harmonie gehörig an den Tag zu legen.

Pope glaubte, vor mehr als vierzig Jahren, Händel's Orchester sey zahlreicher, als irgend eines, wovon man in neuern Zeiten je etwas gehört oder gesehen hätte; und so begnügte er sich, ihn Centimanus zu nennen, wenn er sagt:

Strong in new arms, lo! Giant HANDEL stands,
Like bold Briareus with his *hundred hands* *).

** 3   Wenn

*) „Sieh! stark in neuen Waffen steht da der „Riese Händel, gleich dem verwegnen Briareus mit seinen hundert Händen." — Das Wortspiel liegt in dem Worte arms, das Waffen und Arme bedeuten kann.   E.

Vorbericht des Verfassers.

Wenn aber dieser große Dichter die neuliche Gedächtnißfeyer erlebt hätte, wobey Händel's Arbeiten mehr als fünf hundert Stimmen und Instrumente beschäftigten; so hätte er vielleicht ein Wortspiel, ein Gleichniß, und einen witzigen Einfall weniger angebracht, weil es ihm an einer klassischen Anspielung dazu gefehlt hätte.

Ungeachtet der häufigen Klagen, die man über das Verderbniß der Musik, über die Wandelbarkeit und den Eigensinn des Publikum's, und über die Neuerungen einzelner Tonkünstler führt, giebt es vielleicht kein Land in ganz Europa, wo man die Arbeiten alter Meister so glücklich der Vergessenheit entzieht, als in England. Denn bey aller Liebe zur Neuheit, bey allen schnellen Abwechselungen der Mode, die wir mit andern Ländern gemein haben, führt man doch immer noch in unsern Hauptkirchen die Stücke und vollständigen Motetten des sechszehnten und siebzehnten Jahrhunderts, von Tye, Tallis, Bird, Morley, Gibbons, Humphrey, Blow und Purcell, eben so wohl auf, als die zu Anfange des itzigen Jahrhunderts verfertigten von Wise, Clarke, Crofts, und andern, deren gründliche und gelehrte Kompositionen mit dazu beygetragen haben, die Harmonie und die ältere Schreibart der Chöre vor Verderbniß und Verfall zu bewahren. Das Concert zur Krone und zum Anker, welches im Jahre 1710 zur Erhaltung des Andenkens alter Meister jedes Landes errichtet ist, hat sich lange bemüht, den Neuerungen Einhalt zu thun; und die jährlichen Musiken in der St. Paulskirche zum Besten der Söhne der Geistlichkeit, die Madrigal-Societät, der Catch-Club, und das Concert alter Musik, sind alle weit günstiger für die Werke berühmter Verstorbnen, als für die von noch lebenden Kandidaten des Ruhms.

Aber das größte, ehrenvollste Lob, welches man der Macht der Tonkunst ertheilen kann, besteht darin, daß allemal, wenn man das menschliche Herz zur Milde und zum Wohlthun zu beleben wünscht, ihre Hülfe öfter gesucht wird, als die Hülfe irgend einer andern Kunst oder Fürsprecherinn; weil das Vergnügen, welches sie zum Ersatz überflüssigen Reichthums darbietet, nicht nur

das

Vorbericht des Verfassers.

das ausgesuchteste ist, welches menschlicher Witz verschaffen kann, sondern auch das unschuldigste, welches sich von einem wohleingerichteten Staat erlauben läßt.

Händel's Kirchenmusik ist wirklich durch ihre Aufführung zum Besten milder Stiftungen immer beym Leben erhalten, und hat zugleich Tausenden das Leben erleichtert und gefristet; wie z. B. in der St. Paulskirche zum Besten der Söhne der Geistlichkeit *); bey den dreyjährigen Zusammenkünften der drey Chöre von Worcester, Hereford und Gloucester; auf den beyden Universitäten Oxford und Cambridge; bey den Benefitconcerten für abgelebte Tonkünstler und deren Familien; im Fündlingshospital; in der St. Margaretenkirche für das Westmünster-Krankenhaus; und überhaupt für Hospitäler und Krankenhäuser in ganz England, die seit langer Zeit der Tonkunst, und vorzüglich den Händelischen Werken, ihre Unterstützung zu danken haben.

Hieraus läßt sich nicht nur die Beeiferung einzelner Personen für die Fortpflanzung seines Ruhms rechtfertigen, sondern auch die Willfährigkeit der ganzen Nation zur Beförderung eines Unternehmens, welches zur Verherrlichung des Andenkens eines so großen Künstlers, und eines so vielfachen Wohlthäters bestimmt war.

Bey allen den Nachrichten, die ich durch meine musikalische Belesenheit und anderweitige Nachforschungen habe einziehen können, sage ich nicht zu viel, wenn ich behaupte, daß die bey dieser Gelegenheit versammelten Tonkünstler, sowohl an Geschicklichkeit als an Menge alle andere irgend eines Orchesters übertrafen, das jemals in neuern Zeiten zusammengebracht ist. Dieß ergiebt sich augenscheinlich aus folgendem chronologischen Verzeichnisse der merkwürdigsten musikalischen Musterungen, deren die Geschichte Erwähnung thut.

Bey einem gegenseitigen Besuche, Franz des Ersten, Königs von Frankreich, und des Pabstes Leo des Zehnten, zu Bologna, im J. 1515,

waren

*) Einige Nachrichten von diesem Institut bey Gelegenheit eines Verzeichnisses der bey dessen Jahrsfeyer seit 1678 gehaltnen Predigten, findet man im Gentleman's Magazine vom Februar dieses 1785sten Jahes, S. 94 ff. E.

Vorbericht des Verfaſſers.

waren die Muſiker und Sänger des Königs und des Pabſtes beyſammen, und machten das zahlreichſte Orcheſter aus, welches damals je zuſammengebracht war. Die eigentliche Anzahl wird zwar nicht erwähnt. Da aber die Kapelle und der Hofſtaat dieſer beiden Fürſten mit einander, doch gewiß keine ſo große Anzahl von Tonkünſtlern ausmachen konnte, daß ſie ſich mit dem neulich vereinten Orcheſter in Vergleichung bringen ließe; ſo mag die Anzahl von jenen immer unbeſtimmt bleiben, ohne daß dadurch die Ueberlegenheit des letztern im geringſten zweifelhaft würde.

Nach Aufhörung der Peſt zu Rom, zu Anfange des vorigen Jahrhunderts, wurde eine Meſſe, von Benevoli für ſechs Chöre, jeden von vier Stimmen geſetzt, in der Peterskirche aufgeführt, deren Kapellmeiſter er war; und die Sänger, deren mehr als zweyhundert waren, wurden in verſchiednen Kreiſen des obern Gewölbes der Kirche geſtellt, ſo, daß der ſechſte Chor in der Spitze der Kuppel ſtand. Beydemale ſcheinen keine Inſtrumente, ſondern blos die Orgel, gebraucht zu ſeyn.

Bonnet erzählt in ſeiner Geſchichte der Muſik *), daß das Te Deum, welches Lully auf die Geneſung Ludwigs des Vierzehnten im Jahr 1686 verfertigt hatte, nachmals zu Paris, bey der Wiedergeneſung ſeines älteſten Sohns, des Dauphin, von dreyhundert Tonkünſtlern ſey aufgeführt worden.

Im Jahre 1723 wurden die meiſten damaligen großen Tonkünſtler in ganz Europa, auf Befehl Kaiſers Karls des Sechſten, nach Prag berufen, um die Feyer ſeiner Krönung zum Könige in Böhmen zu begehen. Die Geſchichte, ſagt Quanz, ehemaliger berühmter Flöteniſt, und Lehrer des itztregierenden Königs von Preußen, hat keine glänzendere Begebenheit für die Muſik aufzuweiſen, als dieſe Feyerlichkeit, noch ein ähnliches Beyſpiel, da ſo viele große Meiſter irgend einer Kunſt auf einmal an Einem Orte verſammelt geweſen.

Bey

*) Hiſtoire de la muſique et de ſes effets, T. II. p. 93.

Vorbericht des Verfassers.

Bey dieser Gelegenheit wurde eine Oper unter freyem Himmel mit hundert Stimmen, und zweyhundert Instrumenten aufgeführt *).

Bey Rameau's Beerdigung im Jahr 1767 wurde in der Kirche des Oratorium's zu Paris eine Trauermusik von allen Musikern des königlichen Orchesters, und von den Mitgliedern der königlichen Akademie der Musik gegeben. Man wählte dazu verschiedne von Rameau's besten Stücken, die durch ihre Schönheit und durch die traurige Veranlassung ihrer Aufführung verschiednen Anwesenden Thränen auspreßten **).

In der Kirche des Klosters von St. Klara in Neapel wurden um eben die Zeit, nach dem Berichte des Hrn. Corri, der damals in dieser Stadt unter dem berühmten Porpora studirte, an die dreyhundert Musiker bey der Begräbnißfeyer einer sehr vornehmen Nonne gebraucht.

Und bey dem öffentlichen Leichenbegängnisse Jomelli's, eben daselbst, im Jahr 1774, war eine eben so große Anzahl beysammen, um ihrem großen Meister die letzte Ehre zu erzeigen; und diese spielten und sangen nicht nur umsonst, sondern trugen auch die nöthigen Kosten dieser Feyerlichkeit †).

In Wien ††) hat man seit zwölf Jahren zum Besten der musikalischen Versorgungsanstalt eine Art von geistlichem Concert oder Oratorium einge-

---

*) S. Hrn. Johann Joachim Quanzens Lebenslauf, von ihm selbst entworfen, in Marpurgs Historischkritischen Beyträgen zur Aufnahme der Musik, B. I. S. 216 — Die oben angeführten Worte sind indeß nicht von Quanz, sondern von unserm Verfasser selbst, bey Gelegenheit dieses Umstandes in der Lebensbeschreibung jenes Tonkünstlers, in seinem Tagebuch einer musikal. Reise, Uebers. B. III. S. 130.   E.

**) *Essai sur la Musique*, T. III p. 465.

†) Saggio di Poesie Latine ed Italiane di *Saverio Mattei*. in Napoli, 1774. 4. T. II. — Das daselbst befindliche Schreiben über Jomelli's Leichenfeyer ist von mir übersetzt im deutschen Museum, B. I S. 464.   E.

††) Der Verf. hat diese Nachricht zuerst aus den bekannten Briefen eines reisenden Franzosen genommen, wo man sie B. I. S.

***

Vorbericht des Verfassers.

eingeführt, welches zweymal im Jahr, im Advent und in den Fasten gehalten wird, und wobey sich die Anzahl der Sänger und Spieler ungefähr auf drey-hundert und siebenzig zu belaufen pflegt. Man wählt dazu Oratorien von Hasse, Gluck, Bach, Hayden, Ditters, Starzer, Salieri, und andern; zuweilen auch von ältern deutschen Meistern, Händel, Graun und Rolle. Die Einnahme pflegt jedesmal an die drittehalb tausend Thaler zu betragen.

Eine andre große Musik pflegt ebenfalls zu Wien am Cäcilientage in der Stephanskirche aufgeführt zu werden woran alle einheimische und fremde Tonkünstler wetteifernd Theil nehmen. Gemeiniglich ist es eine große Messe, von dem itzigen Kapellmeister Hoffmann, oder von Reuter, Caldara, oder Fux. Das Orchester besteht meistens aus ungefähr hundert Personen; und die Solo's, welche bey dieser Gelegenheit von einigen vorzüglichen Meistern gespielt werden, geben dieser Musik noch größern Glanz.

Bey manchen ähnlichen großen Functionen und Feyerlichkeiten in Rom, Venedig, und andern Städten Italiens, ist vielleicht ein Orchester von zwey oder dreyhundert Personen nichts sehr ungewöhnliches; aber seit der Zeit, da das gegenwärtige System der Harmonie erfunden wurde, bis itzt, wird man doch wohl kein zuverlässiges Beyspiel anführen können, daß sich fünfhundert Musiker in Eine Gesellschaft vereint, und so unstreitige Pro-ben von Talenten und guter Ordnung abgelegt hätten, wie bey der neulichen Gelegenheit.

Freylich

176. der zweyten Aufl. findet. Um sich indeß von der eigentlichen Beschaffenheit dieser feyerlichen Mu-siken in Wien zu unterrichten, wandte er sich an den in London befindlichen kaiserlichen Gesandten, den Grafen von Kageneck, und erhielt die oben angeführten nähern Umstände von dessen Sekretär, Herrn Schild, mitgetheilt. Im letzten Bande seiner allgemeinen Geschichte der Musik verspricht er davon ausführlichere Nachricht zu geben. E.

Vorbericht des Verfaſſers.

Freylich wurden die Direktoren und der Anführer durch die glückliche Ankunft der Madame Mara in England, um eben die Zeit, da man noch die Einrichtung dieſer Feyer in Ueberlegung nahm, vieler Sorgen und Schwierigkeiten, in Anſehung der Vertheilung der Singſtimmen, überhoben. Es gab damals nicht viele große Sänger in London, die bey dem Publikum vorzüglich beliebt waren; und dieſe waren entweder nicht zu erhalten, oder ſie fürchteten, daß eine einzelne, noch ſo ſtarke, Stimme, in einem ſo ungemein großen Gebäude, wie die Weſtminſterabtey iſt, ganz unhörbar ſeyn würde. Das freywillige Anerbieten dieſer vortrefflichen Sängerinn alſo, bey jeder Aufführung mit zu ſingen, und die dazu von den Unternehmern des Pantheon, wobey ſie ausſchließend engagirt war, gegebne Erlaubniß, ließen einen glücklichen Erfolg einzelner Arien hoffen; und dieſe Hoffnung wurde am Tage der Aufführung noch ſehr übertroffen. Selbſt die eifrigſten Beförderer dieſes Unternehmens müſſen anfänglich geglaubt haben, daß der größte Unterſchied und Vorzug dieſer Concerte vor allen andern aus der vereinten Gewalt der Töne eines ſo großen Orcheſters in den Chören entſtehen würde. Allein ſo neu, groß und überraſchend die Wirkung dieſer vereinten Gewalt des Ganzen war; eben ſo angenehm, deutlich und hörbar war ſie doch auch bey dem Geſange einzelner Perſonen. Die Kenntniß, Erfahrung und Geſchicklichkeit der beyden abwechſelnden Anführer dieſer muſikaliſchen Legion, der Herren Hay und Cramer, zeigten ſich nie ſo glänzend, und ihre Befehle wurden nie ſo genau befolgt, als bey dieſer großen und kritiſchen Gelegenheit.

Und ſo machten die Wirkungen dieſes großen und erſtaunlichen Orcheſters nicht nur alle Vorherſagungen der Unwiſſenheit und des Spottes, ſondern auch alle Vermuthungen der Theorie und Erfahrung zu Schanden. Manche ſagten vorher, ein ſo zahlreiches Orcheſter könne unmöglich mit einander ſtimmen: aber ſelbſt das Stimmen, nach einer ſo trefflichen Orgel, war diesmal groß, und brachte angenehme Empfindungen hervor. Manche glaubten, ſie würden,

bey

Vorbericht des Verfassers.

bey einer solchen Menge und Entfernung, nicht im Tempo bleiben können; und doch thaten sie das sehr genau, und ohne das sonst gewöhnliche schwerfällige Taktschlagen. Andre vermutheten, das Orchester würde so laut werden, daß ein Jeder, der dies Concert hörte, nie wieder würde hören können; und doch gelangte der Schall dieser so vielfachen Töne so sanft und milde zu den Ohren der Anwesenden, als ob er von einigen wenigen ausgesuchten Spielern, in einem gewöhnlichen Concertsaal, wäre hervorgebracht worden. Endlich besorgte man, daß wegen der ungeheuren Größe des Gebäudes keine einzelne Stimme von denen würde gehört werden, die weit vom Orchester entfernt wären; aber zum Glück war dieses so wenig der Fall, daß selbst kein Hauch einer von Natur noch so schwachen, oder durch Kunst geschwächten Stimme, an irgend einem Orte des so großen Raums unhörbar war, durch welchen sie sich in allen Richtungen ergoß.

Allen diesen, wirklichen und eingebildeten Schwierigkeiten wurde sehr glücklich durch den Herrn Commissionär Bates, den Anführer dieses großen Unternehmens, abgeholfen. Denn dieser würdige Mann, der aus den verschiednen Werken eines so großen und fruchtbaren Genies so lange schon sein besondres Studium gemacht hatte, wählte die Stücke, sammelte, verglich und berichtigte die Musikbücher; und mit einem Fleiß und Eifer, womit ihn nichts als wahrer Enthusiasmus beleben konnte, widmete er, von der ersten Entstehung des Vorhabens an, jeden Augenblick seiner Muße ihrer Beförderung und Vollendung.

Es hat Ausleger gegeben, die ihr ganzes Leben auf das Studium Eines Schriftstellers verwandt haben. Homer, Aristoteles und Shakspeare haben solche ihnen ganz geweihte Anhänger gehabt: und wenn Bewundrung und Eifer durch richtigen Geschmack gelenkt und gemildert werden, so müssen solche Männer, die viele Jahre hindurch ihre Aufmerksamkeit vorzüglich auf irgend eine besondre musikalische Setzart gerichtet haben, mit ihren Schönheiten

am

am beſten bekannt ſeyn, und am meiſten geſchickt, andre zu einem genauen und ausdruckvollen Vortrage ſolcher Kompoſitionen anzuführen.

Kein Muſikliebhaber hatte vielleicht jemals ſo viel Erfahrung hierin, oder ſo häufige Gelegenheiten, ein zahlreiches Orcheſter aufs vortheilhafteſte zu verbinden und zu vertheilen, als Herr Bates, der ſchon damals, als er im Königskollegium zu Cambridge ſtudirte, nicht nur den Ruhm des beſten damaligen Klavier= und Orgelſpielers hatte, ſondern auch vorzüglich die Einrichtung der Concerte und Choralmuſiken auf dieſer Univerſität beſorgte. Eben dies that er in der Folge zu Hinchinbroke, wo der Graf von Sandwich ſeine Nachbarn und Freunde oft mit Oratorien unterhielt, die mit der äußerſten Genauigkeit von den erſten und geſchickteſten Muſikern aufgeführt wurden. Nach Errichtung jener höchſt ehrwürdigen Anſtalt, des Concerts alter Muſik, im Jahr 1776, wozu Herr Bates den Plan entwarf, war er lange der einzige Anführer dieſes Concerts, dem man mit Recht das größte Lob nicht nur wegen der Genauigkeit des Vortrags ertheilt, ſondern auch wegen der neuen Wirkungen, welche durch jene alte und ehrwürdige Arbeiten großer Meiſter der Harmonie hervorgebracht werden, die ſonſt in Vergeſſenheit begraben geblieben, oder durch die Wuth der Neuerungsſucht und den Strom der Mode aller Kunde und Bemerkung des Publikum's entriſſen wären.

So innig und warm ich auch Händel'n, wegen einer frühen und langen Bekanntſchaft mit ſeinen Werken und ſeiner Perſon, verehre; ſo iſt doch meine Verehrung gegen ihn nicht Abgötterey, oder Ausſchließung aller Hochachtung und Bewunderung fremder Verdienſte, wo ich ſie auch finde. Um ſo viel weniger wird meine Erzählung den Verdacht der Unwahrſcheinlichkeit oder Uebertreibung bey denen Leſern erregen dürfen, die nicht das Glück hatten, an dem Erſtaunen und Entzücken aller derer Theil zu nehmen, die bey dieſen prächtigen Muſiken zugegen waren, und von der wirklichen Wahrheit der beſchriebenen Eindrücke zu urtheilen im Stande ſind.

*** 3

Da

Vorbericht des Verfassers.

Da Händel's Werke jüngsthin eine so ungewöhnliche Aufmerksamkeit erregt haben; so läßt sich vermuthen, daß eben das Publikum, das sich für ihre Aufführung so lebhaft interessirte, auch auf jeden Umstand neugierig seyn werde, welcher die Person eines so berühmten Komponisten betrifft. Ich will daher der folgenden Nachricht einen kurzen Abriß von seinem Leben vorausschicken, den ich theils aus verschiednen in England und Deutschland gedruckten Nachrichten, theils auch aus eigner Kenntniß und Erinnerung geschöpft habe. Und ob ich mir gleich die kritische Untersuchung aller Händelischen Werke auf den letzten Band meiner Musikgeschichte vorbehalte; so werde ich doch, weil unbestimmtes Lob nicht viel besser als Tadel ist, diejenigen Schönheiten der Komposition und der Wirkung besonders auszeichnen, die ich bey jeder Aufführung am stärksten empfand, und für die ich mich hernach, durch sorgfältige Durchsicht der Partitur, Grund anzugeben in Stand gesetzt habe.

Nach einer so langen Vorrede zu einem so kurzen Buche, setze ich zur Rechtfertigung desselben nur noch dies hinzu, daß ich zu einer so eilfertigen Abfassung dieser Nachricht durch das ungemein große Vergnügen aufgemuntert bin, womit ich bemerkte, daß die neuliche Gedächtnißfeyer nicht nur ein Unternehmen war, das durch seine Größe die thätige Beförderung eines aufgeklärten Publikum's verdiente; sondern, daß auch das Publikum, durch seine freygebige Unterstützung und tiefe Aufmerksamkeit, sich dieses Unternehmens würdig bewies.

Vorbe-

Vorbericht des Uebersetzers.

Wenn Händel's Name und Nachruhm jedem patriotischen Deutschen höchst ehrwürdig seyn muß; wenn die ausgezeichnete Achtung, die ihm die brittische Nation schon bey seinem Leben erwies, und die glänzende Feyerlichkeit, mit welcher sie jüngst sein Andenken erneuerte, dem Vaterlande dieses großen Künstlers sehr ruhmvoll und schmeichelhaft ist; so bedarf wohl die Uebersetzung der Nachrichten, die Herr Dr. Burney von seinem Leben und jener Gedächtnißfeyer geliefert hat, keiner vorläufigen Apologie. Mir wenigstens wären diese beyden Gründe dringend genug gewesen, solch eine Uebersetzung zu wünschen, wenn ich auch, sie selbst zu übernehmen, keine so nahe Veranlassung gehabt hätte, als die eigne Auffoderung des Verfassers war, den die Zufriedenheit mit meiner Verdeutschung seiner Abhandlung über die Musik der Alten zu dem Wunsche bewog, auch diese seine neueste Schrift durch mich den Deutschen mitgetheilt zu sehen *).

Ich hoffte, diesen Wunsch desto vollkommner zu erfüllen, und meiner Uebersetzung dadurch noch mehr Werth und Interesse zu geben, wenn ich sie mit einigen Anmerkungen und Zusätzen, besonders zu den Händelischen Le-
bens-

*) Vergl. Deutsches Museum, Februar, 1785. S. 133 ff.

Vorbericht des Uebersetzers.

bensumständen begleitete. Dr. Burney gesteht die Unvollständigkeit seiner Erzählung von Händel's Jugendjahren selbst ein, und führt die Entfernung von dem Schauplatze dieses seines frühen Lebens, als die vornehmste Ursache dieser Unvollständigkeit an. In Deutschland also, glaubte ich, würde diese Lücke zu ergänzen seyn. Von Halle, Berlin und Hamburg aus, hoffte ich vornehmlich noch manches zu erfahren, wodurch sich verschiedne dunkle oder zweifelhafte Umstände dieser Biographie würden aufklären und auflösen lassen. Aber alle meine Bemühungen um Hülfen dieser Art waren vergebens; und ich erfuhr daß auch mein Freund, der Herr Kapellmeister Reichardt, der um eben die Zeit sein Gemählde von Händel's Jugend entwarf, ähnliche Erkundigungen und Nachforschungen mit eben so wenig glücklichem Erfolge gemacht hatte. Länger auf größere Befriedigung meines Wunsches zu warten, erlaubten mir die einmal zum Abdruck dieser Schrift getroffenen Anstalten nicht; und so wird der Leser mit den wenigen hie und da von mir beygefügten Erinnerungen und Anmerkungen vor der Hand zufrieden seyn müssen. Alles aber, was Händel'n betrift, hat mich von jeher viel zu lebhaft interessirt, als daß die Ausgabe dieser Schrift meiner Wißbegierde in Ansehung seines Lebens und Wirkens Schranken setzen sollte; und was ich etwa noch über ihn erfahre, werde ich dann auch andern wißbegierigen Kunstliebhabern mit Vergnügen mittheilen.

Ein wichtiger Umstand in Händel's Leben ist indeß doch durch meine Nachforschungen berichtigt, nämlich sein bisher von allen, bis auf Einen, irrig angegebnes Geburtsjahr. Dieser Eine war Walther, dessen abweichende Angabe mich veranlaßte, das Taufregister der L. Frauenkirche in Halle darüber nachschlagen zu lassen; und daraus ergab sich, daß Händel von allen seinen übrigen Biographen um ein Jahr zu früh in die Welt gesetzt ist, und daß folglich die säkularische Gedächtnißfeyer seiner Geburt eigentlich nicht in das ihr gewidmete 1784ste, sondern in das gegenwärtige 1785ste Jahr gefallen wäre. Aber auch dieß Jahr ist nun durch die mit noch größerer Pracht veranstaltete Wiederho=

Vorbericht des Uebersetzers.

derholung der vorjährigen großen Musiken, gleichfalls zum Jubeljahre geweiht worden; und ich will von dieser Wiederholung hier nur noch eine kurze Nachricht beyfügen, in so weit ich, bey ihrer Neuheit, schon dazu im Stande bin.

Das große musikalische Fest des vorigen Jahrs hatte zu allgemeine, zu tiefe, zu bleibende Eindrücke gemacht, als daß man den Wunsch, es öfter wiederholt zu sehen, hätte unterdrücken, oder, durch einige anfänglich erregten Schwierigkeiten abgeschreckt, so bald hätte aufgeben können. Und da diese Wiederholung eben so sehr der Wunsch derer war, die dazu um Erlaubniß gebeten wurden, als derer, die darum baten; da die meisten Tonkünstler, die an der Aufführung dieser Concerte Antheil nahmen schon ihres und der Ihrigen eignen Bestens wegen, zur abermaligen Theilnehmung sich willig bezeigen mußten; so kam die Sache um so viel leichter zu Stande, und es wurden auch für dieses Jahr drey große durchaus Händelische Musiken, in der Westmünsterabtey, auf den zweyten, sechsten und achten Junius angesetzt.

Die Anzahl des dazu vereinten Orchesters wurde beynahe noch um hundert Personen stärker, als vor einem Jahr. Einer vorläufigen Aufzählung zufolge *) sollte es aus 106 Violinen, 28 Bratschen, 26 Hoboen, 6 Flöten, 28 Violoncells, 28 Fagotten, einem Doppelfagott, zwey Serpentinen, 18 Contraviolons, 12 Trompeten, 12 Hörnern, 6 Posaunen, und vier Paar Pauken bestehen. An Sängern rechnete man, die Solosänger ungezählt, 68 Diskante, 60 Alte, 100 Tenore, und 102 Bässe. Ueberhaupt also sechs hundert und sieben Personen; eine Menge, die eher größer als geringer wird geworden seyn. Auch dießmal fanden sich dazu, außer den in London lebenden Musikern, viele geschickte Männer von Oxford, Durham, York, Derby, Lancashire, u. s. f. ein. Uebrigens bestand die Direktion, unter deren Begünstigung und Ansehen diese abermalige Feyer angestellt wurde, aus eben den Personen, die S. 13. der folgenden Nachricht von der vorjährigen Gedächtnißfeyer genannt sind.

Die

*) S. Hamburg. Korrespondent, St. 85. d. J.

****

Vorbericht des Ueberſetzers.

Die Muſik des erſten Concerts, Donnerstags den 2ten Junius, beſtand aus drey Theilen: I. Ouverture zur Eſther; das Dettinger Te Deum. — II. Zweytes Hoboenconcert; einige Stücke aus dem Judas Makkabäus und aus den Begräbnißmotetten; der Todtenmarſch im Saul, und eine Motette: How great is thy name, etc. — III. Die Motette: O come, and let us ſing, etc. das vierte Hoboenconcert, und ein Theil der Krönungsmotetten.

Montags, den 6ten Junius, wurde die zweyte Aufführung I. mit der Ouverture zum Joſeph eröffnet, worauf einige Chöre und Arien aus dem Simſon folgten. II. Fünftes großes Concert; Stücke aus Iſrael in Aegypten. III. Fünftes Hoboenconcert. Sätze aus Joſua und den Krönungsmotetten.

Am Mittwoch, den 8ten, wurde der Meſſias aufgeführt, und wegen der Menge derer, die des Platzes wegen nicht mehr Billete erhalten konnten, am Sonnabend darauf wiederholt.

Die Verſammlung der Zuhörer war jedesmal überaus zahlreich, und durch die Gegenwart des größten Theils der königlichen Familie und der erſten und vornehmſten Standesperſonen glänzend. Bey der zweyten und dritten Aufführung war auch des Prinzen von Wallis Königl. Hoheit als Privatperſon in der Loge der Direktoren zugegen; und bey dem letzten dieſer Concerte des eben erſt aus Deutſchland zurückgekehrten Prinzen Wilhelm Heinrichs Königl. Hoheit.

Das Orcheſter wurde auch itzt wieder vom gemeinſchaftlichen Geiſte der Aufmerkſamkeit und Genauigkeit, und vom edelſten Kunſteifer belebt; ſo, daß die Wirkung des Ganzen unbeſchreiblich groß war. Einige der Inſtrumentaliſten zeichneten ſich wieder durch ihr Soloſpiel rühmlich aus, und unter den Sängern thaten ſich beſonders Madame Mara und Herr Harriſon hervor, vornehmlich durch ihre Arien bey der zweyten Aufführung.

Die

Vorbericht des Uebersetzers.

Die Einnahme dieser Concerte und der dazu angestellten Proben, die sich an an die 10000 Pfund soll belaufen haben, wurde wieder zum Besten milder Stiftungen angewandt, und unter die musikalische Versorgungsanstalt, das Westmünster- und St. Georgen-Hospital vertheilt. Man hat Hoffnung, solch einen edeln Zweck fernerhin durch die nämlichen Mittel befördert zu sehen; und wahrscheinlich wird künftig eine jährliche Feyer aus diesem säkularischen Feste *).

Eine so standhafte, so fortwährende, immer noch wachsende Bewunderung der Händelischen Verdienste kann doch wohl nicht bloße Frucht eines aufgeloderten Enthusiasmus, muß doch wohl äußerst gerecht und gegründet seyn! Und welch ein Ruhm für die Nation, die aufgeklärt und standhaft genug ist, sich durch keinen Einfluß des Zeitgeschmacks in dieser Bewunderung irren zu lassen! — Denn, wir D e u t s c h e n — — ungern gesteh ich's; aber es ist leider! zu wahr, zu augenscheinlich; — — wir Deutschen sind gegen den großen Künstler, auf den wir so stolz seyn können, lange nicht so dankbar, in der Anerkennung seiner großen Ueberlegenheit lange nicht so einstimmig, so warm und so innig überzeugt, wie eine Nation, auf die sonst National-Vorliebe so mächtig wirkt. Soll es nun ferner genug seyn, daß unsre musikalischen Schriftsteller Händel's Namen und Talente, nur nicht ganz übergehen, ihn mit einigen, oft sehr allgemeinen, Lobsprüchen begleiten? daß jeder gründlich angeführte Musiker und Komponist seine Arbeiten im Stillen verehrt, studirt und benutzt? und wollen wir die Aufführung seiner Meisterstücke, und allen den Genuß überschwenglicher Befriedigung, den sie so reichlich gewähren, uns vorsetzlich versagen, und ihn ganz einer fremden Nation überlassen? Und sollten dafür in unsern Concerten lauter Modewerke solcher Komponisten gehört werden,

**** 2

deren

---

*) Den neuesten englischen Zeitungen nach, ist bieß schon ausgemacht; und die musikalische Societät hat alle die bey dieser Feyerlichkeit aufgeführten Gerüste an sich gekauft, um davon bey der künftigen jährlichen Wiederholung dieser Musiken Gebrauch zu machen.

deren ephemerischer Ruhm sobald wieder dahin ist; und soll immer Ein Mode=komponist den andern, Ein Zeitgeschmack den andern verdrängen? Oder ist die Musik die einzige Kunst, in der es keine feststehende, unumstößliche Grundbegriffe von Schönheit und Vollkommenheit giebt, und deren wesentliche Vortrefflichkeit von äußern, zufälligen Beywerken und Umstaltungen abhängig ist?

Unstreitig würde Händel's Gedächtnißfeyer auch für Deutschland wohlthätig und vortheilhaft werden, wenn sie uns auf die bisher zu wenig gekannten und zu selten genossenen Schönheiten und Vorzüge seiner Kompositionen aufmerksamer, und in ihrer Bewundrung wärmer und eifriger machte. Unser Operngeschmack hat sich freylich zu sehr geändert und verwöhnt, um je die Aufführung einer ganzen Händelischen Oper hoffen zu dürfen. Aber einzelne Arien daraus, und besonders seine Oratorien, von denen einige schon mit deutschen Worten versehen sind, und die übrigen gleiche Bearbeitung verdienten, seine Motetten, und seine in so großem Geschmack geschriebnen Instrumentalsachen, verdienten wenigstens mehr Allgemeinheit.

Abriß

Abriß

von

Händel's Leben.

Burney.

Abriß
von
Händel's Leben.

Die allmähligen Fortschritte, wodurch man einen Gipfel der Größe erreicht, welcher das Publikum interessirt, und allgemeine Neugierde rege macht, sind mehrentheils so geringe, daß der erste Anfang menschlicher Größe so lange unbemerkt bleibt, bis man ihn vor dem Schimmer des höchsten mittägigen Glanzes nicht mehr deutlich entdecken kann. Die frühern Lebensumstände eines großen und berühmten Mannes sind daher gemeiniglich eben so dunkel und fabelhaft, als die ersten Jahre eines alten und mächtigen Reichs. Denn Lebensbeschreiber pflegen, dieser ihrer Benennung ungeachtet, selten nach dem Leben zu zeichnen; und nicht eher, als bis ein berühmter Mann schon eine Zeitlang verstorben ist, fangen Nachforschung und Vermuthung an, sich mit Aufspürung der Vorfälle, mit Beschreibung der Situationen, mit Schilderung der Charaktere zu beschäftigen. Und so wird, durch diesen Aufschub, das Ganze nicht viel mehr, als ein bloses Phantasiegemählde.

Wäre es indeß möglich, mit aller Umständlichkeit die jugendlichen Thaten eines Alexander oder Cäsar, die ersten poetischen Ergießungen eines Homer oder Virgil, die erste Dämmerung der Vernunft in einem Newton oder Locke, oder die ursprünglichen ersten Gährungen und Ausbrüche des Genies in einem Händel anzugeben; so würde dadurch die menschliche Wißbegierde ungemein befriedigt werden, die es so gerne bemerkt, durch welche kleine Stufengänge oder Riesenschritte Männer von außerordentlichen Talenten ihren Weg zum Tempel des Ruhms beginnen.

Die

Die Nachrichten von Händel's Leben, die 1760, ein Jahr nach seinem Tobe, herauskamen [1]), sind zwar mit Wärme und Unpartheylichkeit geschrieben, aber doch weder ausführlich noch genau genug, um daraus die Oerter seines Aufenthalts, die Zeitpunkte seiner Werke, und die Begebenheiten seiner Jugendjahre, vor seiner ersten Ankunft in England im Jahr 1710, da er sechs und zwanzig Jahr alt war, mit Gewißheit zu bestimmen [2]).

Darüber ist man indeß einig, daß der große Tonkünstler, Georg Friedrich Händel, zu Halle im Magdeburgischen, den 24sten Februar 1685 [3]) geboren wurde; daß sein Vater ein geschickter Wundarzt in dieser Stadt, und ungefähr sechszig Jahr alt war, als dieser sein Sohn zweyter Ehe geboren wurde; und daß er in seiner frühen Kindheit einen starken Hang zur Musik hatte, den das Verbot seines Vaters, der ihn zur Rechtsgelehrsamkeit bestimmte, nicht zu unterdrücken vermochte.

Verstohlner Weise hatte er es in dieser Kunst ziemlich weit gebracht, ehe man ihm einen Lehrmeister erlaubte. Als er aber sieben Jahr alt war, und sein Vater es unmöglich

1) Sie sind von dem sel. Legationsrath Matteson zu Hamburg, 1761, 8. aus dem Englischen übersetzt, auch mit einigen Anmerkungen, besonders über das, was Händel's Aufenthalt in Hamburg betrifft, von dem Uebersetzer versehen. — Außerdem sind die vornehmsten Händelischen Lebensbeschreibungen: in Matteson's Grundlage einer Ehrenpforte, (Hamb. 1740. 4.) S. 93. — in Sir IOHN HAWKIN's General History of the Science and Practice of Music, Vol. V. p. 262 ff. (fast bis zum Schluß des Bandes, mit Einschaltung der Lebensumstände mehrerer Personen, die mit H. in musikalischer Verbindung standen;) — in Hiller's Lebensbeschreibungen berühmter Musikgelehrten und Tonkünstler neuerer Zeit, (Leipz. 1784. 8.) Th. I. S. 99. — Den Anfang einer umständlichen Biographie, hat neulich Herr Kapellmeister Reichardt, unter der Aufschrift: G. F. Händel's Jugend, (Berlin, 1785. 8.) geliefert.

2) Herr Hiller bemerkt in seiner unlängst gelieferten und oben schon erwähnten Händelischen Lebensbeschreibung, S. 112. mit Recht, daß es nicht leicht sey, die Chronologie in Händel's Leben in Ordnung zu bringen. Er glaubt daher, man müsse ihn um fünf Jahr früher nach Italien reisen lassen, um den von seinem englischen Biographen angegebenen sechsjährigen Aufenthalt daselbst heraus zu bringen. Allein, dieß ist ein offenbarer, auch von Matteson schon gerügter, Irrthum des Engländers; und Händel war gewiß nicht viel über ein Jahr in Italien, nämlich einen großen Theil der beyden Jahre 1709 und 1710. Vergl. Händel's Jugend von Herrn Reichardt, S. 28.   E.

3) Dr. Burney und alle bisherige Lebensbeschreiber Händel's geben 1684 als sein Geburtsjahr an. Blos in Walthers musikalischem Lexikon finde ich statt dessen, 1685, und den 23sten, statt des 24sten Februars angegeben. Allein aus dem Kirchenbuche der lieben Frauenkirche zu Halle, und dem mir von dem würdigen Prediger an derselben, Herrn Pockels, mitgetheilten Auszuge daraus, ergiebt sich itzt der Umstand mit Gewißheit, daß Händel 1685 den 24 Februar geboren sey. Sein Vater wird daselbst Kammerdiener und Amtschirurgus genannt.   E.

lich fand, seine Aufmerksamkeit auf irgend etwas anders, als auf Musik, zu richten, für welche er von der Natur mit ausnehmender Neigung und Fähigkeit begabt zu seyn schien [4]), übergab er ihn dem damaligen Organisten an der lieben Frauenkirche zu Halle, Zachau [5]), zur Unterweisung, einem in seiner Kunst sehr geschickten Mann, der auf seinen Schüler stolz war. In einem Alter von neun Jahren war unser junger Tonkünstler nicht nur schon im Stande, die Orgel für seinen Lehrmeister zu versehen, sondern fieng auch schon an, die Komposition zu studiren; und in dieser frühen Periode seines Lebens soll er wöchentlich eine Kirchenmusik oder geistliche Kantate, drey Jahre nacheinander, verfertigt haben. Der verstorbene Herr Weidemann besaß eine Folge dreystimmiger Sonaten, die Händel verfertigte, als er erst zehn Jahr alt war [6]).

Unter diesem seinem ersten Lehrer scheint er an seinem Geburtsorte bis ins Jahr 1698 studirt zu haben. Itzt kam er, in seinem funfzehnten Jahre, nach Berlin, wo damals die Opern am Hofe des Churfürsten von Brandenburg, nachherigen Königs von Preußen, sehr in Aufnahme waren. Der Churfürst hatte nicht nur viele treffliche Sänger aus Italien, sondern auch die berühmten Tonsetzer, Bononcini und Oettilio, in seinen Diensten. Händel soll sich zu Berlin als ein für sein Alter bewundernswürdiger Klavierspieler ausgezeichnet, und von seiner künftigen Größe solche Erwartungen erregt haben, daß ihm der Churfürst den Antrag that, ihn in seine Dienste zu nehmen, und nach Italien zu schicken, um sich in seinen musikalischen Studien desto vollkommner zu machen. Sein Vater aber lehnte diese Ehre aus Liebe zur Unabhängigkeit ab, und Händel gieng wieder nach Halle zurück, wo er sich noch ziemlich lange muß aufgehalten haben, obgleich sein Vater bald nach seiner Rückkehr von Berlin gestorben seyn soll. So sehr auch Hän-

a 3

del

4) Es war, den ausführlichen Lebensbeschreibungen zufolge, nicht sowohl die Macht dieser überwiegenden Neigung, als die Vorstellungen des Herzogs von Weißenfels, die Händel's Vater endlich vermochten, seinen Sohn ganz der Musik zu widmen. E.

5) Friedrich Wilhelm Zachau, geb. 1663, gest. 1721. S. von ihm in Walthers musikalischen Lexikon, und HAWKIN's History of Music, Vol. IV. p. 234. E.

6) Der Graf von Marchmont machte sie auf seinen Reisen, die er als Lord Polwarth durch Deutschland that, als eine große Seltenheit ausfündig, und gab sie Herrn Weidemann, der ihm Stunden auf der Flöte gab. Einer meiner Freunde, der mir diese Anekdote mitgetheilt hat, besorgte eine Abschrift dieser jugendlichen Kompositionen, die sich gegenwärtig in der Sammlung Sr. Majestät des Königs befinden, und die Weidemann einmal Händel'n zeigte, der sich darüber zu freuen schien, und lachend sagte: „Ich schrieb damals wie der Teufel; am meisten für die Hoboe, die mein Lieblingsinstrument war." Dieser Umstand, und das Glück, für einen so trefflichen Spieler, als San Martini war, zu schreiben, war wohl die Ursache, warum Händel in seinen jüngern Jahren so häufig Gelegenheit nahm, für dieß Instrument zu setzen.

del die Reise nach Italien zu thun wünschte, so fehlte es ihm doch an dem dazu nöthigen Gelde; und er gieng nun nach Hamburg, um sich durch seine musikalischen Talente Unterhalt zu verschaffen, weil diese Stadt, nächst Berlin, ihrer Opern wegen damals am berühmtesten war. Wir verlieren indeß in allen bisherigen Lebensbeschreibungen sowohl unsern jungen Tonkünstler selbst, als seine weitern Fortschritte in der Kunst von seiner Abreise aus Berlin an, bis zu seiner Ankunft in Hamburg, einem Zeitpunkt von ganzen fünf Jahren, aus den Augen; denn nach Mattheson's Zeugnisse, kam er nicht eher, als im Jahre 1703 nach Hamburg, da er schon neunzehn Jahr alt war.

Der berühmte Telemann, einer der größten deutschen Musiker seiner Zeit, erwähnt jedoch in einer von ihm selbst, auf Mattheson's Ersuchen, im Jahr 1740 abgefaßten Nachricht von seinem Leben, ein paar Umstände, Händel'n betreffend, die zwischen der Zeit seiner Abreise von Berlin und seiner Ankunft in Hamburg vorfielen, und die wenigstens einige Aufklärung über diesen dunkeln Theil seiner Geschichte verbreiten werden.

Telemann, der im Jahr 1681 zu Magdeburg geboren war, äußerte eben so, wie Händel, eine sehr frühe Neigung zur Musik, und hatte, gleich ihm, schon in seinen Schuljahren große Fortschritte in der Kunst gemacht, so sehr auch seine Freunde ihm davon abriethen. Ob er aber gleich fast alle Instrumente spielte, und schon in einem Alter von zwölf Jahren eine Oper zu setzen versucht hatte; so folgte er doch dem ausdrücklichen Geheiß seiner Mutter, von der er, nach seines Vaters Tode, einzig und allein abhieng, entsagte der Musik in seinem zwanzigsten Jahre völlig, obgleich sehr wider seinen Willen, und gieng nach Leipzig, um daselbst die Rechte zu studiren. Unterwegs aber hielt er sich zu Halle auf, „wo ich, sagt er, durch die Bekanntschaft mit dem damals schon wichtigen Herrn „G. F. Händel beynahe wieder Notengift eingesogen hätte.“

Händel war damals ungefähr sechszehn Jahr alt; und da Telemann, in seiner Nachricht von sich selbst und seinem Studiren, unsern jungen Tonkünstler bald wieder erwähnt, so will ich noch einiges daraus hersetzen:

„Allein ich hielt fest, fährt er fort, und nahm meine vorigen Gedanken wieder mit „auf den Weg. Ich langte an, und kam am schwarzen Brete mit einem ansehnlichen „Studioso überein, dessen Stubenbursch zu werden. Mein Reisegeräthe ward geholt; „aber wie klopfte mir das Herz, als ich Wände und Winkel der Stube mit musikalischen „Instrumenten versehen fand! Mir wurde alle Abende etwas vormusicirt, welches ich bewunderte, ob ich es gleich selbst weit besser konnte.“ — — — „Mein Stubenbursch „kam einst über meinen Koffer, und fand den von mir komponirten sechsten Psalm, der, „ich

„ich weis nicht wie, unter mein Leinenzeug gerathen war. Ich verständigte ihn meines
„Vorhabens, welches er billigte; er bat sich aber den Psalm aus, um ihn am nächsten
„Sonntage in der Thomaskirche musiciren zu lassen. Der damalige Burgermeister und
„geheime Rath, Herr Dr. Romanus, findet Geschmack daran, und beredet mich, alle
„vierzehn Tage ein Stück für besagte Kirche zu setzen, wogegen ich mit einem erklecklichen
„Legat versehen wurde, ohne die Hoffnung, so man mir zu größern Vortheilen machte;
„doch gieng dessen fernerer Rath dahin, daß ich die andern Studien nicht niederlegen
„sollte [7]).“ — — — „Bald darauf gewann ich die Direktion über die Opern.“ —
„Die Feder des vortrefflichen Herrn Johann Kuhnau diente mir zur Nachfolge in Fu-
„gen und Kontrapunkten; in melodischen Sätzen aber, und deren Untersuchung, hatten
„Händel und ich, bey öftern Besuchen auf beyden Seiten, wie auch schriftlich, eine
„stete Beschäftigung.“ [8])

Den Angaben Telemann's nach, muß dieß alles zwischen dem Jahr 1701 und
1703 geschehen seyn, in welchem Händel Halle verließ, und nach Hamburg gieng, welches von Leipzig zu weit entlegen ist, als daß diese jungen Tonkünstler einander öftere Besuche hätten machen können.

Es ist sehr schwer, von den Lebensumständen einzelner Personen in entfernten Welt-
gegenden zuverlässige Nachrichten zu erhalten; und wenn ich bedenke, wie selten Ausländer von dem, was in England vorfällt, richtig und bestimmt reden, so muß ich fürchten,
daß ich und andre leicht eben so unwissend und irrig seyn können, wenn wir von ausländi-
schen Dingen schreiben.

In denen Nachrichten, welche Riccoboni von unsern Schaubühnen, Quadrio
von unsern Dichtern, Mattheson und andre von unsrer Musik geben, ist alles so dürftig
und unrichtig, daß nichts verächtlicher seyn kann, als der Gesichtspunkt, in welchem man
uns in diesen Beschreibungen unsern Nachbarn darstellt; wenn anders nicht die Verfasser
selbst in den Augen derer dadurch verächtlich werden, die zur Entdeckung ihrer Irrthümer
im Stande sind.

Auch

---

[7]) Ich lasse hier einige von Dr. Burney
noch ausgezogene Stellen weg, weil sie blos Telemann selbst betreffen. Uebrigens erinnere ich
mich, diesen verdienstvollen, ehrwürdigen Komponisten von seiner frühen Bekanntschaft mit Händel, und seiner Achtung gegen dessen Verdienste
oft mit Vergnügen angehört zu haben.   E.

[8]) S. Mattheson's Grundlage einer Ehrenpforte, rc. (Hamb. 1740. 4.) S. 358. f.

Auch weiß man, daß es äußerst schwer hält, einen Irrthum auszurotten, wenn er einmal erst in Büchern Wurzel gefaßt hat, weil es weit leichter ist, Dinge für ausgemacht anzunehmen, und sie schlechthin abzuschreiben, als sie zu prüfen und zu widerlegen.

Da Händel seine Jugend fast ganz in Deutschland zugebracht hat; so müssen die Vorfälle dieser seiner Lebenszeit seinen gleichzeitigen Landsleuten besser bekannt gewesen seyn, als sie es einem Engländer seyn konnten, der, funfzig Jahr nach der Ankunft dieses großen Tonkünstlers unter uns, mündliche Sage für Thatsachen nehmen mußte [9]).

Johann Mattheson, ein geschickter Musiker, und ein bänderreicher musikalischer Schriftsteller, der die ganze Zeit über in Hamburg lebte, als sich Händel daselbst aufhielt, hat in seine Schriften manche ihn betreffende Umstände mit eingestreut, die Aufmerksamkeit verdienen. Denn wenn er gleich zuweilen als ein Freund und Vertrauter Händel's, und als Bewundrer seines Genies und seiner Geschicklichkeiten spricht, und dann ein andermal den Kunstrichter spielt, und über sein größres Glück in der Kunst offenbar mißvergnügt, eifersüchtig und neidisch thut; so war doch Mattheson nicht fähig, Dinge zu erdichten oder zu verdrehen, von denen er wußte, daß sie ganz Hamburg, und Händel selbst, der noch bis fünf Jahre vor dieses Schriftstellers Tode lebte, widerlegen konnte.

Mattheson, der im Jahr 1681 zu Hamburg geboren war, genoß einer guten Erziehung, und wurde eine angesehene Person dieser Stadt, wo er sich, in seinen jüngern Jahren, als Komponist, Opernsänger und Klavierspieler auszeichnete. In der Folge verließ er das Theater, und wurde Sekretär des Englischen Residenten, Johann von Wich [10]); indeß fuhr er bis an sein Ende fort, Musik zu studiren, sie auszuüben, und über musikalische Gegenstände zu schreiben.

Seine Neigung für die Musik verrieth sich eben so früh, wie bey Telemann oder Händel; denn schon in einem Alter von neun Jahren ließ er sich mit Singen und Orgelspielen in verschiednen Hamburgischen Kirchen hören; und als er achtzehn Jahr alt war, setzte er eine Oper, die Plejaden, für das dortige Theater, worin er selbst die Hauptrolle sang.

Mattheson

---

9) Manche Unrichtigkeiten dieser Art hat Mattheson in seiner oben schon angeführten Uebersetzung dieser Memoirs of the Life of Handel nach seiner Art, d. i. nicht allzu säuberlich, gerügt und berichtigt.					E.

10) Nicht Sir Cyril Wich, wie im Originale steht; denn dieser war ein Sohn und Nachfolger jenes englischen Gesandten im Niedersächsischen Kreise, dessen Mattheson gleichfalls in seiner in der Ehrenpforte befindlichen Lebensbeschreibung, S. 200, erwähnt.					E.

Mattheson hatte wirklich in seiner Jugend mit Händel'n, ehe sein Name als eines großen Tonkünstlers in andre Gegenden von Europa gedrungen war, so viel Umgang und Verkehr, daß man itzt nicht hoffen darf, beßere Nachrichten von einer so intereßanten Periode irgendwo sonst, als bey ihm, aufzufinden.

Mattheson war ein eitler und ruhmrediger Mann, deßen vornehmster Wunsch in allen seinen Schriften dahin gieng, dem Leser schuldige Ehrerbietung gegen seine Geschicklichkeiten und Vorzüge einzuflößen [11]). Er rühmte sich daher vor seinem Absterben, im Jahr 1764, da er drey und achtzig Jahr alt war, er habe so viele Bücher über die Musik herausgegeben, als er Jahre zählte, und werde seinen Erben noch einmal so viele, zum Gebrauch der Nachwelt, handschriftlich hinterlaßen [12]).

Im Jahr 1761 verfertigte er eine Ueberßetzung von Händel's Leben aus dem Englischen, mit Anmerkungen und Zußätzen, die weder sehr unpartheyisch noch sehr rühmlich für seine Denkungsart sind [13]). Aber, wie konnte der Verfaßer einer Schrift, worin gesagt wurde: „Mattheson war kein großer Sänger, und bekam nur gelegentlich eine „Rolle," eine beßere Begegnung erwarten? Um dieß zu widerlegen, sagt er uns, daß er beständig, funfzehn Jahre hindurch, in den Hamburgischen Opern die ersten Rollen gesungen, und das mit solchem Beyfall, daß er die Leidenschaften seiner Zuhörer ganz in seiner Gewalt gehabt, und sie nach Gefallen zur Freude, Betrübniß, Hoffnung und Furcht, habe bewegen können [14]). Und wer wird es wagen, daran zu zweifeln, daß er dieß Talent beseßen habe, wenn er die Wirkung deßelben eigenhändig bezeugt?

In einer seiner musikalischen Schriften, die zugleich biographisch und kritisch ist, in der Grundlage einer Ehrenpforte, die zu Hamburg 1740 herauskam, und eine dreyßig Seiten lange, aufgeblasene Erzählung von ihm selbst und seinen Werken enthält

11) Dieß scheint ihm bey seinen Landsleuten gelungen zu seyn, da ihm verschiedne theoretische Musikschriften zugeeignet sind; unter andern, Hrn. Marpurg's Handbuch bey dem Generalbaß und der Komposition. Berlin, 1762. 4.

12) Das vollständigste Verzeichniß von Mattheson's Schriften findet man, nach einer von ihm selbst aufgesetzten Anzeige derselben, am Schluß seiner, größtentheils aus der Ehrenpforte ausgezognen Lebensbeschreibung, in den Nachrichten von Niedersächsischen berühmten

Leuten und Familien, (Hamburg, 1768. 69. 2 Bände 8.) B. II. S. 93.   E.

13) Aber doch seiner ganzen schriftstellerischen Denkungsart sehr gemäß und analog. Gleich in der Vorrede findet man die sonderbare, ganz eigenthümliche, und oft sehr launige Schreibart wieder, die Mattheson's Schriften durchgängig bezeichnet, und sie selbst der Aufmerksamkeit des Sprachforschers nicht unwürdig macht.   E.

14) Vergl. des Verf. Tagebuch einer musikalischen Reise, in der Uebers. B. III. S. 179

hält), findet man eben so, wie in seinen Anmerkungen zu Händel's Leben aus dem Englischen, eine umständlichere und bessere Nachricht von des letztern jugendlichen Arbeiten und Schicksalen, als ich sonst irgendwo habe auffinden können.

Händel, sagt er, sey im Sommer 1703 zu Hamburg angekommen, reich an Fähigkeit und gutem Willen. „Hier, fährt er fort, machte er fast seine erste Bekanntschaft „mit mir, den 9ten Jun. 1703, auf der Orgel der Marien Magdalenenkirche; ich führte „ihn in meines Vaters Haus, und erwies ihm alle nur ersinnliche Wohlthaten, sowohl „was den Tisch und Unterhalt, als auch was die Anpreisung seiner Person betraf. Ich „führte ihn auf den hiesigen Orgeln und Chören, in Opern und Concerten herum, absonderlich aber in ein gewisses Haus, wo alles der Musik äußerst ergeben war." [16]

„Anfangs spielte er die andre Violine im Opern-Orchester, und stellte sich, als „ob er nicht fünf zählen könnte, wie er denn von Natur zum dürren Scherz sehr geneigt war." [17]

„Er setzte zu der Zeit sehr lange, lange Arien, und schier unendliche Kantaten, „die doch nicht das rechte Geschick noch den rechten Geschmack, obwohl eine vollkommene „Harmonie hatten, wurde aber bald durch die hohe Schule der Oper anders zugestutzt."

Da diese jungen Tonkünstler oft und sehr vertraut mit einander umgiengen, so giengen sie zum öftern einen freundschaftlichen Wettstreit, zur Prüfung ihrer Fähigkeiten mit einander ein; und da sie sahen, daß jeder von ihnen seine meiste Stärke auf einem besondern Instrument hatte, Händel auf der Orgel, und Mattheson auf dem Klavier, so verabredeten sie, einander nicht ins Gehege zu kommen, und hielten diese Verabredung treulich fünf bis sechs Jahre hindurch.

Matthes

15) M. thut zwar, als ob er diese Lebensbeschreibung nicht selbst aufgesetzt habe, sondern seine Geschichte durch einen dritten Mann erzählen lasse; aber seine Denkart und Schreibart ist zu kenntlich, und scheint auch hier überall hervor. Und gekrönt hat er diese Biographie und seinen Selbstruhm in derselben, mit folgendem Schlußmotto aus dem Plinius: „Est homo ingeniosus, acutus, acer, et qui plurimum in scribendo et salis habet et fellis, nec candoris minus." E.

16) Dieß war, wie man aus einer andern von Mattheson's Schriften sieht, das Haus des englischen Residenten, wo er, wie es scheint, Händel'n, vor seiner Abreise aus Hamburg, da-

durch verdrängte, daß er nicht nur Sekretär des Gesandten, und Hofmeister seines Sohns, sondern auch dessen Musikmeister wurde.

17) „Ich weiß gewiß, sagt Mattheson, „wenn er dieses liest, er wird im Herzen lachen; „denn äußerlich lacht er wenig. Insonderheit, „falls er sich des Taubenkrämers erinnert, der mit „uns damals auf der Post nach Lübek fuhr, im„gleichen des Pastetenbäckers Sohns, der uns „beym Spielen die Bälge in der hiesigen Marien-„Magdalenenkirche treten mußte. Und hundert „dergleichen Vorfälle schweben mir noch in Ge„danken."

Mattheson sagt ferner das Hamburgische Opernhaus sey im Jahr 1704 geschlossen worden, und nun habe er Händel'n zurückgelassen, sey nach Holland gereist, habe daselbst die besten Orgelwerke versucht, und die künstlichsten Spieler gehört, habe zu Amsterdam Concerte gegeben, und den Antrag bekommen, zu Harlem eine Organistenstelle mit funfzehnhundert Gulden Besoldung zu erhalten. Er dachte damals nach England zu gehen, wurde aber davon, und von der Annahme der Organistenstelle zu Harlem [18]), durch die dringenden Einladungen abgehalten, die er von den Unternehmern der Oper, von seinen Verwandten und Freunden, und von seinem Beichtvater erhielt, besonders aber durch einen sehr gütigen und verbindlichen Brief, den ihm Händel von Hamburg aus schrieb. Diesen Brief hat Mattheson, zum Beweise ihrer damaligen Vertraulichkeit, in seiner Ehrenpforte abdrucken lassen. Er ist vom 18ten März, und enthielt unter andern folgende Ausdrücke:

„Ich wünsche vielmal in Dero höchstangenehmen Conversation zu seyn, welcher „Verlust bald wird ersetzt werden, indem die Zeit herankommt, da man, ohne deren Ge- „genwart nichts bey den Opern wird vornehmen können. Bitte also gehorsamst, mir „Dero Abreise zu notificiren, damit ich Gelegenheit haben möge, meine Schuldigkeit durch „Deroselben Einholung, mit Mlle. Sbülens, zu erweisen." [19])

Händel muß um diese Zeit seine erste Oper gesetzt haben, worin er vermuthlich die erste Mannsrolle für Mattheson geschrieben, und sich dabey nach seiner Singart und dem Umfange seiner Stimme gerichtet hatte. Aber die Eitelkeit erlaubte Mattheson nicht, Händel's Höflichkeiten einer andern Ursache, als bloßer Liebe und Gefälligkeit zuzuschreiben.

In seinen Anmerkungen zu der übersetzten Händelischen Lebensbeschreibung ist er vornehmlich über die Stelle ungehalten, worin der Zank erzählt wird, der bald nach diesem Briefe zwischen ihnen beyden vorfiel. Er wirft dem Biographen nicht nur Verstoßungen wider Geographie, Zeitrechnung und Geschichte vor, sondern vorsetzliche Verfälschung der Wahrheit in der Erzählung dieser ihrer Uneinigkeit.

b 2 Matthe-

---

18) Diese lehnte er vielmehr, wie er sagt, auf Einrathen seiner höhern Neigungen, selbst von sich ab. E.

19) Am Schluß des übersetzten Händelischen Lebens, S. 156, hat M. diese Stelle des gedach-ten Briefes abermals abdrucken lassen, und setzt hinzu: „Auch die geringsten Briefe mahlen schon „einigermaßen ihre Schreiber ab, nach Zeit und „Ort. Horaz sagt gar recht:

„Coelum non animum mutant, qui trans mare „currunt." E.

Mattheson, der bey aller seiner Selbstgefälligkeit und Pedanterey, doch das Lob verdient, daß er in Auffindung historischer Umstände sehr sorgfältig, und in ihrer Erzäh=lung sehr genau war, sagt uns, Händel habe anfänglich nur die zweyte, doppelt besetzte Violine im Orchester gespielt, und sey auf diesem Instrument, wie leicht zu erachten, nicht stärker, als ein Ripienist gewesen [20]. „Als es aber, sagt er, einmals am Klavierspieler „fehlte, ließ er sich bereden, dessen Stelle zu vertreten, und bewies sich als ein Mann, „ohne daß es Jemand anders, als ich, vermuthet hätte."

Nach Mattheson's eignem Geständnisse, erlangte er durch Händel's Anweisung, der oft in seines Vaters Hause war, und mit ihm spielte, eine Kenntniß in der Modulation, und in Kontrapunktgriffen, die er von sonst keinem hätte erlangen können.

Bey Erledigung einer Organistenstelle zu Lübek reisten sie beyde dahin, und mach=ten auf dem Wagen viele Doppelfugen, da mente, sagt Mattheson, non da penna. Buxtehude, ein vortrefflicher Orgelspieler, war damals Organist zu Lübek; indeß setzte Händel's Stärke auf der Orgel selbst diejenigen in Erstaunen, die jenen großen Meister zu hören gewohnt waren. Händel und Mattheson bewarben sich indeß nicht um die erledigte Stelle, weil mit derselben eine Heyrathsbedingung verbunden war, und giengen also wie=der nach Hamburg.

Um diese Zeit [21] wurde eine von Mattheson gesetzte Oper, Kleopatra, daselbst aufgeführt, in welcher Mattheson selbst den Antonius, und Händel den Flügel spielte. Jener war gewohnt, nach der Entleibung des Antonius, die noch ziemlich lange vor dem Schluß der Oper geschah, sich als Komponist an den Flügel zu setzen; Händel aber wollte seiner Eitelkeit nicht nachgeben, und ihm diesen Posten überlassen; und dadurch entstand unter ihnen eine so heftige Erbitterung, daß ihm Mattheson beym Herausgehen aus dem Opernhause eine Maulschelle gab. Beyde zogen darauf sogleich den Degen; und es er=folgte ein Zweykampf unter ihnen auf öffentlichem Markte. Zum Glück sprang Matthe=son's Klinge auf einem metallnen Rockknopf seines Gegners. Dieß machte dem Streit ein Ende, und sie wurden bald wieder mit einander ausgesöhnt. — Auf diese Art erzählte Mattheson selbst, lange vor Händel's Tode die Umstände dieses Zwistes, der zwischen ihnen, während seines Aufenthalts zu Hamburg, vorfiel.

Der

---

[20] „To how minute an origin we owe „Young Ammon, Caesar, and the great Nassau!" „Welch einem geringen Anfange verdanken wir die „Größe eines Cäsars und des großen Prinzen von „Nassau!"

[21] Vielmehr, länger als ein Jahr hernach. Denn schon im August 1703 reisten sie zusammen nach Lübek; und diese Oper wurde erst den 5. De=cember 1704 aufgeführt.   E

Der Englische Lebensbeschreiber wird von Mattheson sehr hart darüber angelassen, daß er sagt, „dieser Zweykampf habe einem Meuchelmord ähnlicher gesehen," als einem „Renconter." Auch giebt er ihm Schuld, daß er Händel'n beständig mit Vorsaß jünger macht, als er war, um ihn nicht nur als ein musikalisches Wunder darzustellen, sondern auch als noch viel zu jung, um Muth, Fassung oder Geschicklichkeit genug besessen zu haben, sich zu vertheidigen. „Hätte er sich aber auch zu vertheidigen gewußt, sagt sein „Lebensbeschreiber; so hätte er doch nicht Zeit dazu gehabt." Dagegen erinnert Mattheson, „daß Händel damals beynahe ein und zwanzig Jahr alt, groß, stark, breit und „kräftig vom Leibe, folglich Mannes genug gewesen sey, sich zu wehren, und des an seiner „Seite hängenden Degens eingedenk zu seyn." — "Eine trockne Ohrfeige, sagt er, sey „kein Meuchelmord, sondern vielmehr eine nothwendige Warnung, sich zur Gegenwehr anzuschicken."

Diese Schlägerey fiel den 5ten December 1704 vor; und zum Beweise ihrer baldigen Aussöhnung führt Mattheson an, er habe den 30sten eben dieses Monats den jungen Komponisten zu der Probe seiner ersten Oper Almira ins Schauspielhaus begleitet, und in derselben die erste Rolle gespielt; auch seyn sie in der Folge noch beßre Freunde geworden, als zuvor. Diese Oper wurde den 8ten Januar 1705 zuerst, und mit vielem Beyfall, gespielt [22].

Den 25sten Februar des nämlichen Jahrs brachte er seine zweyte Oper, Nero, auf die Bühne, die gleichfalls sehr gut aufgenommen wurde [23]. Nach der Aufführung dieser beyden Opern nahm Mattheson, der in beyden die erste Sängerrolle spielte, von der Bühne Abschied [24], weil er itzt Sekretär des englischen Gesandten in Hamburg gewor-

b 3

[22] Ihr ganzer Titel ist: Der in Kronen erlangte Glückswechsel, oder Almira, Königin von Castilien. Ein Epilog dazu, der Genius von Europa, war von Kayser gesetzt. Der Verf. — Diese Anzeige nahm Dr. Burney vermuthlich aus Mattheson's musikalischem Patrioten, in welchem S. 177 ff. ein Verzeichniß der Hamburgischen Opern befindlich ist. Ich besitze eine von dem sel. Herrn Syndikus Klefeker gemachte Sammlung derselben, in deren geschriebenem Verzeichnisse gleichfalls Händel als Komponist der Almira genannt wird. Dagegen legt der Vorbericht des Textbuches selbst die Musik Kayser'n bey, der darin nur wenig von der Musik zu ihrem italieni-

schen Texte von Ruggiero Fidell beybehalten habe. Im Jahr 1706 wurde sie verändert aufgeführt, und die damalige Komposition war, einstimmiger Angabe nach, von Kayser. Vermuthlich war also doch wohl die frühere von Händel. E.

[23] Der eigentliche Titel war: Die durch Blut und Mord erlangete Liebe, oder Nero.

[24] Mattheson's erste Oper, die Plejaden, wurde zu Hamburg 1699 aufgeführt; Porsenna, die zweyte, 1702; Viktor, Herzog von der Normandie, wovon Schieferdecker den

geworden war; eine Stelle, die er bis an seinen Tod, fast sechzig Jahre lang, bekleidete ²⁵).

Daß Mattheson mehr Kenntniß als Geschmack besaß, davon ist schon folgender Einfall, den man mir in Hamburg erzählte, Beweises genug. Er versuchte es einmal auf Veranlassung eines Textes, worin dieß Wort vorkam, einen Regenbogen dadurch auszudrücken, daß er die Noten aller Stimmen in einem Bogen allmählig auf und absteigen ließ; und schien also zu glauben, dieser Anblick für die Augen seiner Spieler und Sänger werde auch den Ohren der Zuhörer die Vorstellung von einem Regenbogen mittheilen ²⁶).

Alle die Musik, die ich je von Mattheson gesehen habe, ist gedankenleer und uninteressant. Es heißt, er sey ein großer Klavierspieler gewesen, und Händel habe seine Stücke gern gespielt. Hat er je Mattheson für einen furchtbaren Nebenbuhler gehalten, so muß bey diesem Spielen seiner Stücke sein Triumph sehr vollkommen gewesen seyn,

wenn

den ersten, Mattheson den zweyten, und Bronner den dritten verfertigte, in eben dem Jahre; und Kleopatra, die vierte, welche die Schlägerey zwischen H. und M. veranlaßte, im Jahr 1704.

25) Vielmehr, wie in seiner obengedachten Lebensbeschreibung gesagt wird, nur über vierzig Jahr; denn hernach gieng er mit dem Charakter eines Legationsraths, in Großfürstlich-Holsteinische Dienste, und blieb darin bis an seinen Tod.
E.

26) Ich habe hier die Worte des Originals etwas umändern müssen, weil darin gesagt wurde, M. habe diesen allerdings höchst läppischen Einfall in der Trauermusik auf sich selbst angebracht, die er in seinen letzten Jahren verfertigte, und zwar bey den Worten aus der Offenb. Joh. IV, 3. »Und ein Regenbogen war um den Stuhl.« — Allein ich bin bey der Aufführung jener Trauermusik in der Hamburgischen großen Michaeliskirche, zu deren Orgelbau er 44000 Mark geschenkt hatte, den 25sten April 1764 selbst zugegen gewesen, und habe noch itzt den von M. selbst dazu verfertigten Text in Händen, worin aber weder jener Spruch,

noch überall das Wort Regenbogen, vorkommt. Sondern jene aberwitzige Erfindung wurde von M. in der Komposition einer Arie angebracht, die in der bald weiter zu erwähnenden Passionsmusik von Brokes vorkömmt, und deren Poesie gleichfalls, wie fast dieß ganze Oratorium hindurch, voll solcher kindischer Concetti ist. Die Arie fängt nämlich an:
Dem Himmel gleicht sein buntgestriemter Rücken,
Den Regenbogen ohne Zahl
Als lauter Gnadenzeichen schmücken.
Uebrigens war auch jene Trauermusik, oder vielmehr das fröhliche Sterbelied, womit er sich selbst harmonisch und poetisch im 83. Jahre seines Alters zu Grabe sang, sowohl harmonisch als poetisch ein Beweis von der Geschmacklosigkeit des Mannes, und von der großen Unfruchtbarkeit seines Geistes an wahrer und meisterhafter Erfindung. Die Form der Poesie ist so Gott will, dramatisch; und man kann sich davon schon aus dem lateinischen Titel auf der Kehrseite des deutschen einigen Begriff machen. Er heißt: »*Matthesoni Melos Exsequiale*, per voces: Sanctissimi Sanctorum, Sancti Iobi, S. Pauli, S. Bernhardi, Sanctorum omnium, et ipsius Theotimi, decantatum.«   E.

wenn er sie mit seinem eignen, oder mit dem ihm beywohnenden Talente verglich, jeden Augenblick etwas weit beſſers hervorzubringen. Ich beſitze eine Folge von zwölf Mattheſoniſchen Klavierſuiten, die zu London, 1714, von Fletcher in Kupfer geſtochen ſind, der ſie in der Vorrede als Stücke rühmt, die vor allen andern dieſer Art den Vorzug verdienten, und von einem der damaligen größten Komponiſten in einem durchaus gefälligen und erhabenen Geſchmack verfertigt wären. Sie beſtehen aus Ouvertüren, Präludien, Fugen, Allemanden, Couranten, Giquen und Arien. Allein, der Lobſprüche des Herausgebers ungeachtet, gleichen ſie allen Klavierſtücken, die ich je von denen geſehen habe, die älter ſind, als Händel's vortreffliche Suites de Pieces, wovon die erſte Sammlung 1720 erſchien. Bey aller guten Harmonie machen ſie auf die Seele eben ſo wenig gefälligen oder leidenſchaftlichen Eindruck als das Geklingel der Triangel, oder die Schellen eines Laſtpferdes; und durch dergleichen Sachen wird in der That das Inſtrument zum Range eines tönenden Erzes und einer klingenden Schelle, herabgewürdigt.

Vom Jahre 1705 bis 1708, da Händel zwey andre Opern, Florindo und Dafne [27] ſetzte, lieferte er nichts für die Bühne; ob er gleich viele Scholaren hatte, und unzählig viele Klavierſtücke, Lieder und Kantaten ſchrieb [28]).

Mattheſon geſteht ſelbſt, daß Händel während ſeines Aufenthalts in Hamburg ſeine Schreibart durch ſeine beſtändige Beſuchung der Oper ungemein verbeſſert habe, und ſagt, er ſey in extemporirten Fugen und im Kontrapunkt auf der Orgel ſtärker geweſen, als der berühmte Kuhnau in Leipzig, den man damals als ein Wunder anſah.

Nach=

---

27) Beyde Opern gehören eigentlich zuſammen; und in der letztern iſt die Fabel der erſtern fortgeführt, in deren Vorberichte auch geſagt wird, daß man, wegen zu großer Länge der Muſik, das Ganze auf dieſe Art in zwey Theile abgeſondert habe. E.

28) Ich erhielt in Hamburg, im Jahr 1773, eine geſchriebene Sammlung Kantaten von den vorzüglichſten Komponiſten zu Anfange des itzigen Jahrhunderts, unter welchen zwey von Händel ſind, die ich ſonſt nirgends geſehen habe, und vermuthlich wurden dieſe von ihm daſelbſt, vor ſeiner Ankunft in England oder ſeiner Abreiſe nach Ita-

lien, verfertigt. Die eine von dieſen Kantaten hat eine lebhafte Begleitung für ein obligates Klavier. Am Schluß iſt eine kurze Arie, welche den Reim, oder das Thema einer ſehr beliebten Klavierſuite zu enthalten ſcheint, die im zweyten Theile ſeiner Pieces de Clavecin S. 5. gedruckt iſt; gerade der Satz, womit er das letzte Concert endigte, das er je öffentlich ſpielte. Es iſt um ſo viel wahrſcheinlicher, daß er dieſe Kantate in ſeiner frühen Jugend geſetzt habe, weil er ſich darin einige kleine Freyheiten herausgenommen hat, die man in ſeinen ſpätern Arbeiten nicht findet.

Nachdem er sich zu Hamburg durch seine Opern so viel Geld erworben hatte, daß er nach Italien reisen konnte [29]), so unternahm er diese Reise nach dem Sitze der Musen, die jedem Manne von Genie so äußerst wünschenswürdig ist. Er blieb eine Zeitlang zu Florenz, wo er die Oper Rodrigo verfertigte. Von da gieng er nach Venedig, wo er im Jahr 1709 seine Agrippina aufführte [30]), die, wie sein Lebensbeschreiber sagt, sieben und zwanzig Abende nach einander mit großem Beyfall gespielt wurde. Hier fand er den Domenico Scarlatti, Gasparini und Lotti.

Nicht lange hernach gieng er nach Rom, wo er Gelegenheit hatte, Kompositionen und Tonkünstler vom ersten Range zu hören. Hier hatten der ältere Scarlatti und Gasparini die Singemusik, und Corelli die Instrumentalmusik zur großen Vollkommenheit gebracht. Bey dem Kardinal Ottoboni, bey dem Händel sich sehr in Gunst setzte, hatte er zum öftern Gelegenheit, den naturvollen, sanft fühlenden Corelli seine eignen Stücke spielen zu hören. Hier verfertigte er eine Serenate Il Trionfo del Tempo [31]); und gieng darauf nach Neapel, wo er seinen Acis und Galathea auf einen italienischen Text setzte, der ganz von dem kleinen englischen Singspiele dieses Namens von Gay verschieden war, wozu er im Jahr 1721 für den Herzog von Chandos die Musik verfertigte.

Als er aus Italien zu Ausgange des Jahrs 1709, oder zu Anfange des J. 1710, wieder nach Deutschland kam, so war Hannover der erste Ort, wo er sich etwas länger aufhielt, und wo er in dem Churfürsten einen Gönner und Wohlthäter fand, der in der Folge, nach dem Tode der Königinn Anna, unter dem Namen Georgs des Ersten, den englischen Thron bestieg. Dieser Fürst hatte den geschmackvollen und gelehrten Komponisten Steffani als Kapellmeister in seinen Diensten, mit dem Händel vorher schon in Venedig bekannt geworden war, und der nun, ihm zu gefallen, seine Stelle als Churfürstlicher Kapellmeister niederlegte. Dieser ehrwürdige Komponist war sein Muster in der Schreibart von

29) Mattheson sagt sowohl in der Ehrenpforte, als in einer Note zu der von ihm übersetzten Lebensbeschreibung, S. 37, er habe diese Reise frey, in Gesellschaft eines Herrn von Binitz gethan. — Vorher hatte er ein gleiches Anerbieten von dem Bruder des Großherzogs von Toskana ausgeschlagen. E.

30) Man brachte sie auch im Jahr 1718 italienisch auf das Hamburgische Theater. E.

31) Die Originalpartitur dieses Stücks befindet sich in der Sammlung Seiner Majestät. Im J. 1770 kaufte ich zu Rom, unter andern geschriebenen Kompositionen alter Meister, sechs Kantaten, a voce sola, del Georgio Federico Hendel, detto il Saffone, die er vermuthlich in dieser Stadt während seines dortigen Aufenthalts ums Jahr 1709, verfertigte. Aus der gelben Farbe der Dinte vermuthete ich, daß auch die Abschrift schon sehr alt ist. Einige davon habe ich nie in irgend einer andern Sammlung gefunden.

von Kammerduetten, und erleichterte ihm den Zutritt zu der Gunst des Kurfürsten, der ihm ein Gehalt von 1500 Reichsthalern unter der Bedingung aussetzte, daß er nach vollendeter Reise an seinen Hof zurückkehren sollte. Händel nahm diesen Antrag an, und gieng nun nach Düsseldorf, wo er bey dem Kurfürsten von der Pfalz eine schmeichelhafte Aufnahme fand, der ihn gleichfalls in seinen Diensten zu behalten wünschte. Allein, außer der Verbindung, worein er sich schon mit dem Kurfürsten von Hannover eingelassen hatte, wünschte er auch England zu besuchen, wo die dramatische Musik schon durch verschiedne noch sehr geschmacklose Opernversuche beliebt geworden war, und wohin ihn auch verschiedne adliche Personen eingeladen hatten, die er in Italien und Hannover kennen lernte.

Gegen das Ende des Jahrs 1710 kam er in England an. Seine dortige Aufnahme war für ihn eben so schmeichelhaft als rühmlich für die Nation, die damals eben so glücklich im Kriege, als in der Ausbildung der Künste des Friedens, war. Witz, Poesie, Wissenschaft und Gelehrsamkeit, welche diese Periode der englischen Geschichte auszeichneten, wurden durch Händel mit allen Reizen einer ausdruckvollen und gelehrten Musik bereichert, die von ihm zuerst in dieß Land eingeführt und verpflanzt wurde, und deren vollen blühenden Wachsthum er noch erlebte.

Der Ruf von den ausnehmenden Talenten und Fähigkeiten, welche Händel besaß, und von dem Beyfall, den er sich durch beyde in Italien und Deutschland erworben hatte, war in England schon vorläufig bekannt geworden, und verschaffte ihm eine leichte und günstige Aufnahme bey Hofe, und in vielen von den ersten Familien. Aaron Hill, damaliger Unternehmer der Opern, machte sich den Vortheil seiner Ankunft zu Nutze, und entwarf in der Eile den Plan eines Singespiels aus Tasso's befreytem Jerusalem, woraus der Dichter Rossi eine Oper, Rinaldo, verfertigte. Sie wurde im März 1711 aufgeführt, und Händel hatte sie, wie in der Vorrede gesagt wird, in einer Zeit von vierzehn Tagen in Musik gesetzt.

Addison erwähnt in dem fünften Blatte seines Spectator mit seiner gewöhnlichen Laune, aber auch mit seiner völligen Unempfindlichkeit gegen höhere musikalische Talente, auch dieses Umstandes unter mehrern andern geringfügigen Dingen, die er lächerlich zu machen suchte. Hätte dieser in anderm Betracht so vortreffliche Schriftsteller und Kunstrichter so viel Geschmack und Gefühl für Musik, als Gelehrsamkeit und wissenschaftlichen Geschmack gehabt; so würde er eingesehen haben, daß die Gabe, eine ganze Oper in kürzerer Zeit zu verfertigen, als der Kopist zum Abschreiben derselben brauchte, und das in einer meisterhaftern und originalern Schreibart, als man je vorher in diesem, und vielleicht in irgend

Burney. einem

einem Lande gekannt hatte, kein schicklicher Gegenstand des Spotts war. Addison scheint alle Musik für einerley zu halten, das französische Recitativ ausgenommen, an dem er, wie es scheint, ganz vorzüglich Geschmack gefunden hatte ³²).

Die Oper Rinaldo, in welcher sich der berühmte Nicolini und Valentini, die ersten welschen Sänger auf der englischen Schaubühne hören ließen, war viele Jahre hindurch ein Lieblingsschauspiel der Nation, denn ihre Vorstellung wurde in den Jahren 1712, 1717 und 1731 wiederholt. In dem Jahre 1718, wo, wie es scheint, keine Opern in England gespielt wurden, gieng Nicolini nach Neapel; und auch da wurde Händel's Rinaldo, unter der Anführung des berühmten Leo, der damals noch ein junger Mann war, auf die Bühne gebracht.

Händel blieb itzt noch ungefähr ein Jahr in England, und erwarb sich den größten Ruhm, auf die erhabensten und unstreitigsten Verdienste gegründet, die er als theoretischer und praktischer Tonkünstler hatte. Er gieng darauf nach Hannover zurück, und versprach seinen angesehensten Freunden in England, so bald wieder zu kommen, als er dazu von seinem Kurfürsten Erlaubniß erhalten könnte. Zu Ausgange des Jahrs 1712 erhielt er diese Erlaubniß auf eine gewisse Zeit; und wir finden seinen Pastor Fido und Theseus in dem Verzeichnisse der italienischen Opern, die in diesem und dem folgenden Jahr auf die englische Bühne gebracht wurden, und im Jahr 1715 den Amadis, oder Amadis von Gallien. In allen diesen Opern waren Nicolini, Valentini, Margarita, und Mistreß Anastasia Robinson die vornehmsten Sänger.

Nicht lange nach seiner Rückkehr nach London war der Utrechter Friede geschlossen, und Händel'n ward vor allen andern, auch, wie es scheint, ohne Murren der einländischen Tonkünstler, der Auftrag gemacht, die Hymne des Danks und Triumphs bey dieser Gelegenheit zu verfertigen. So schmähsüchtig und lärmend auch die Mißgunst über den Beyfall solcher Verdienste, die sich von andern auch erreichen lassen, zu seyn pflegt; so wird sie doch stumm und blind bey den Vorzügen sichtbarer Ueberlegenheit. Das große Te Deum und Jubilate, welches Händel bey dieser Gelegenheit schrieb, hatte so viel Stärke, Regelmäßigkeit und Instrumentalwirkung, als noch keine Komposition in England gehabt hatte. Purcell's Te Deum ist, was die Einrichtung und den Ausdruck der Worte betrifft, vielleicht das beste von allen; aber in Ansehung der Größe und Fülle der Begleitung, muß man doch Händel'n den Vorzug geben, wenn man ohne National-vorur-

---

³²) Spectator. No. 29.

vorurtheil entscheiden will.   Die Königinn setzte ihm ein jährliches Gehalt von zweyhundert Pfund auf Zeit Lebens aus; und alle, die den Rinaldo gehöret hatten, wünschten,
daß er wieder für die Oper arbeiten möchte.   Die Vielheit der Arbeiten, und die Menge
von Gönnern und Freunden, die Händel in England fand, schwächten bey ihm gewissermaßen das Andenken an seine ehemaligen Verbindungen; und er schien an nichts weniger zu
denken, als nach Hannover zurück zu gehen, bis nach dem Tode der Königinn Anna, im
Jahr 1714, König Georg der Erste selbst nach England kam, und ihn der Mühe, nach
Deutschland zu reisen, überhob.

    Händel war sich seiner versäumten Ehrerbietung und Dankbarkeit gegen einen
Fürsten bewußt, der ihn mit so schmeichelhaften Zeichen des Beyfalls und der Wohlthätigkeit beehrt hatte, und wagte es nicht eher, bey Hofe zu erscheinen, bis er durch die kluge
und freundschaftliche Vermittelung des Freyherrn von Kielmannseck auf folgende Art die
Gunst des Königs wieder erhielt.   Man beredete den König, nicht lange nach dem Antritt
seiner Regierung, eine Wasserparthie zu machen, und gab bey dieser Gelegenheit Händel'n den Rath, einige Stücke ausdrücklich dazu zu verfertigen, deren Aufführung insge-
heim in einem Boote veranstaltet wurde, welches das königliche Fahrzeug begleitete. Der
König wurde durch diese Stücke, die hernach unter dem Namen der Wassermusik so bekannt und mit Recht so berühmt geworden sind, eben so sehr überrascht als ergötzt, und
fragte sehr bringend, wer ihr Verfasser sey.   Der Freyherr antwortete dem Könige, es
sey einer von seinen getreuen Unterthanen, der wohl wisse, daß er die Ungnade eines so
huldreichen Gönners verdient habe, und sich daher nicht eher getraue, vor ihm zu erscheinen, bis er versichert sey, daß er durch alle mögliche künftige Bezeugungen seiner Dankbarkeit und Dienstergebenheit Verzeihung zu erhalten hoffen dürfe.   Dieser Fürspruch
wurde gnädig aufgenommen; Händel kam wieder in Gnade, und seine Kompositionen
wurden mit den schmeichelhaftesten Beweisen des königlichen Beyfalls beehrt.   Auch gab
ihm der König, zur Bestätigung dieser Begnadigung, noch eine Zulage von zweyhundert
Pfund zu dem ihm von der Königinn Anne bewilligten Jahrgehalt; und einige Jahre
nachher, da er den jungen Prinzessinnen Unterricht geben mußte, wurde noch ein Gehalt,
gleichfalls von zweyhundert Pfund, von Ihrer Majestät, der Königinn Caroline, hin-
zugethan.

    Vom Jahr 1715 bis 1720 finde ich in den Verzeichnissen der Singspiele keine von
Händel neu verfertigte Oper.   Die drey ersten Jahre dieser Zwischenzeit brachte er meistens bey dem Grafen von Burlington zu, der viel Geschmack und Kenntnisse in den
schönen Künsten besaß, und gegen ihre Verehrer sehr freygebig war.   Die beyden andern
Jahre hindurch scheint sich Händel zu Cannons, als Kapellmeister des Herzogs von Chan-

dos,

dos, beschäftigt zu haben.   Dieser Herzog, dessen Aufwand glänzend und fürstlich war, erbaute auch unter andern eine Kapelle, in welcher der Gottesdienst täglich von einem Chor von Sängern und Instrumentalisten verrichtet wurde, welche damals vielleicht zahlreicher und vortrefflicher war, als die Kapelle irgend eines regierenden Fürsten.   Hier schrieb Händel außer seinen Motetten, den größten Theil seiner Hoboenconcerte, Sonaten, Suiten und Orgelfugen, die alle in ihrer Art so meisterhaft, feurig und trefflich sind, daß auch selbst dann, wenn er nie eine Oper, ein Oratorium, Te Deum, Duett, eine Kantate, oder irgend ein andres Singestück gesetzt hätte, sein Name doch wahren Musikkennern so lange würde ehrwürdig geblieben seyn, als die Notenzüge, mit welchen sie geschrieben sind, lesbar geblieben wären.

    Wir kommen itzt zu dem geschäftigsten und glorreichsten Theil von Händel's Leben, der itzt die Stufe des Daseyns erreichte, die Dante

       Il mezzo del cammin di nostra vita

nennt; wo Körper und Geisteskräfte des Menschen ihre höchste Stärke und Lebhaftigkeit erreicht haben.   Er besaß große Naturgaben, durch Fleiß und Uebung ungemein ausgebildet; seine Hand scheute keine Schwierigkeiten; sein Genie zur Komposition war unbegränzt. Dabey war er einer der größten Meister einer Kunst, die den Zutritt zu den Großen sehr erleichtert, und worin man, bey außerordentlichen Fähigkeiten, auf ihre Gunst sicher rechnen darf; äußerst beliebt bey dem Könige, dem Adel und dem Publikum einer großen und mächtigen Nation, zur Zeit ihrer größten Glückseligkeit und Ruhe, da sie nicht nur alle Muße und allen Eifer besaß, die Künste des Friedens auszubilden, sondern auch Reichthum genug, um diejenigen freygebig zu belohnen, deren glückliche Bemühungen sie über die Gränzen der Mittelmäßigkeit hinaus getrieben hatten.

    Dieß waren Händel's Umstände und Lage, als der englische Adel einen Plan entwarf, zur Unterhaltung der italienischen Oper einen Fond auszusetzen, von der er Komponist und Anführer seyn sollte.   Und, da des Königs Georgs des Ersten Majestät zur Ausführung dieses Plans tausend Pfund zu unterzeichnen geruhte, und sein Name auf der Liste der Subskription, die sich auf funfzig tausend Pfund belief, oben an stand, so nannte man diese Gesellschaft die königliche Akademie.

    Als Händel seine Stelle zu Cannons niederlegte, erhielt er von der Akademie den Auftrag, nach Dresden zu gehen, um Sänger anzuwerben.   Hier fand er Senesino, Durastanti, Berenstädt und Boschi, die er mit nach England brachte.

Die

Die vornehmste Absicht bey Errichtung der Akademie gieng zwar dahin, Händel'n als Komponisten und Anführer des Orchesters anzustellen; allein das Publikum war damit noch nicht ganz einstimmig. Bononcini und Attilio waren von den vorigen Unternehmern der Oper nach England gezogen; und da sie Komponisten von anerkannten Verdiensten waren, so wollten ihre Bewunderer und Freunde nicht gern in ihre Entlassung willigen. Und itzt nahmen jene musikalischen Zwistigkeiten ihren Anfang, deren Andenken Swift durch ein Sinngedicht [33]) verewigt hat, welches eine Kunst und Künstler verächtlich machen sollte, deren Verdienst er durchaus nicht fühlte noch verstand, ob er gleich das Lächerliche ihrer Lage völlig einsah. Allein der Satirist, der keinen Unterschied zwischen einem Dryden und Ausklingler, oder zwischen einem Raphael und einem gemeinen Anstreicher findet, ist völlig so geschickt, von Poesie und Mahlerey zu reden, als derjenige von der Musik, der keinen Unterschied zwischen den Arbeiten eines Händel's und eines Bononcini, und den Stümpereyen des erbärmlichsten Bierfiedlers sieht noch hört.

Keine Kunst, Wissenschaft, selbst keine Wahrheit der Religion oder Sittenlehre, vermag den Anfällen des Spottes auszuweichen, wenn Witz und Laune wider sie kämpfen; wenn gleich ihre Verwundungen zum Glück nur leicht sind, und von selbst heilen. Denn weder Kunstliebhaber, noch Verehrer der Religion und Tugend, können durch solch einen bloßen Hieb oder witzigen Einfall lange in ihrem Eifer gestört werden. Eine große Nation, die so viele begüterte Bürger hat, braucht unschuldigen Zeitvertreib für ihre müßigen Stunden, wenn Jagd und Landlust aufhört, und sie sich alle in der Hauptstadt einfinden; und in den besten und aufgeklärtesten Zeiten der Welt hat immer die Ausbildung und Beförderung der Tonkunst die Talente und die Freygebigkeit ihrer vorzüglichsten Bewohner beschäftigt.

Musikalische Schauspiele, oder Opern, die im vorigen Jahrhundert von Italien nach Frankreich, und von Frankreich nach England kamen, waren hier noch nie vorher in italienischer Sprache gespielt, als unter der Regierung der Königinn Anne, da die ersten Versuche von theils einheimischen, theils italienischen Schauspielern gemacht wurden, deren Jeder in seiner Muttersprache sang. Das Ungereimte dieser Mode hat Addison mit

c 3

vieler

---

33) Man findet dieß Epigramm, *on the Feuds about Handel and Bononcini*, in *Swift's* Miscellanies, (Lond. 1728. 3 Vols. gr. 8vo) Vol. III. p. 174.

Strange! all this Difference should be 'Twixt Tweedle-*Dum*, and Tweedle-*Dee*!

d. i.

Hilf Himmel! welche Zänkerey
Um Dudeldum und Dudeldey!　E.

vieler witziger Laune in dem achtzehnten Stücke des Spectator's lächerlich gemacht ³⁴). Da aber der Geschmack an Opern damals sowohl, als nach der Zeit, bey denen von unsern adlichen und vornehmen Mitbürgern sehr zunahm, die in ihrer Jugend Italien besucht hatten; so ist es ganz natürlich, daß sie allemal wünschen müssen, diese Vorstellungen den von ihnen dort gesehenen Originalen so nahe als möglich gebracht zu sehen. Und aus Mitgliedern dieser Art bestand vermuthlich die königliche Akademie. Ihr Vorsteher war der Herzog von Newcastle; Lord Bingley war abgeordneter Vorsteher; und die Herzoge von Portland und Queensbury, die Grafen von Burlington, Stair und Waldegrave, die Lords Chetwynd und Stanhope, James Bruce, Esq. der Obriste Blathwait, Thomas Coke, von Norfolk, Esq. Conyers D'Arcy, Esq. Brigadier-General Dormer, Bryan Fairfax, Esq. Obrist O'Hara, George Harrison, Esq. General Hunter, William Pulteney, Esq. Sir John Vanbrugh, Generalmajor Wade und Franz Whitworth, Esq. waren ihre Direktoren.

Diese großen und angesehenen Männer konnten indeß nicht die ganze Direktion der Oper allein und persönlich verwalten. Gegenpartheyen sind in Freystaaten eben so häufig, als wild; und in dem gegenwärtigen Falle mischten sich politische Feindseligkeiten in den musikalischen Zwiespalt. Alle Freunde des Bononcini und Attilio wurden vielleicht nicht ganz von der Liebe zur Musik, und dem Gefühl ihrer Ueberlegenheit und Vorzüge geleitet; Herrschsucht und Privathaß gegen Händel's Verfechter verstärkten ihren Eifer; und Händel sah sich, ehe sie nachgaben, genöthigt, auf der Bühne zu erscheinen, und seine Sache selbst auszufechten. Denn alles, was seine Freunde von dem Innhaber des Haymarket-Theaters erhalten konnten, als er von Dresden mit Rekruten zurückkam, war die Erlaubniß, seine Oper Rhadamist im Jahr 1720 daselbst aufführen zu dürfen ³⁵). Bey dieser Gele-

---

34) Auch bey uns Deutschen war es zu Anfange des itzigen Jahrhunderts sehr gewöhnlich, daß man die Recitative der Opern deutsch, und die Arien italienisch, sang, wie auch der Verf. in einer Note anführt, und sich dabey auf Riccoboni's Zeugniß beruft. In den Textbüchern der Hamburgischen, Wolfenbüttelischen und andrer Opern liegt noch der Beweis davon am Tage; und noch in einem 1743 in Hamburg aufgeführten Singspiele finde ich diese Widersinnigkeit, die wohl öfter durch Nothbehelf und durch den Wunsch, ausländische Kompositionen auf die deutsche Bühne zu bringen, als durch Vorliebe für die italienische Sprache

und ihr musikalisches Verdienst mag veranlaßt seyn.   E.

35) Diese Oper wurde unter dem Titel Zenobia von Mattheson ins Deutsche übersetzt, und im Jahr 1721 nach Händel's Musik zu Hamburg aufgeführt. — Dr. Burney macht zu dieser Anmerkung einen sehr umständlichen Zusatz, den ich lieber ins Kurze ziehe, weil ich den deutschen Leser dabey auf ihm minder fremde Bücher verweisen kann. Zuerst erwähnt er des in Mattheson's Ehrenpforte gedachten, und in England wenig bekannten, Umstandes, daß Händel

del

Gelegenheit laſſen ſich die Erwartungen, welche das Publikum von Händel's Talenten, wegen ſeines großen Ruhms, und der ſchon von ihm gegebenen Proben, hatte, aus dem großen Gedränge ſchließen, welches noch vor dem Opernhauſe war, als nicht mehr Raum genug da war, ſie alle einzulaſſen. Und der Beyfall derer, die ſo glücklich waren, Plätze zu bekommen, bewies ihren vollen Genuß des gehofften Vergnügens. Indeß erhielt dieſe Oper, bey allem ihrem Verdienſt und Beyfall nicht ſolch einen Sieg für Händel, der entſcheidend genug geweſen wäre, den Feind zur Räumung des Feldes zu nöthigen.

Es

del ums Jahr 1717 in Hannover geweſen, und des nachmaligen Königs Georgs des Zweyten, damaligen Kron- und Kurprinzens, Kapellmeiſter geworden ſey. Hieburch läßt ſich einigermaßen die Lücke Händeliſcher Opern zwiſchen 1715 und 1720 ausfüllen. Ferner gedenkt M. einiger von H. aus Hannover und England erhaltenen Briefe, und einer von dem letztern verfertigten deutſchen Paſſion, von Brokes, die er im Jahr 1719 in einer ſehr enge geſchriebnen Partitur aus England nach Hamburg geſandt habe. Ich ſetze hinzu, daß dieß Oratorium den Titel hatte; Der für die Sünden der Welt gemarterte und ſterbende Jeſus, und daß es außerdem auch von Kayſer, Telemann und Mattheſon in Muſik geſetzt ſey. Ich habe die Händeliſche Partitur davon in Händen, die in mehrerer Rückſicht alle Aufmerkſamkeit verdient, und worin der Komponiſt, dem hier mehr als jemals mariniſirenden Dichter an Geſchmack und Genie ſo ſichtbar überlegen iſt. Dr. Burney gedenkt darauf der von Mattheſon gleichfalls angeführten Oper Oriana, (deutſch und italieniſch,) die zu Hamburg 1717 aufgeführt wurde, und einer Judith, 1732, von denen in England nichts bekannt ſey. Die letzte war kein Oratorium, wie Hr. B. glaubt, ſondern gleichfalls eine Oper; und dieſe Judith iſt nicht die bibliſche, ſondern eine Gemahlinn Ludwigs des Frommen. Die Arien ſind faſt alle italieniſch, und die deutſchen Recitative von Telemann geſetzt. Es ſcheint ein bloßes Paſticcio zu ſeyn. Außerdem nennt der Verf. hier noch die mit Händel's Muſik auch ſpäterhin zu Hamburg aufgeführten Opern, und ſetzt hinzu, daß der Ruhm dieſes großen Mannes

ſich vorzüglich in dieſer Stadt immer erhalten habe, wovon er, am Schluß ſeines Zuſatzes auch noch das Zeugniß des ſel. Syndikus Schuback aus einem Briefe anführt, womit derſelbe ſein Oratorium, die Jünger zu Emaus, an ihn begleitete, und worin er ſein ämſiges vierzigjähriges Studium der Händeliſchen Werke als ſeinen beſten Unterricht rühmt. — Wider Mattheſon's Klagen über Händel's Mangel an Bereitwilligkeit, ihm, ungeachtet der an ihn gerichteten Dedikationen, ſeine Lebensumſtände einzuſenden, erinnert Dr. Burney folgendes: „M. ſcheint die damaligen muſikaliſchen „Vorfälle in England eben ſo wenig gekannt zu ha-„ben, als die damalige Lage des armen Hän-„dels, welcher angefeindet, verfolgt, verarmt, „und durch Kummer und Verdruß an Geiſt und „Körper geſchwächt, ſo wenig im Stande war, der „Gönner ſeines alten Bekannten und Mitwerbers „zu werden, daß er vielmehr ſelbſt der Gönner ſehr „bedurfte. Auch war er vielleicht noch weniger „im Stande, eine Rückſicht auf ſeine vorigen Le-„bensumſtände anzuſtellen; denn da er von Natur „viel Selbſtgefühl hatte, und ſeine Talente ſehr gut „kannte, auch gegen den Werth des Ruhms nicht „unempfindlich war; ſo war dieß im gering-„ſten kein zur Selbſtprüfung günſtiger Zeitpunkt. „Nur vornehmlich in Stunden des Glücks, des „Wohlſtandes oder der Eitelkeit kann es einem viel „Vergnügen machen, an ſich ſelbſt zu denken, oder „von ſich ſelbſt zu reden; und da Händel itzt „eben unglücklich, unbemittelt, und zu ſtolz war, „um eitel zu ſeyn; ſo konnte er die Bitte, ſein eig-„ner Biograph zu werden, nicht leicht gewähren." — Mattheſon hingegen war, wie der Verf. weiter zeigt, und aus ſeinen Schriften überall erſichtlich

Es wurde hierauf, als der letzte Versuch, von den Freunden der drey verschiednen Nebenbuhler verabredet, daß Jeder von ihnen einen Akt von Einer und der nämlichen Oper, mit einer Ouvertüre zu jedem Akt verfertigen sollte. Man wählte dazu das Schauspiel Mucius Scävola, von welchem Bononcini den ersten, Attilio den zweyten, und Händel den dritten Akt in Musik setzte; und dieser gewagte Versuch entschied den Vorrang zwischen ihm und seinen Mitwerbern. Der Akt dieser Oper, den Händel verfertigt hatte, wurde nämlich für trefflicher erklärt, als die beyden übrigen; und der Arbeit des Bononcini wurde der zweyte Rang zuerkannt.

Es war unserm großen Tonkünstler um so viel rühmlicher, solch einen Gegner, wie Bononcini, überwunden zu haben, weil er ein Mann von großen Talenten, und in ganz Europa sehr berühmt war. Freylich sind nur wenige im Stande, da, wo der Ausschlag zweifelhaft ist, die feinern Schattirungen der Vortrefflichkeit zu unterscheiden, und gehörig zu würdigen. Ein einziger Gran von Partheylichkeit oder von Vorurtheil kann alsdann die Schale auf eine oder die andre Seite senken, auch in den Händen der besten Richter; aber wie darf je der Unverstand das entscheiden, was Kenntniß und Erfahrung kaum zu unterscheiden vermögen?

So viel ist gewiß, daß Bononcini's vorzügliches Verdienst, einen italienischen Text in Musik zu setzen, über die Sphäre englischer Zuhörer hinaus war, und daß nur blos Italiener es gehörig zu schätzen vermochten, nach deren Urtheil seine Kenntniß des Gesanges und ihrer Sprache so vollkommen war, daß dadurch seine cantilena, oder Melodie für die Sänger natürlicher und geschmackvoller, und seine Recitative für Kenner der italienischen Sprache rührender, und im Ausdruck der feinern Gefühle und Regungen vorzüglicher waren, als die Melodie und die Recitative seines Nebenbuhlers. Allein, in Anse-

---

sichtlich ist, zur Eitelkeit und zum Selbstlobe mehr als zu geneigt, und scheint andre allemal ungern zu loben, daher dieß Lob desto zuverlässiger und unverdächtiger ist. Lobsprüche dieser Art ertheilt er auch Händel'n in mehrern seiner Werke; und mit allem Rechte setzt Dr. B. hinzu, daß es nicht leicht einen deutschen Schriftsteller über die Musik giebt, der nicht Händel's Namen und Verdienste mit Ehrerbietung erwähnt. Zum Beweise davon führt er den H. betreffenden Artikel in Walther's musikalischem Lexikon an; Quanzens eigne Lebensbeschreibung in den Marpur-

gischen Beyträgen; Scheibens kritischen Musikus; Marpurgs Abhandlung von der Fuge; die kritischen Briefe über die Tonkunst; und Hillers wöchentliche Nachrichten, die Musik betreffend. — Eine so gute Bekanntschaft mit unsern musikalischen Schriften muß jeder Liebhaber mit Vergnügen an einem Schriftsteller wahrnehmen, der allgemeiner Geschichtschreiber der Musik ist, und von dem wir uns daher eine desto richtigere Würdigung des deutschen Musikzustandes versprechen dürfen.   E.

Ansehung der Majestät, Größe, Stärke, Lebhaftigkeit und Erfindung, welche keine Lokal-schönheiten, sondern überall gleich auffallend und verständlich sind, war ihm Händel un-endlich überlegen.

Durch diesen merkwürdigen Sieg, im Jahr 1721, scheint die königliche Akademie auf acht oder neun Jahre, unter der Direktion der angesehensten Freunde und größten Be-wunderer Händel's, eine feste Einrichtung erhalten zu haben. Ihn bestellten sie zum ersten und vornehmsten Komponisten, und ertheilten ihm eine unbeschränkte Herrschaft über das Orchester [36]).

. Es wurden indeß, von Zeit zu Zeit, verschiedne Opern von Bononcini und At-tilio auf der nämlichen Bühne, und von eben dem Orchester aufgeführt, wie die von Hän-del. Vielleicht geschah es zur Aussöhnung der Partheyen; denn die Musikliebhaber sind zuweilen eben so wunderlich, eigensinnig und unbillig, als die Musiker selbst. Dieß fiel nie mehr in die Augen, als bey der heftigen Partheylichkeit des Publikums für die beyden Sängerinnen, Cuzzoni und Faustina, im Jahr 1727. Beyde waren in ihrer Art vor-trefflich; und doch war das englische Publikum so wenig geneigt, beyden gleichen Beyfall zu schenken, daß allemal, wenn die Bewunderer der einen von diesen Sirenen an-fiengen zu klatschen, die Anhänger der andern unfehlbar zu zischen pflegten. Es scheint eben so unmöglich zu seyn, daß zwey Sängerinnen oder Sänger, von gleichen Verdien-sten, die Bühne mit gleichem Glück betreten können, als es unmöglich ist, daß zwey Per-sonen auf Einem Pferde reiten können, ohne daß einer davon hinten sitzt.

„Wären die Operngänger der damaligen Zeit nicht Feinde ihres eignen Vergnü-gens gewesen; so hätten sie, da die Verdienste dieser beyden Sängerinnen von so ganz ver-schiedner Art waren, beyden nach einander gleichen Beyfall schenken, und sich ihrer Vor-trefflichkeit wechselsweise freuen können."

„Es ist ein Unglück für billige und unparthey'sche Leute, denen Talente überall Vergnügen machen, wo sie zu finden sind, daß diese Faustrechtskämpfe alle nachherige Opern-unternehmer abgeschreckt haben, jemals zwey Sänger oder Sängerinnen zu gleicher Zeit an-zunehmen, deren Vorzüge noch streitig seyn konnten." [37])

Dr.

---

[36]) Während dieses glücklichen Zeitpunkts lie-ferte Händel, nach seinem Rhadamist und Muzio Scävola, die Opern: Otto, Flori-dante, Flavio, Julius Cäsar, Tamer-lan, Rodelinde, Scipio, Alexander, Richard der Erste, Admet, Siroe, Pto-lemäus, Lotharius, Parthenope, und Porus.

[37]) S. Tagebuch einer musikalischen Reise, Th. III. S. 140 der deutschen Uebers.

Dr. Arbuthnet schrieb bey Gelegenheit der streitigen Rechte des Vorranges zwischen diesen beyden ersten Sängerinnen und ihren Anhängern, im Jahr 1728, ein Manifest, unter dem Titel: „Der Teufel ist los zu St. James; „oder vollständige und glaub= „würdige Erzählung von einem gar schrecklichen und blutigen Gefechte zwischen Madame „Faustina und Madame Cuzzoni. Wie auch ein hitziges Scharmützel zwischen Signor „Boschi und Signor Palmerini. Ferner, wie Senesino sich verschnuppt hat, die „Oper verläßt, und Psalmen in Henley's Betkapelle singt [38].‟

Wenig Jahre hernach entstand ein Zwist zwischen Händel und Senesino, der die Aufhebung der Akademie veranlaßte, und nicht nur dem Glücke unsers großen Komponisten nachtheilig, sondern auch ein Anlaß unendlicher Unruhen und Verdrüßlichkeiten für ihn, während seines ganzen übrigen Lebens, wurde.

Dr. Arbuthnot, der immer Händel's sehr eifriger und thätiger Freund war, trat allemal als sein Verfechter auf den Kampfplatz, so oft sich Gelegenheit fand, seine Sache zu vertheidigen. Und da ihm der Spott alle Arten von Waffen an die Hand gab, und die Feder sein unwiderstehlichstes Gewehr war; so nahm er auch dazu in der Streitigkeit mit Senesino seine Zuflucht, der fast alle die ersten Häuser des Adels auf seiner Seite hatte. Und in diesem zweyten Federkriege schrieb er, nach vielen gegenseitigen Beschwerden über gebrochne Verträge, gekränkte Rechte, und begangene Feindseligkeiten, ein zweytes Manifest, mit der Aufschrift: „Die Harmonie im Aufruhr; ein Schreiben an Georg Fried= „rich Händel, Esq. Kapellmeister des Operntheaters auf dem Heumarkt, von Hur= „lothrumbo Johnson, Esq. außerordentlichen Tonsetzer aller Schaubühnen in Großbri= „tannien, die auf dem Heumarkt ausgenommen; worin die Rechte und Verdienste der bey= „den Opern gehörig erwogen werden.‟

In diesem Pamphlet wird über Händel förmliches Gericht gehalten, und ihm befohlen, seine Hand aufzuheben, und sich gegen folgende Verbrechen und Vergehungen zu verantworten, die er gegen den Verstand und Willen des englischen Volks begangen und verschuldet habe:

Erstlich, wird ihm Schuld gegeben, daß er uns ganze zwanzig Jahre hindurch behext und bezaubert habe.

Zweytens, daß er sich unverschämter Weise unterfangen habe, uns gute Musik und gesunde Harmonie zu geben, da wir schlechte brauchten.

Drit=

---

38) *Arbuthnot's* Miscellanies, Vol. I. p. 213 — 216.

Drittens, daß er sich auf eine verrätherische und übermüthige Art eine unbeschränkte Gewalt anmaße, uns zu vergnügen, wir mögen wollen oder nicht, und daß er sich oft unterstehe, uns zu entzücken, wenn wir uns fest vorgenommen hatten, übler Laune zu seyn.

Doktor Puschpin und Dr. Blue (Pepusch und Green) geben ihm Schuld, er habe weder zu Orford noch zu Cambridge die höchste Würde in der Musik erhalten; und der erstere, er habe den Euklides nicht gelesen, noch die griechischen Tonarten studirt. Andre beschuldigen ihn, er habe Musik geschrieben, die nicht nur unsre Geistlichen verwirrt mache, und jede Gemeine zur Kirche hinaus jage, sondern dergleichen auch sonst noch Niemand geschrieben habe. Ferner wird zum Beweise, daß er Zauberey in diesem Königreiche an Sr. Majestät getreuen Unterthanen verübt, und alle unsre Sinne behext habe, versichert, es sey kein Buchstabe in irgend einer von seinen Schreibereyen, der nicht zauberhaft sey; und so bald man nur irgend ein Gequike von einer seiner Geigen, oder ein Gesäusel von einer seiner Pfeifen gehört, habe die ganze Stadt, holterpolter, mit Drängen und Drücken und Schieben daher getanzt; und glücklich wären die gewesen, die zu Tode gedrängt wären. Am Ende geschieht der richterliche Spruch: „Da Eine Oper so erstaunlich viel „Kosten, Aufwand, Müssiggang, Faulheit und Ueppigkeit veranlasse, so könne diesen „Beschwerden auf keine Weise besser abgeholfen werden, als wenn man noch eine zweyte „veranstalte."

Diejenigen Stellen, welche in diesem ironischen Briefe die einzigen ernsthaften zu seyn scheinen, sind mit andrer Schrift gedruckt, und enthalten Händel's Selbstvertheidigung, der auf die von seinen Gegnern ihm gemachte Beschuldigung die Antwort giebt: „er habe sich bey der ganzen Sache nichts vorzuwerfen; sondern, als Senesino erklärt „habe, er wolle nicht länger in England bleiben, habe er sich durch seine Ehre verpflichtet „gehalten, seinem Kontrakt gemäß zu handeln, und auf andre Art für sich zu sorgen. An „die Cuzzoni habe er gar nicht gedacht, er hoffe nichts von ihr, und brauche sie auch nicht, „weil die Strada in allem Betracht, und in allen für die Bühne nöthigen Vorzügen, un„endlich besser sey. Für die Nebenrollen habe er die besten Sänger angeschafft, die je in „England gewesen; wiewohl Montagnana auf eine sehr schlechte Art davon gegangen sey, „nachdem er einen Kontrakt auf diese ganze Schauspielzeit unterzeichnet habe, zu dessen „Haltung er ihn auch immer noch zwingen könne, wenn ihm nicht vor Westmünster hall „mehr bange wäre, als vor zehn tausend Doktoren, oder zehn tausend Teufeln [39]). Da

b 2

er

39) Im Englischen steht D—rs and D—ls.

„er noch diesen Winter hindurch Opern zu geben verpflichtet sey; so hoffe er, man werde „ihm dabey die Freyheit lassen, so zu verfahren, wie es am meisten zur Befriedigung des „unpartheyischen Theils des Adels, und seiner eignen Ehre und Vortheile gereichen wür- „de." — In der Folge setzt er noch hinzu: „es sey ihm unmöglich, die ihm gemachten „unbilligen und unartigen Vorschläge einzugehen, nach welchen er alle Kontrakte und Zu- „sagen brechen, ja selbst sein ganzes Glück aufs Spiel setzen müßte, um wunderlichen Gril- „len und unverdienten Neckereyen zu willfahren. — Hätte er sich verleiten lassen, „oder Unrecht darin gehabt, den Preis seiner Billete zu erhöhen; so sey er dafür gestraft „genug, ohne daß man den Unwillen darüber so lange gegen ihn unterhalten dürfe [40]). „Man möchte aber auch die Oper betrachten, in welchem Lichte man wollte, so sey sie ge- „wiß weit eher eines so hohen Preises werth, als irgend ein hier jemals gegebnes „Schauspiel."

In einer andern Stelle dieser Schrift redet ein Anhänger Händel's, von dem Sin- getalent des Carestini bezaubert, den er hatte kommen lassen, um den Senesino entbeh- ren zu können, den Hurlothrumbo mit folgenden Worten an: „Haha! mein Herr, wie „ich höre, sind Sie ein großer Verfechter der Oper in Lincoln's Inn-Fields; — Eine „schöne Garnitur von Sängern! wahrhaftig! und mit Ihren Komponisten machen Sie die „ganze Welt zu Schanden! — Meynen Sie nicht, sagt er, daß in seinen itzigen Jahren „Senesino ein Bußlied bey einer Hausandacht, in Weibskleidern, sehr hübsch durch die „Nase hervorquiken könnte? — He? — [41]) Oder was meynen Sie dazu, wenn „Signora

---

[40]) Außerdem, daß Händel die Subscriben- ten der königlichen Akademie dadurch beleidigte, daß er sich weigerte für Senesino, den großen Lieb- ling der Nation, zu setzen, oder ihn auch nur sin- gen zu lassen, verdarb er es auch dadurch gar sehr mit ihnen, daß er nicht nur den Preis bis auf eine Guinee erhöhte, sondern ihnen auch nicht den Ge- brauch ihrer Logen im Opernhause auf dem Heumarkt erlauben wollte, als er daselbst, im Sommer 1732, seine Esther aufführte.

[41]) Quadrio rechnet den Senesino unter die Sänger, die zwischen den Jahren 1690 und 1700 anfiengen sich hervorzuthun. Ich finde in- deß seinen Namen nicht unter den spielenden Per- sonen in mehr als funfzig italienischen Opernbüchern oder musikalischen Schauspielen, auch selbst in kei- ner mit vorgekommenen Schrift über die Musik,

früher, als im Jahr 1719, wo er die erste Sän- gerrolle in einer von Lotti für den pohlnischen Hof zu Dresden komponirten Oper sang; und eben in Dresden wurde er von Händel für die köni- gliche Akademie in England angenommen. Son- derbare und unerwartete Veränderungen im mensch- lichen Leben haben oft schon Verwunderung veran- laßt; nirgend aber sind sie wohl so auffallend, als in der musikalischen Welt. Wer hätte denken sol- len, daß Händel selbst, oder seine Freunde jemals nöthig haben würden, einen Senesino herabzu- würdigen und zu Boden zu schreiben, dessen Stim- me, Spiel, Geschmack und Talente bisher die Stü- zen seines Ruhms und Glücks gewesen waren? Aber so lehrt uns auch die Geschichte, daß oft man- cher große Herr von der Entweichung und Rachsucht eines abgedankten Generals nicht wenig Verdruß gehabt hat.

„Signora Celestini dort einen Psalm im Concert heraus schnüffelt; oder Madame Ber=
„tolli, mit ihrer unbedeutenden Stimme, die so wenig Nachdruck hat, als der Blasebalg
„eines Schmiedes mit zwanzig Seltenlöchern? Ihr Baß [42]) macht wirklich Gesumse ge=
„nug, und sein Brüllen wäre nicht zu verachten, wenn er nur Arien hätte, die für ihn
„paßten. Und Ihre Signora Fagotto [43]) könnte nur immer mit sammt ihrem Lehrmei=
„ster wieder nach Hause in die Schule geschickt werden; denn, wenn sie vierzig Jahr alt ist,
„wird sie bey einem Freudenfeuer gute Dienste thun, oder eine hübsche Duenna in einer spa=
„nischen Oper abgeben.“

„Auch Ihre Komponisten haben sich wahrhaftig herrlich hervorgethan. Ihr Por=
„poise, [44]) sagt er, kann nach Herzenslust umher trollen und poltern, und zu einem von
„ihm selbst erregten Ungewitter präludiren. Aber Sie sollten ihm doch bedeuten, daß einer
„schlechten Kopie allemal Geist und Leben des Originals fehlt, und daß zwischen voller Har=
„monie und Lärmenmachen noch ein großer Unterschied ist. — Ich weiß, Sie erwarten
„große Dinge von dem Spiele des Königs von Arragonien; [45]) aber dieser Trolly=
„Colly=Komponist, ein einfältiger Kantaten=Flicker, muß eine höchst armselige Figur
„in einer Oper machen; ob er gleich vorigen Winter so ekel war, daß er Händel'n nicht
„komponiren, und den Senesino nicht singen lassen wollte. Was er für Künste gebraucht
„haben muß, um ihn itzt als den ersten Sänger in ganz Europa aufzustellen, kann ich nicht
„begreifen. Se müssen sich aber nicht allzu sehr auf seine Majestät verlassen; denn, so
„viel ich weis, ist er durch eine förmliche Deputation von dem Generalkongreß in Nordbri=
„tannien angenommen worden, um ihre schottischen Psalme in neue Musik zu setzen, und
„Vorsänger der Hauptkirche in Edinburg, mit einer jährlichen Besoldung von hundert
„Pfund schottisch, zu werden.“

Dieser vom 12ten Februar 1733 datirte Brief wurde in einem Schillings=Pamphlet
abgedruckt, und füllt vier und zwanzig Seiten in dem zweyten Bande von Arbuthnot's
Miscellaneen. Spott und Laune darin ist zuweilen sehr bitter; und man kann daraus vie=
les von der damaligen musikalischen Politik kennen lernen. Man sieht aus der mitgetheilten
Stelle, wer von der Parthey des Adels war, als derselbe wider Händel'n eine Oper in

Lin=

---

42) Montagnana.

43) Segatti, erste Sängerinn in der Oper, welche der Adel in Lincoln's=Inn=Fields errichtet
hatte, bis zur zweyten Ankunft der Cuzzoni.

44) Porpora.

45) Arrigoni, der Lautenist.

Lincoln's = Inn = Fields errichtete, und den Porpora und Arrigoni zu Komponisten an-nahm, und den Senesino und die Segatti, bis zur Ankunft der Cuzzoni, an die Spitze der Sänger setzte. Auch sieht man hieraus, daß Montagnana, der berühmte Bassist, Celeste und Bertolli, zwey von Händel's Sängerinnen, Arrigoni, der Lau-tenist, und Rolli, der italienische Operndichter, der hier Rowley Powley heißt, von ihm abtrünnig geworden, und daß Dr. Pepush, Dr. Green und Holcombe, hier Hr. Honeycomb genannt, auf der Seite seiner Gegner waren, indeß Carestini, Strada, die Familie Negri, Durastanti und Scolzi an der Spitze seiner Gesellschaft standen.

Es läßt sich itzt nicht mehr entscheiden, wer in diesem langen und verderblichen Kriege der angreifende Theil gewesen ist. Vielleicht bediente sich Händel seines Ansehens auf eine zu derbe Art, und Senesino war vielleicht des Zwanges zu wenig gewohnt. [46] Vielleicht trieb auch der Adel seinen Unwillen zu weit, indem er eine andre Oper zum Ruin eines Mannes von so ungemeinen Verdiensten und Talenten errichtete; und wäre Händel's Gemüthsart nur einigermaßen so biegsam gewesen, wie seine Finger, so hätte sich vielleicht eine Aussöhnung unter nicht sehr kränkenden oder entehrenden Bedingungen bewirken lassen. Es ist in der That traurig, sich bey dieser Periode seines Lebens zu verwei-len, die Ein beständiges Gewebe von Unfällen und Verdrießlichkeiten war. Er verfertigte dreyßig Opern zwischen 1721 und 1740. Indeß erhielt keine davon, nach der Aufhebung der Akademie, im Jahr 1729 den Beyfall, den sie ihrem innern und vorzüglichen Werthe nach verdient hätte; wiewohl einige von den besten erst später geschrieben wurden. Ver-schmähung und Anfeindung hatten sich verschworen, ihm auf einmal Gesundheit, Ruhm und Wohlstand zu rauben.

Denn es ist wirklich nicht zu leugnen, daß der Zwist mit der Akademie und die Feindschaft mit Senesino einigen Einfluß in seine spätern dramatischen Arbeiten gehabt haben. Senesino hatte eine so edle Stimme und Singemanier, war ein so trefflicher Schauspieler, und beym Publikum so beliebt, daß die wirkliche Stärke seiner Stimme, und der kräftige Ausdruck seines Spiels, so oft er sang, durch den hohen Rang, den er in den Augen der Zuhörer hatte, 'noch mehr erhöht und verstärkt wurden. Ich habe ver-schiedne Meister, und Männer von Einsicht und Unbefangenheit gekannt, die sich seines Spiels und der Wirkungen desselben auf sie und das Publikum noch sehr wohl erinnerten,

und

46) Quanz erzählt in seiner Lebensbeschrei-bung, daß Senesino eine Streitigkeit mit Hei-nichen, königl. pohlnischen Kapellmeister, im J. 1719, hatte, über welchen die ganze Gesellschaft auseinander gieng, und wodurch er veranlaßt wur-de, nach England zu gehen.

und mich versicherten, daß keiner von den großen Sängern, die wir seitdem in England gehabt haben, ihnen jemals so ganz gefallen, und ihnen solch ein herzinniges Vergnügen gemacht habe, als Senesino, der ohne hohe Töne, oder Schnelligkeit seiner Läufe, blos durch die Majestät und Würde seiner Person, seiner Gebehrden, seiner Stimme und seines Ausdrucks, mehr einnahm, ob er gleich weniger überraschte, als Farinelli, Caffarelli, Conti genannt Gizziello, Carestini, oder irgend einer von ihren unmittelbaren Nachfolgern. Unmöglich kann ein Komponist eine Arie setzen, ohne an die Talente und Fähigkeiten des Sängers zu denken, der sie singen soll, und ohne sie nach seinem besondern Kaliber zu formen.

Die Sänger, welche Händel nach der Zeit, da er mit Senesino verfallen war, annahm und brauchte, brachten eine neue Singemethode mit, und besaßen eine Geläufigkeit und Geschwindigkeit der Stimme, für die er nie besonders eingenommen war. Man hat indeß, wie mich dünkt, mit Unrecht behauptet, die nach jener Streitigkeit von ihm verfertigten Opern hätten so wenig empfehlendes, daß man sie nicht leicht für Arbeiten des nämlichen Verfassers halten sollte. Läßt sich dieß harte Urtheil mit Geschmack, Wahrheit und Unpartheylichkeit zusammen reimen, wenn von den Opern: Lothar, Ariadne, Alcina, Berenice, Ariodante, Xerxes und Pharamund die Rede ist? Die Singestimme seiner Arien richtete sich gemeiniglich nach den Fähigkeiten seiner Sänger; und man muß gestehen, daß, mit einigen wenigen Ausnahmen, die Arien in seinen letzten Opern und Oratorien keine sonderliche Vorzüge in Absicht auf Stimme, Geschmack, Ausdruck oder Vortrag hatten. [47]) Aber seine musikalischen Hülfsquellen waren so ergiebig, daß er allemal Kenner der Musik durch den Reichthum und die Kunst seiner Begleitungen völlig schadlos hielt. Auch kann man vielleicht behaupten, daß er zu seinen besten Gedanken oder Melodien für die Stimme durch die Gesellschaft begeistert wurde, für die er im Jahr 1727 setzte,

an

---

47) Carestini, Conti genannt Gizziello und Caffarelli waren alle große Sänger, in einer neuen Manier des Vortrages, die Händel'n nicht sonderlich gefiel. Die Arie, Verdi prati, die man bey jeder Aufführung der Oper Alcina immer mehr als einmal zu hören verlangte, wurde Händel'n anfänglich von Carestini zurückgeschickt, weil er sie nicht zu singen wisse. Voller Wuth gieng er zu ihm, und in einem Tone, worin wenige Komponisten, außer Händel, jemals einen ersten Sänger anredeten, fuhr er ihn mit den Worten an: „Du Hund, muß ich nicht besser wissen, „als Du, was du singen kannst? Willst du die „Arien nicht singen, die ich dir gebe, so bezahle ich „dir keinen Stüver!" — Unstreitig war sein Regiment über die Sänger etwas zu despotisch. Denn, da sich die Cuzzoni trotzig weigerte, seine herrliche Arie, Falsa Imagine, im Otho zu singen, sagte er zu ihr, er wisse wohl, sie sey ein wahrer Teufel; er wolle ihr aber schon zeigen, daß er Beelzebub, der Oberste der Teufel, sey. Und gleich faßte er sie um den Leib, und schwur, wenn sie nicht den Augenblick seinem Befehl gehorchen würde, so wolle er sie zum Fenster hinaus werfen.

an deren Spitze Senesino, Boschi, die Cuzzoni und Faustina waren, die alle so mannichfaltige und so verschiedne Vorzüge besaßen, daß man dadurch auch die schlechteste Musik, die je gemacht worden, hätte heben, und ihr durch solch einen Gesang Beyfall verschaffen können. Es giebt Arien im Siroe, die wirklich noch ganz andre Verdienste haben, als diejenigen sind, welche ihm alle Kenner willig zugestehen. Denn die Arie, dieser Oper, non vi piacque, ingiusti Dei, von der Faustina, und, Deggis morir, o stelle, von Senesino gesungen, haben eine sanfte, ruhige Begleitung, und sind ganz in der Manier der schönsten neuen Arien geschrieben, worin man auf den Dichter und Sänger gleich achtungsvolle Rücksicht nimmt. Diese Arien wurden im Jahr 1728, um eben die Zeit gesetzt, da Vinci und Hasse angefangen hatten, die Begleitung schwächer und einfacher zu machen, und die Melodie mehr zu verfeinern. In der erstern Arie ist die Singestimme sehr schön, und ein Kanevas für einen großen Sänger; in der zweyten sind die Wirkungen der Modulation und der abgebrochnen melodischen Sätze wahrhaftig rührend und theatralisch. Die erste Violine füllt sehr schön die Lücken in der Hauptmelodie aus, indeß die zweyte Violine, die Bratsche und der Baß in der untergeordneten Begleitung wiederholter Noten, wie in neuern Arien, fortmurmeln. Man sieht aus diesen zwey Arien, daß Händel, der allemal mehr Gründlichkeit und Erfindung besaß, als seine Zeitgenossen, sehr tief in jenes Gebiete des Geschmacks und der Verfeinerung eindrang, welches seine Nachfolger erst nach langsamen Fortschritten ein halbes Jahrhundert später erreichten.

Wir verlassen itzt seine Arbeiten für die Oper, und schränken unsre Erzählung auf diejenigen Vorfälle ein, welche zur Verfertigung und Aufführung seiner Oratorio's Gelegenheit gaben, wozu die Worte englisch waren, und die ihn auch daher bey der englischen Nation vorzüglich beliebt gemacht haben.

Geistliche dramatische Gedichte, oder Oratorien sind in Italien von hohem Alterthum, wenn man anders die Mährchen aus den Legenden, die Mysterien und Moralitäten [48] so nennen will, worin geistliche Lieder, Psalmen, Arien und Chöre gelegentlich angebracht wurden. Das erste regelmäßige geistliche Schauspiel aber, das durchaus gesungen wurde, und in welchem der Dialog in Recitativ eingekleidet war, hieß Anima e Corpo. Es wurde von Emilio del Cavalieri in Musik gesetzt, und zu Rom, im Februar 1600 zuerst aufgeführt, in eben dem Jahr, in welchem die weltlichen musikalischen Schauspiele,

oder

---

48) Es bedarf wohl nur für wenige Leser der Anmerkung, daß bey den Franzosen und Engländern die frühesten geistlichen Schauspiele mysteres und mysteries, und die allegorischen von ähnlicher Art moralités und moralities heißen.   E.

oder Opern, zu Florenz ihren Anfang nahmen. Die geistlichen Schauspiele, welche im vorigen Jahrhundert in den Kirchen und Klöstern Italiens aufgeführt, und meistens förmlich gespielt wurden, sind unzählig; aber der Titel Oratorio wurde zuerst dieser Art von musikalischen Mysterien von Francesco Balducci, ums Jahr 1645, gegeben, und wurde in der Folge die gewöhnliche Benennung solcher Arbeiten. [49] Und man sieht aus der italienischen Dramaturgie, daß gegen das Ende des vorigen Jahrhunderts und zu Anfange des itzigen, zu Palermo, und selbst zu Neapel, mehr Dramme sacre, oder geistliche Schauspiele aufgeführt sind, als weltliche. In der Kirche zu S. Girolamo della Carità, und in der Chiesa Nuova zu Rom, werden immer noch Oratorien alle Sonntage von Allerheiligen an bis zum Palmsonntage, und an allen Festtagen, aufgeführt; und die Konservatorien zu Venedig behalten diese Schauspiele noch immer bey.

Esther, für den Herzog von Chandos im J. 1720 verfertigt, war das erste Oratorium, welches Händel in Musik setzte. Und elf Jahre nach der Aufführung desselben zu Cannons bekam man eine Abschrift davon, und es wurde mit Theaterspiel von den Kapellknaben Sr. Majestät, im Hause des Hrn. Bernard Gates, ihres Lehrmeisters, am Freytage den 23sten Februar, 1731, aufgeführt. [50] Der Chor, welcher aus Sängern aus der königlichen Kapelle und der Westmünsterabtey bestand, war, nach Art der Alten, zwischen der Schaubühne und dem Orchester gestellt; und die Instrumente wurden fast alle von Mitgliedern der Philharmonischen Gesellschaft gespielt. Nachher wurde es von eben den Sängern in der Krone und dem Anker aufgeführt; und dieß soll Händel'n zuerst auf die Idee geholfen haben, Oratorien auf die Bühne zu bringen. Esther wurde nun im Jahr 1732 zehn Abende auf dem Heumarkts-Theater gespielt. Im März 1733 wurde Debora zuerst gegeben; und im April wurde abermals Esther auf eben der Schaubühne aufgeführt. Während dieser ersten Aufführungen seiner Oratorien machte Händel zuerst dem Publikum das Vergnügen, Orgelconcerte zu spielen, eine Musikgattung

49) S. Quadrio, in seiner Storia d'ogni Poesia, T. V. p. 495. — Das Wort Oratorio entstand durch die frühzeitige Einführung einer künstlichern Art von Musik, als der canto fermo, oder Choralgesang bey der Messe war, die beständig aus vier Stimmen bestand, in dem Oratorium, oder der Betkapelle des San Filippo Neri zu Rom, der im Jahr 1595 starb.

50) Man sehe von diesem Oratorium noch unten des Verf. Nachricht vom dritten Theil der vierten Händelischen Gedächtnißfeyer. — Hier bemerkt der Verf. nur noch eine Irrung in Händel's einzelner Lebensbeschreibung, wo gesagt wird, Lully habe die Chöre zu Racine's Esther und Athalie in Musik gesetzt. Er starb zwey Jahr früher, als die erstere aufgeführt wurde.

gattung, die ganz von seiner Erfindung ist [51]), worin er gemeiniglich eine extemporirte Fuge, ein chromatisches Stück, oder ein Adagio anbrachte, und wodurch er nicht nur die wundervolle Fruchtbarkeit und Leichtigkeit seiner Erfindung, sondern auch die vollkommenste Genauigkeit und Nettigkeit seines Vortrages an den Tag legte [52]).

Im Sommer 1733 gieng er bey Gelegenheit einer öffentlichen Feyerlichkeit nach der Universität Orford, und nahm Carestini, die Strada, und seine Operngesellschaft mit sich. Bey dieser Feyerlichkeit wurde sein Oratorium Athalia auf der öffentlichen Schaubühne aufgeführt, wobey er ein Vorspiel auf der Orgel machte, welches jeden Zuhörer in Erstaunen setzte. Der verstorbne Herr Michael Christian Festing, und Dr. Arne, die dabey zugegen waren, versicherten mich beyde, daß weder sie selbst, noch irgend sonst einer von ihren Bekannten je vorher solch ein Fantasiren, oder auch selbst solch einen vorläufig studirten Vortrag, auf diesem oder irgend einem andern Instrument gehört hätten.

Während der Fasten 1734 führte er die Esther, Debora und Athalia auf der Bühne in Covent-Garden auf; und im Jahr 1735 Esther, Acis und Galathee und Alexanders Fest zum erstenmal; 1738, Israel in Aegypten, und 1739, Allegro ed il Penseroso. Diese beyden letztern Jahre hindurch war das Opernhaus verschlossen, und Händel war damals in seinen Umständen so zerrüttet, daß er beständig fürchtete, von Del Pò, dem Manne der Strada in Verhaft gezogen zu werden. Dieß bewog seine Freunde ihm zu einem Benefit-Concert zu rathen; er that es, und erhielt den 28sten März 1738, im Opernhause auf dem Heumarkt, so viel Beweise eines allgemeinen Beyfalls, daß seine Einnahme ungemein ansehnlich war. Denn außerdem, daß das Haus überall gepfropft voll war, sah man auch noch, als der Vorhang aufgezogen wurde, fünfhundert angesehene Personen auf der Bühne, die wie ein Amphitheater eingerichtet war. [53])

Im Jahr 1740 wurde das Oratorium Saul zum erstenmale auf dem Theater in Lincoln's-Inn-Fields aufgeführt; und man kann sagen, daß Händel von dieser Zeit an seine

---

51) Rameaus Livre de Pieces de Clavecin en Concerts erschien erst im Jahr 1741.

52) Der so beliebte Satz am Schluß seines zweyten Orgelconcerts hieß lange die Menuet im Oratorium Esther, weil man sie zuerst in dem Concerte gehört hatte, welches er zwischen den Theilen dieses Oratorium's spielte.

53) Man nannte diese Musik ein Oratorium; aus dem Textbuch aber, welches mir Hr. Belchier einer von denjenigen noch lebenden Freunden Händel's mitgetheilt hat, ergiebt sich, daß dabey geistliche und weltliche Sachen, englische und italienische Recitative, ohne den mindesten Zusammenhang der Worte oder der Musik, unter einander gemischt waren.

seine Arbeiten blos dem Dienste der Kirche gewidmet habe, da außer seinen großen Violinconcerten und der Feuerwerksmusik, auf den Aachner Frieden 1748, so viel ich weis, keine andre Kompositionen, als Oratorien, von ihm aufgeführt oder herausgegeben sind. [54]).

Während der erstern Jahre seiner Entfernung von der Opernbühne war die von der Aufführung der Oratorien gehobene Einnahme, nicht h nreichend, ihn für seinen Verlust zu entschädigen; und es würde ein ewiger Vorwurf für den Geschmack der Nation bleiben, daß sein Messias, dieses so äußerst edle und erhabne Werk, bey seiner ersten Aufführung 1741 nicht nur wenig besucht, sondern auch gar nicht sonderlich aufgenommen wurde, wenn man diesen übeln Erfolg nicht gänzlich dem Unwillen vieler Vornehmen zuschreiben müßte, die er dadurch beleidigt hatte, daß er nicht für Senesino setzen wollte, von dem er sich selbst beleidigt glaubte, noch überhaupt für die Oper, wenn man diesen Sänger nicht abschaffte. Ein Eigensinn, den man ihm zum Uebermuth auslegte, und der jenen mächtigen Widerstand verursachte, der ihm so nachtheilig und kränkend war.

Händel war in allen seinen Versuchen, Opern auf den drey verschiednen Schaubühnen, auf dem Heumarkt, in Lincoln's-Inn Fields und Covent Garden aufzuführen, und sich dadurch seinen ehemaligen Gönnern, den Mitgliedern der königlichen Akademie, zu widersetzen, so unglücklich gewesen, daß er sich itzt genöthigt sah, zehn tausend Pfund wieder aufzunehmen, die er in seinen glücklichern Tagen bey den öffentlichen Fonds belegt hatte; und doch blieben noch die Strada, Montagnana, und andre in seinen letzten Opern gebrauchte Sänger unbezahlt, und mußten England mit Verschreibungen, statt des baaren Geldes, verlassen.

Händel indeß, der ein sehr ehrlicher Mann, und gewohnt war, seine Leute nicht nur redlich, sondern auch großmüthig, zu bezahlen, trug diese Schulden zu seiner größten Ehre ab, sobald er dazu im Stande war.

e 2   Nach

---

54) Vom Jahr 1740 an, in welchem er die Oper ganz aufgab, bis 1751, verfertigte er funfzehn originale Oratorien, und legte einen englischen Text unter die Musik einer Serenate, oder eines allegorischen Schauspiels, Il Trionfo del Tempo, welche er zu Rom 1709 auf italienische Worte gesetzt hatte. Von diesen Oratorien waren der Messias, Simson, und Judas Makkabäus diejenigen, bey deren Aufführung das Haus immer gedrängt voll war. Wenn aber gleich die übrigen weniger beliebt, und nicht immer so besucht waren, so ist doch keines darunter, welches eine geschmackvolle und hübsche Sängerinn, wie Mistreß Sheridan oder Mrs. Bates nicht anziehend und interessant machen könnte.

Nach diesen wiederholten Unfällen, und einer sehr schweren Krankheit, die vermuthlich eine Folge seines Verdrusses, seiner Verlegenheiten, und seiner Kränkungen war, gieng er nach Irland, um zu versuchen, ob seine Oratorien hier vom Vorurtheil und Haß unangefeindet bleiben würden.   Pope personificirte bey dieser Gelegenheit die italienische Oper, und legte ihr folgende bekannte Verse in den Mund, womit sie die Göttinn der Dummheit anredet:

> Sieh! neu gerüstet steht der Riese Händel,
> Dem hunderthändigen Briareus gleich.
> Die Seele rührt, erweckt, erschüttert er,
> Des Kriegsgotts Trommeln folgt der Donner Jupiters.
> Hemm' ihn, o Göttinn! liebst du deinen Schlaf;
> Sie hört's, und jagt ihn nach Hibernien. **)

Gleich nach seiner Ankunft in Dublin, machte er, so klug als menschenfreundlich, mit der Aufführung des Messias, zum Besten des dortigen Gefangenhauses den Anfang.

Dieser

---

55) Strong in new arms, lo! Giant HANDEL stands,
Like bold Briareus, with his hundred hands;
To stir, to rouse, to shake the soul he comes,
And Jove's own thunders follow Mars's drums.
Arrest him, empress; or you sleep no more! ——
She heard; — and drove him to the Hibernian shore:

Als Händel auf seiner Reise nach Irland durch Chester kam, war ich in der öffentlichen Schule dieser Stadt, und erinnere mich noch sehr gut, daß ich ihn in dem Kaffeehause bey einer Pfeife Tabak und Kaffee sitzen sah. Weil ich äußerst neugierig auf einen so außerordentlichen Mann war, so gieng ich ihm, so lange er in Chester blieb, überall nach; und er wurde dort durch widrigen Wind einige Tage aufgehalten, da er Willens war, sich zu Parkgate einzuschiffen. Während dieser Zeit wandte er sich an den Organisten, Herrn Baker, meinen ersten Musikmeister, und erkundigte sich, ob es bey der Kathedralkirche Choristen gäbe, die gleich vom Blatte wegsingen könnten, weil er einige in Eil abgeschriebne Stimmen zu den Chören probiren wollte, die er in Irland aufzuführen Willens war. Herr Baker schlug ihm einige von den besten damaligen Sängern in Chester vor, unter andern auch einen Buchdrucker Janson, der eine gute Baßstimme hatte, und einer von den besten Chorsängern war. Damals war Harry Alcock, ein guter Spieler, der erste Violinist in Chester, welches damals ein sehr musikalischer Ort war. Denn außer öffentlichen Musiken hielt auch der Herr Präbendar Prescott ein wöchentliches Concert, worin achtzehn oder zwanzig Musiker mitspielten, die zum Theil Liebhaber, zum Theil Tonkünstler von Profession waren. Es wurde zu dieser Privatprobe im goldnen Falken, wo Händel abgetreten war, eine gewisse Zeit bestimmt; leider! aber fehlte der arme Janson, nach wiederholten Versuchen, in dem Chore des Messias, „Und durch seine Wunden sind wir geheilet," so arg, daß Händel ihn aufs derbste anfuhr, in vier bis fünf Sprachen fluchte, und zuletzt im gebrochnen Englisch ausrief: „Du Schuft du, sagtest du nicht, du könntest vom Blatte wegsingen?" — „Ja, Herr Kapellmeister, sagte Janson, das kann ich auch; aber nicht gleich das erstemal."

Dieser großmüthige und menschenfreundliche Zug fand eben so allgemeinen Beyfall, als seine Musik, die, nach einigem Zeitaufwande auf die Anordnung seines Orchesters, ganz herrlich aufgeführt wurde, wobey Dubourg Anführer war, und die verstorbene Mistreß Cibber die Arie sang: „Er war der Verachteste und Unwertheste.“ Diese Arie, vielleicht die trefflichste in englischer Sprache, ist oft von den geschicktesten italienischen Sängern gesungen worden; niemals aber wohl auf eine für einen Engländer so durchaus rührende Art, als von Mrs. Cibber, für die sie ursprünglich gesetzt war, und deren Stimme und Musikkenntniß an sich selbst gar nichts außerordentliches hatte; aber durch die ihr eigne Empfindung und ein vollkommenes Gefühl der Worte, durchdrang sie oft das Herz, wenn andre, mit unendlich schönerer Stimme und Geschicklichkeit, nur blos das Ohr erreichen konnten. 56)

Händel blieb acht oder neun Monate in Irland, wo sich sein Ruhm immer mehr und mehr verbreitete, und wo seine Umstände anfiengen besser zu werden. Bey seiner Rückkehr noch London, zu Anfange des Jahrs 1742, hatte er den Vorsatz ganz aufgegeben, sich den nunmehrigen Opernunternehmern zu widersetzen; und so hörten auch die vorigen Feindseligkeiten allmählig auf. Als er daher in den nächsten Fasten seine Oratorien in Covent-Garden wieder anfieng, fand er das Publikum wieder völlig bereit, ihn zu unterstützen. Simson war das erste Oratorium, welches er in diesem Jahr aufführte, und wobey nicht nur in London das Haus allemal gedrückt voll war, sondern dessen einzelne Arien sich auch bald überall verbreiteten. Auch ist dieß Oratorium immer, nächst dem Messias, das beliebteste geblieben, welches letztere dießmal, zur Ehre des ganzen Publikums, und zur Schande der Kabale und Gegenparthey, mit allgemeiner Bewunderung und dem größten Beyfall aufgenommen wurde. Und von der Zeit an bis itzt hat man dieß große Werk in allen Gegenden unsers Reichs mit immer wachsender Hochachtung und Zufriedenheit gehört. Es hat die Hungrigen gespeiset, die Nackenden bekleidet, die Waisen verpflegt, und eine Reihe von Unternehmern der Oratorien mehr bereichert, als irgend ein andres einzelnes musikalisches Produkt dieses oder irgend eines andern Landes.

56) An einem Abend während Händel's Aufenthalt in Dublin, hatte Dubourg eine Solostimme zu einer Arie zu spielen, und eine Cadenz ad libitum zu machen. Er irrte in verschiedenen Tonarten eine Zeitlang umher, und schien wirklich etwas ins Wilde hinein zu gerathen, und den Hauptton vergessen zu haben. Endlich aber fieng er an den Triller zu schlagen, der diese lange Cadenz schließen sollte, und Händel rief, zur großen Belustigung der Zuhörer, die darüber desto mehr klatschten, laut genug, um überall im Schauspielhause gehört zu werden: „Willkommen zu Hause, Herr Dubourg!“

Da dieß heilige Oratorium[57]), wie es zuerst beßwegen genannt wurde, weil die Worte dazu durchaus unverändert aus der heiligen Schrift genommen sind, beym Publikum in einer so ganz vorzüglichen Achtung zu stehen schien; so faßte Händel, von der reinsten Wohlthätigkeit und Menschenliebe bewogen, den rühmlichen Entschluß, es alle Jahr zum Besten des Fündlings-Hospitals aufzuführen. Und dieß geschah bis an sein Ende beständig unter seiner eignen Anführung, und noch lange hernach unter Anführung der Herren Smith und Stanley. Die Einnahme von eilf solchen Aufführungen, unter Händel's eigner Direktion, vom Jahr 1749 bis 1759, belief sich auf 6935 Pf. St.

von 1760 bis 1768 von acht Aufführungen, unter der Direktion des Hrn. Johann Christian Smith. 1332 — —

von 1769 bis 1777, neun Aufführungen unter Hrn. Stanley 2032 — —

10,299 Pf. St.

Die Orgel in der Kapelle dieses Hospitals war gleichfalls ein Geschenk von Händel, und er vermachte dieser milden Stiftung eine schöne Abschrift von der Originalpartitur des Messias.

Nach seiner Wiederkehr aus Irland traf sichs nur sehr selten, daß das Schauspielhaus, wegen großer Assembleen des Adels und der Vornehmen, nicht voll war, weil diese auf eine augenscheinliche und grausame Art, auf feindselige Veranstaltung einiger alten Gegner von ihm, gerade diese Abende dazu wählten. Er setzte indeß seine Oratorien bis zur letzten Woche vor seinem Tode fort.

Wenn aber gleich das Oratorium, der Messias, nach seiner Zurückkunft aus Irland mit jedem Jahre berühmter, und das Gedränge der Zuhörer mit jedem Male größer wurde; so war das Haus dagegen bey einigen von seinen andern Oratorien so leer, daß er kaum die Kosten bestreiten konnte. Und da er immer ein sehr zahlreiches Orchester hatte, und seine Leute reichlich bezahlte, so wurden seine Umstände dadurch so schlecht, daß er

---

37) Sacred Oratorio.

58) Die letzte Zeit von Händel's eignen Concerten und von seinem ganzen Leben war überaus vortheilhaft für ihn. Einer von meinen Freunden, der gemeiniglich bey der Aufführung jedes Oratorium's in diesem Winter zugegen war, und ihn Abends, wenn es zu Ende war, als Einnehmer der Einlaßgelder, zu besuchen pflegte, versichert mich, daß ihn das Geld, welches er an Einem Abend zu ihm trug, ob es gleich Gold- und Silbergeld war, eben so leicht hätte niederwerfen, und ihm ein Fieber zuziehen können, als die Kupfermünze dem Mahler Correggio that, wenn er es eben so weit zu tragen gehabt hätte.

er im Jahr 1745, nach zwey Aufführungen des Herkules, den 5ten und 12ten Januar, vor den Fasten, nicht mehr zu bezahlen im Stande war. Er führte indeß seine Oratorien, Simson, Saul, Joseph, Belsazar, und den Messias im März wieder auf; ich erinnere mich aber sehr wohl, daß die Plätze bey keinem, als dem Simson und dem Messias, sonderlich besetzt waren. [59])

Der hochselige König Georg der Zweyte war während dieser Zeit Händel's beständiger Gönner, und war allemal bey seinen Oratorien gegenwärtig, wenn der ganze übrige Hof fehlte [60])

In den letzten Jahren seines Lebens traf Händel'n eben so, wie die großen Dichter Homer u d Milton, das Unglück, blind zu werden. So sehr ihn dieß aber zur andern Zeit kränken und niederschlagen mochte, so hatte es doch bey öffentlichen Gelegenheiten keinen Einfluß auf seine Nerven oder Seelenkräfte. Denn immer noch bis an sein Ende spielte er Concerte und Fantasien zwischen den Theilen seiner Oratorien mit aller der Stärke der Gedanken und des Vortrags, durch die er mit Recht so berühmt geworden war. Aeußerst traurig und kläglich aber war es doch für Leute von Empfindung, wenn man diesen damals fast siebenzigjährigen Greis zur Orgel hin, und hernach wieder gegen die Zuhörer hinführen sah, um ihnen seine gewöhnliche Verbeugung zu machen; und das Vergnügen ihn spielen zu hören, wurde dadurch sehr vermindert.

Man hat mir gesagt, daß er sich die Zeit über, da die Oratorien aufgeführt wurden, fast beständig im Spielen geübt habe; und dieß muß entweder der Fall, oder sein Gedächtniß ganz ausnehmend stark gewesen seyn. Denn, als er schon blind war, spielte er ver-

---

59) Im Jahr 1749 war es bey der Aufführung der Theodora so anhaltend leer, daß er froh war, wenn einige Musiker, die nicht dabey zu spielen hatten, Billete nehmen wollten, oder freyen Einlaß bey ihm suchten. Zwey solche Herren, die noch am Leben sind, wandten sich, nach diesem Mißschick der Theodora, an Händel um freyen Einlaß zu seinem Messias; und er schrie ihnen zu: „Gehorsamer Diener, ihr Herren! ihr „seyd verzweifelt lecker! in die Theodora woll„tet ihr nicht kommen! — Da war Platz genug „zum Tanzen, als sie aufgeführt wurde." — Zuweilen aber habe ich ihn doch, eben so drollig als philosophisch, seine Freunde zufrieden sprechen hören, wenn sie vorher, ehe der Vorhang aufgezogen

wurde, sich beklagten, daß das Haus so leer wäre: „Das macht nichts, sagte er; desto besser wird die Musik klingen!"

60) Um diese Zeit wurde ein witziger Einfall des Lord Chesterfield von einem noch lebenden angesehenen Manne ausgebracht, der einmal ins Oratorium in Coventgarden gehen wollte, und dem Lord begegnete, der schon wieder heraus kam. „Wie so? Mylord, sagte er, sind Sie umsonst „gegangen? Ist diesen Abend kein Oratorium?" — „O ja, antwortete der Lord, sie spielen schon; „aber ich mochte nicht da bleiben, um den König „nicht in seiner Einsamkeit zu stören."

verschiedne von seinen alten Orgelconcerten, die er durch vorgängige Uebung sich ins Gedächtniß muß eingeprägt haben. Zuletzt aber verließ er sich doch lieber auf seine Erfindungskraft, als auf sein Erinnerungsvermögen. Denn er gab dem Orchester blos das Skelet,
oder die Ritornelle jedes Satzes, und spielte alle die Solosätze aus dem Stegereif, indeß
die übrigen Instrumente ihm freye Hand ließen, und das Signal eines Trillers erwarteten, um die Stücke des Tutti weiter zu spielen, die sie in den geschriebenen Stimmen
vor sich hatten.

Auch fuhr er nicht nur bey seiner Blindheit immer noch fort, Concerte zu geben,
sondern auch für sich zu komponiren. Denn man hat mir versichert, daß das Duett und
Chor im Judas Makkabäus: „Sion now her head shall raise,“ von Händel'n
in seiner Blindheit Herrn Smith in die Feder diktirt ist. Dieser Umstand, daß er noch
in so hohen Jahren, und unter so niederschlagenden Umständen, so komponiren konnte, be-
stätigt die Meynung des Dr. Johnson: „daß es Leuten von großem Verstande und er-
„findrischem Genie selten begegnet, die Munterkeit ihres Geistes durchs Alter zu verlieren.
„Nur schwachmüthige und einfältige Leute, sagt er, verfallen in jene Art von Blödsinnig-
„keit, um derentwillen sie abgelebt heißen. Denn wenn diese sich erst im späten Alter
„von der Welt entfernen, von der sie gelebt, und in der sie sich mit dem Verstande andrer
„beholfen haben, so gerathen sie sogleich in Armuth des Geistes.“ — Dryden, Newton, Dr. Johnson selbst, und unser große Händel sind die herrlichsten Beweise dieser
Lehre. Händel bewies in der That nicht nur große Geistesfähigkeit in der Verfertigung
dieses Duetts und Chors; sondern er zeigte auch, daß seine Erfindungskraft im Fantasiren
acht Tage vor seinem Tode noch eben so reich und feurig war, als sie vor vielen Jahren gewesen. Er wurde allemal durch Simson's ähnliche Umstände sehr bewegt, so oft die
rührende Arie in diesem Oratorium vorkam: „Total Eclipse, no Sun, no
Moon“ &c. [61])

Das letzte Oratorium, wobey er selbst als Anführer zugegen war, wurde den 6ten
April aufgeführt; und er starb Freytags, den 13ten April 1759, und nicht Sonnabends
den 14ten, wie man zuerst aus Irrthum auf sein Denkmal gesetzt, und in seinem Leben
erzählt hatte. Ich habe unwidersprechliche Beweise des Gegentheils, da Dr. Warren,
der Händel's Arzt in seiner letzten Krankheit war, sich nicht nur noch erinnert, daß er den
13ten vor Mitternacht starb, sondern auch, daß er sein annäherndes Ende fühlte, und daß
er, zufolge seiner von jeher bezeigten tiefen Ehrerbietung gegen die Lehren und Pflichten
des Christenthums, einige Tage vor seinem Tode sehr ernstlich und sehnlich wünschte, daß

er

---

61) Alles ist Finsterniß; keine Sonne! kein Mond! u. s. f.

er am stillen Freytage sterben möchte, in der Hoffnung, wie er sagte, „seinen Gott und „Erlöser am Tage seiner Auferstehung zu sehen." Darunter verstand er den dritten Tag hernach, oder den nächsten Ostersonntag.

Händel's Figur war groß; und er war etwas untersetzig, stämmig und unbehülflich in seinem Anstande; sein Gesicht aber, dessen ich mich noch so lebhaft erinnere, als ob ich ihn gestern gesehen hätte, war voller Feuer und Würde, und verrieth Geistesgröße und Genie. Er war zufahrend, rauh und entscheidend in seinem Umgange und Betragen; aber ohne alle Bösartigkeit und Tücke. Auch war in seinen lebhaftesten Aufwallungen des Zorns und der Ungeduld eine gewisse Laune und Spaßhaftigkeit, die vollends durch sein gebrochenes Englisch noch lächerlicher wurde. Sein natürlicher Hang zu Witz und Laune, und seine glückliche Gabe, die gemeinsten Vorfälle auf eine ungewöhnliche Art zu erzählen, machte ihn fähig, Personen und Sachen in dem lächerlichsten Lichte darzustellen. Wäre er ein so großer Meister der englischen Sprache, wie Swift gewesen; so würde er eben so viele witzige Einfälle, und ziemlich von eben dem Schlage, gehabt haben.

Bey vielen Tugenden, die er besaß, war Händel keinem der Gesellschaft nachtheiligen Laster ergeben. Freylich verlangte die Natur einen großen Nahrungsvorrath zum Unterhalt einer so ungeheuren Masse; und er war in dessen Auswahl ein ziemlicher Epikuräer; dieß scheint aber auch der einzige Trieb gewesen zu seyn, dessen völlige Befriedigung er sich erlaubte [62]).

Als

---

62) Der verstorbene Anführer des königlichen Orchesters, Herr Brown, pflegte mir allerley Histörchen von Händel's Liebe zum Essen und Trinken, und von seiner Heftigkeit, zu erzählen. Von jener führte er einen Umstand an, den man zufälligerweise in seinem eignen Hause entdeckte, wo Brown, in der Oratorien-Zeit, mit andern vorzüglichen Musikern, bey ihm zum Mittagessen war. Während der Mahlzeit rief Händel oft: „O! mir fällt was ein!" Und dann wünschten seine Gäste, daß er dem Publikum nicht aus Höflichkeit gegen Sie seine schätzbaren musikalischen Ideen vorenthalten möchte, und baten ihn, in sein Zimmer zu gehen, und sie aufzuschreiben. Dieß that er indeß so oft, daß zuletzt einer von denen, die ihm am wenigsten trauten, die unartige Neugierde hatte, durch das Schlüsselloch ins nächste Zimmer zu gucken, wo er sah, daß diese Gedanken blos auf

Burney

einen frischen Anker Burgunderwein verwendet wurden, den er, wie man hernach hörte, von seinem Freunde, dem verstorbnen Lord Radner, geschenkt bekommen hatte, indeß daß seine Gäste mit edlerm und geistigerm Portwein bewirthet wurden.

Eine andre Anekdote, die mir Brown erzählte, war folgende: Als der sel. Felton, ein Geistlicher, fand, daß seine ersten Orgelconcerte gut aufgenommen wurden, eröffnete er eine Unterzeichnung für eine zweyte Sammlung, und bat Brown, er möchte Händel'n um die Erlaubniß bitten, seinen Namen mit unter die Subscribenten zu setzen. Brown, der den Winter vorher bey H. sehr beliebt gewesen war, als er das Orchester bey seinen Oratorien angeführt hatte, erinnerte sich noch, wie höflich er ihn an die Thür begleitet, und wie besorgt er ihn gewarnt hatte,

f   wenn

Als Pope sah, daß seine Freunde, Lord Burlington und Dr. Arbuthnot eine so große Meynung von Händel hatten, spottete er nicht nur seiner Feinde in der Dunciade, sondern wünschte auch, daß er seine Eurydice in Musik setzen möchte. Herr Belchier, beyder Freund, übernahm es, diese Sache zu betreiben. Händel aber hörte, daß Pope seine Ode dadurch lyrischer und musikalischer gemacht habe, daß er sie für Dr. Green, der sie schon gesetzt hatte, in Arien und Recitative vertheilte. Und da Dr. Green, als Anhänger des Bononcini, und Partheygänger seiner Feinde, ihm lange schon unleidlich war; so sagte er: „Das ist ja eben das Ding, das mein Bälgentreter schon für ein „Doktorpatent in Cambridge gesetzt hat!“ [63])

Als Gluck zuerst im Jahr 1745 nach England kam, war er weder ein so großer Komponist noch so berühmt, als er nachher wurde; und ich erinnere mich, daß Mrs. Cibber einmal in meiner Gegenwart Händel'n fragte, was er von ihm hielte. Seine mit einem Fluch eingeleitete Antwort war: „Er versteht eben so viel vom Kontrapunkt, als „mein Koch Waltz!“

Bey

wenn er bey den Proben von der Wärme des Zimmers erhitzt war, sich ja nach Hause tragen zu lassen, zweifelte gar nicht, daß er das leicht von ihm erhalten würde. Da er aber einmal des Morgens beym Rasiren Felton's Anliegen so fein als möglich anzubringen suchte, und ihm sagte, er sey ein Geistlicher, der einige Concerte auf Subscription drucken lassen wollte, und gar sehr die Ehre wünschte, seinen Namen voran setzen und ihm ein Exemplar überreichen zu dürfen; schob Händel des Barbiers Hand auf die Seite, fuhr auf, und schrie mit noch eingeseiftem Gesichte: „Daß Sie „des Teufels würden! — ein Pfaff will Concerte „machen? warum macht er keine Predigten?“ — Kurz, weil ihn Brown so wütend, und die Scheermesser in der Nähe sah, gieng er geschwinde davon, um nicht noch barbarischer von ihm behandelt zu werden. — Ueberhaupt verachtete er alle englische Komponisten der damaligen Zeit, von Dr. Green bis zu Harry Burgeß hinunter, und alle Orgelspieler oben drein. Denn als er schon viele Jahre in England gewesen war, pflegte er zu sagen: „Als ich hieher kam, fand ich unter „den Engländern viele gute Spieler, und keine „Komponisten; und itzt giebt es lauter Komponisten, und keine Spieler.“

63) Dr. Green erhielt daselbst 1730 die Doktorwürde. Als Händel eben erst nach England gekommen war, hatte Green freylich, aus großer Bewunderung seiner Art zu spielen, sich buchstäblich gefallen lassen, sein Bälgentreter zu werden, wenn er die Orgel der St. Paulskirche spielte, um sich dadurch im Pedaltreten desto geübter zu machen. Händel pflegte sich nach der Vesperpredigt oft mit dem jungen Green in der Kirche einzuschließen, zog sich im Sommer zuweilen bis aufs Hemd aus, und spielte dann bis Abends um acht oder neun Uhr. Ehe Dr. Green Chorist zu St. Paul wurde, lernte er bey dem sel. King singen, und war hernach als Lehrling bey Brind, dem Organisten dieser Kirche. Vermuthlich war er dieß noch zu der Zeit, worauf Händel anspielte, oder doch wenigstens noch sehr jung, und G Hülfe dieses Organisten, dessen Nachfolger er hernach wurde.

Bey aller Rauhigkeit seiner Ausdrücke aber, und bey aller seiner Fertigkeit im Fluchen, welches damals mehr, als itzt, Mode war, verdient Händel doch das Lob eines redlichen und wahrhaftig frommen Mannes. In den letzten Jahren seines Lebens besuchte er, Winters und Sommers, sowohl in London als in Tunbridge, täglich zweymal die Kirche.

Bey der Krönung Seiner Majestät, Georgs des Zweyten, im Jahr 1727 wurden ihm Texte zu den Motetten von den Bischöfen zugesandt. Darüber ward er verdrießlich und aufgebracht, weil er glaubte, man halte ihn für unwissend in der heiligen Schrift. „Ich habe meine Bibel fleißig genug gelesen, sagte er, und werde mir die Sprüche selbst „aussuchen.“ Und wirklich traf er auch in den Worten: „Mein Herz dichtet ein feines „Lied,“ eine sehr kluge Wahl, und wurde dadurch zu den herrlichsten Gedanken veranlaßt. Man sang diese Motette bey der Krönung, während der Huldigung der Pairs.

Den Werth der Zeit kannte er zu gut, um sie mit unnützen Dingen, oder in gedankenloser Gesellschaft zu verschwenden, so vornehm diese auch seyn mochte. Verliebt in seine Kunst, und emsig in ihrer Bildung und Ausübung, führte er ein so arbeitsames und sitzendes Leben, daß er sich selten Zeit ließ, in Gesellschaften zu gehen, oder an öffentlichen Lustbarkeiten Theil zu nehmen. Als ich im Jahr 1744 zuerst nach London kam, fehlte er selten bey dem Concert, welches zum Besten abgelebter Tonkünstler und ihrer Familien gegeben wurde; auch sah ich ihn damals oft in Schauspielen, in der Oper, und in der St. Martinskirche, wenn der sel. Kelway die Orgel spielte. Aber seine nähern Bekannten versichern, daß er in den letztern Jahren selten die Häuser der Großen besuchte, außer, wenn er der königlichen Familie zu St. James oder Leicester-House aufwartete, und daß er fast nirgends sichtbar war, als in der Kirche, und bey der Aufführung seiner Oratorien.

Ich selbst sah Händel'n theils in seinem Hause, in der Brookstraße und im Carleton-House, wo er seine Oratorien probirte, theils auch bey Mistreß Cibber und der Frasi, die damals meine Schülerinn war; und so lernte ich seinen Privatcharakter und seine Laune ziemlich genau kennen. Er hielt sehr viel auf Mrs. Cibber, deren Stimme und Betragen ihn über ihren Mangel musikalischer Kenntniß zufrieden gestellt hatte. Sonntags Abend fand er gewöhnlich den Schauspieler Quin in ihrem Hause; der, seiner natürlichen Rauhigkeit ungeachtet, ein großer Liebhaber der Musik war. Mrs. Cibber bat Händel'n gleich das erstemal, als Quin da war, sich ans Klavier zu setzen; und ich erinnere mich, daß er die Ouvertüre zum Siroe spielte, und uns alle durch die außerordentliche Nettigkeit entzückte, womit er die Gique am Schluß derselben spielte. Als Händel weggegangen war, wurde Quin von Mrs. Cibber gefragt, ob er nicht glaube, Händel habe eine

aller-

allerliebste Hand? — „Eine Hand, Madam? versetzte er; Sie irren; es ist ein „Fuß!" — „Nun gut denn, sagte sie; hat er nicht einen schönen Finger?" — „Zä- „hen, Madam, bey meiner Treu!" — Und freylich war seine Hand damals so fett und rund, daß die Knöchel daran, die gewöhnlich hervorstehen, wie bey Kindern eingedrückt und tief im Fleisch einliegend waren. Dem ungeachtet war sein Anschlag so sanft, und sein Ton so gemäßigt, daß seine Finger an die Tasten anzuwachsen schienen. Sie waren so ge- bogen und dicht aneinander, wenn er spielte, daß man keine Bewegung, und kaum die Finger selbst, wahrnehmen konnte.

Zur Frasi brachte er einmal, im Jahr 1748, sein Duett im Judas Makkabäus: „From these dread Scenes" in der Tasche mit. Sie hatte bey der ersten Aufführung dieses Stücks, 1746, nicht mitgesungen. Unterdeß, daß er ihr und mir am Klavier das Tempo angab, und ihr die erste Stimme vorsang, brummte ich leise die zweyte über seiner Schulter. Dieß gefiel ihm, und er sagte, ich sollte nur lauter singen. Zum Unglück aber verfehlte ich eine Stelle, und Händel wurde, nach seiner Gewohnheit, böse; ein Um- stand, der für einen jungen Tonkünstler sehr abschreckend war. — Zuletzt aber kam ich doch wieder zu mir, und unterstand mich zu sagen, daß ich glaubte, es sey etwas ver- schrieben. Händel sah nach, fand, daß ich Recht hatte, und sogleich sagte er mit der größten Höflichkeit und Freundlichkeit zu mir; „Um Vergebung also! — — Ich bin „ein närrischer Kerl — — Master Schmitt hat Schuld." [64])

Als die Frasi ihm sagte, sie wolle nun recht studiren, und den Generalbaß lernen, um sich selbst akkompagniren zu können, sagte Händel, der wohl wußte, daß Fleiß und Mühe nicht die Sache dieser angenehmen Sängerinn war: „Oho! was haben wir da nicht „zu hoffen!"

Händel trug eine sehr große weiße Perrücke; [65]) und, wenn in den Oratorien alles gut ging, hatte dieselbe allemal eine gewisse Bewegung, einen gewissen Schwung, woraus man sah, daß er zufrieden war. War das nicht, so wußten genaue Beobach- ter schon gewiß, daß er böse war.

Beym

---

64) „I pec your barton — I am a very odd „tog: — maißter Schmitt is to plame." — So sehen alle von dem Verf. angeführte Reden Händel's aus, um seinen harten unenglischen Accent zu charakterisiren.   E.

65) Man sehe über diese Perrücke Hrn. Prof. Lichtenbergs launige und mir sehr einleuch- tende Bemerkungen, bey Gelegenheit des zweyten Blatts von Hogarth's Rake's Progress, in der zweyten Auflage des Göttingischen Taschen- kalenders für 1785.   E.

Beym Schluß einer Arie war die Stimme, mit welcher er Chorus! zu rufen pflegte, wirklich sehr fürchterlich; und bey den Proben seiner Oratorien, im Carleton-House, war er immer sehr böse, wenn der Prinz und die Prinzessinn von Wallis nicht zur rechten Zeit kamen. Und doch hatte der Prinz so viel Achtung für ihn, daß er zugab, Händel habe Recht gehabt, sich zu beschweren, und einmal hinzusetzte: „Es ist wirklich nicht er= „laubt, daß wir die armen Leute hier so lange von ihren Lektionen und andern Arbeiten ab= „gehalten haben.“ Wenn aber die Hofdamen, oder die Kammerfrauen während der Mu= sik plauderten, so pflegte unser neuere Timotheus nicht nur zu fluchen, sondern sie gar bey Namen aufzurufen. Dann aber sagte gemeiniglich die Prinzessinn von Wallis mit ihrer gewohnten Sanftmuth und Freundlichkeit: „Stille! stille! Händel ist böse!“

Er hatte die Gewohnheit, so laut für sich selbst zu reden, daß man, auch ohne ihm ganz nahe zu seyn, die Worte seiner Selbstgespräche vernehmen konnte. Auf vieles Bit= ten hatte er einen jungen Knaben zu sich ins Haus genommen, der ihm nicht nur als äußerst aufgelegt zur Musik, sondern auch seines sittsamen Betragens und Fleißes wegen empfohlen war, der aber hernach verdorben wurde, und davon lief, ohne daß man lange Zeit wußte, wo er geblieben war. Händel gieng damals einmal im Park, und wie er glaubte, allein, spazieren, und sagte laut zu sich selbst: „Der Teufel! seinen Vater hat er angeführt; — „seine Mutter hat er angeführt — aber mich hat er nicht angeführt; — es ist ein ver= „wünschter Schurke; — ein Taugenichts!“

Händel's gewöhnliche Miene war etwas finster und sauersehend; wenn er aber ein= mal lächelte, so war es, wie die Sonne, die aus einer schwarzen Wolke hervorbricht. Aus seinen Zügen strahlten dann auf einmal Verstand, Witz und gute Laune mit einer Stärke hervor, die ich nicht leicht bey sonst Jemand bemerkt habe.

Man hat von ihm gesagt, er sey außer seinem Fache unwissend und einfältig gewe= sen. Wenn ich aber das gleich nicht zugebe; so würde man doch auch in dem Falle, wenn dieser Vorwurf eben so gegründet wäre, als er hart ist, so viel zugestehen, daß derjenige, der eine schwere Kunst so vollkommen besitzt, wie er that, auch natürlicherweise ganz und gar von dieser Kunst besessen wird; und nur dieß hatte das Publikum ein Recht zu erwar= ten; und mehr maaßte er auch sich selbst nicht an. Lebensart und Kenntniß der feinen Welt können uns und andren nur in müßigen Stunden ein Vergnügen machen. Händel aber war mit dem Studium und der Ausübung seiner Kunst so beschäftigt, so ganz darein ver= tieft, daß er für andere Vergnügungen, und selbst für den freundschaftlichen Umgang, nur wenig Zeit übrig hatte. Auch wäre der Ruhm und die Achtung, die er sich dadurch erworben hatte, sehr vorübergehend, und blos auf seine Zeit und seine Bekannten einge=

f 3

eingeschränkt gewesen. Den Ruhm hingegen, den er sich durch stillen und emsigen Kunstfleiß erwarb,

             — nec Jovis ira, nec ignes,
    Nec poterit ferrum, nec edax abolere vetustas,

Und vermuthlich wird sein Name, wie der Name vieler seiner Brüder, noch weit länger
leben, als seine Werke. Die größten Gelehrten können uns von dem Privatleben und den
musikalischen Arbeiten eines Orpheus, Amphion, Linus, Olympus, Terpander und
Timotheus keine genaue Nachricht geben; aber jeder Schulknabe weiß, daß sie große
Tonkünstler, daß sie Lieblinge ihres Zeitalters, und viele Jahre nachher noch Lieblinge der
Nachwelt gewesen sind.

Ungeachtet Händel nicht das mindeste von Niederträchtigkeit und Geiz, sondern
vielmehr die ihnen entgegenstehenden Tugenden, Milde und Großmuth, an sich hatte; ungeachtet seiner ehemaligen Widerwärtigkeiten, mächtiger Feinde, und öfterer Krankheiten,
die zuweilen selbst seinen Verstand angriffen, hinterließ er dennoch an die zwanzig tausend
Pfund, die er, tausend Pfund für die musikalische Vorsorgungsanstalt ausgenommen, meistens seinen Verwandten in Deutschland vermachte.

Seine Beerdigung war nicht öffentlich, wie Rameau's Leichenbegängniß in Frankreich, und Jomelli's in Italien, war. Sie geschah den 20sten April, 1759, in der
Westmünsterabtey; und der Dechant, Dr. Pearce, verrichtete dabey, mit dem Chor,
die gewöhnlichen Feyerlichkeiten. Allgemeinere und mehr nationale Beweise der Hochachtung und Verehrung blieben unsrer Zeit vorbehalten, nachdem alle Feindschaft, Eifersucht
und Mißgunst aufgehört, und Zeit, Prüfung und Nachdenken seinen Werken neue Reize
und neue Vorzüge ertheilt hat. Und diese Beweise sind neulich auf eine so edle, prächtig
und ehrenvolle Art dargelegt worden, daß man Mühe haben wird, in der alten und neuen
Geschichte ein glänzenderes und freygebigeres Beyspiel von Dankbarkeit gegen einen verstorbenen Künstler, in irgend einem andern Lande aufzufinden.

Händel

Händel's musikalischer Charakter.

Daß Händel an Stärke und Kühnheit der musikalischen Schreibart, an Reichthum der Harmonie, an Verflechtung der Stimmen in einander, jedem Komponisten, der je in dieser Rücksicht sich auszeichnete, überlegen war, ist ausgemacht genug. Und so lange noch Fuge, gelehrte Setzart, und volle Partituren mehr geschätzt wurden, als man sie itzt zu schätzen pflegt, war er durchaus ohne Gleichen.

Ich weiß wohl, daß man gesagt hat, Händel sey nicht der erste und originale Erfinder verschiedner Musikgattungen gewesen, durch die er sich einen so großen Namen erworben habe. Man sollte aber den Sinn des Worts Originalität billig erst genauer bestimmen, ehe man es von dem Produkt irgend eines Künstlers braucht. Alle Erfindungen sind in ihrer Entstehung roh und unförmlich; und Shakspeare war nicht der erste Schauspieldichter, noch Corelli der erste Verfasser von Violinsolo's, Sonaten und Concerten, wenn gleich ihre Werke die besten ihres Zeitalters waren. Eben so wenig war Milton Erfinder des Heldengedichts. Nachdem Tonleiter, Harmonie und Cadenz der Musik einmal festgesetzt sind, kann freylich kein Komponist eine Gattung von Komposition erfinden, die völlig und durch und durch neu wäre; so wenig als der Dichter Sprache, Sprachgebrauch und Phraseologie für sich selbst erschaffen kann. Alles, was der größte und kühnste musikalische Erfinder vermag, ist, sich die besten Gedanken, Verbindungen und Wirkungen seiner Vorgänger zu Nutze zu machen; sie auf eine neue Art zu stellen und anzubringen; und aus seinem eignen Genie alles hinzu zu thun, was er nur großes, angenehmes, heitres, rührendes, oder in irgend einer Art gefälliges, daraus schöpfen kann. Dieß that Händel in dem reichsten und vorzüglichsten Maaße. Ihm war, in seinen mittlern und besten Jahren, alle Verfeinerung und Vollkommenheit seiner Zeit eigen. Er verband den Tiefsinn und die gelehrte Kunst der Deutschen mit italienischer Anmuth und Leichtigkeit; und er muß jenseits der Alpen in Kirchen, Schauplätzen und Musiksälen auf die besten damaligen Arbeiten und Meister jeder Art sehr aufmerksam gewesen seyn.

Freylich gab es damals schon Kantaten von Carissimi, Alessandro Scarlatti, Gasparim und Marcello; es gab Duette von Steffani und Clari; es gab Vokalchöre, ohne Begleitung der Instrumente, von Palestrina, und von den Engländern, Tallis, Bird und Purcell; und mit Instrumenten, von Carissimi und Paolo Colonna;

lonna; es gab Violinſonaten und Concerte von Corelli und Geminiani; aber den. noch läßt ſichs mit der größten Wahrheit verſichern, daß Händel jede muſikaliſche Schreib. art, die er wählte, mit großen Schönheiten bereicherte, wie ſich, in einem größern Werke, gar leicht durch Beyſpiele zeigen ließe.   Hier wage ich es nur, es als einen Artikel meines muſikaliſchen Glaubensbekenntniſſes zu behaupten, daß ſein Geſang, oder ſeine Melodie weit beſſer war, als irgend eine in den übrigens ſchönen Kantaten, die Cariſſimi erfunden zu haben ſcheint; daß er in ſeinen Singeſtimmen mehr Natur hat, und daß in ſeinen Bäſ. ſen mehr Bewegung iſt, als in denen von Aleſſandro Scarlatti; daß er mehr Stärke und Originalität hat, als Gaſparini und Marcello; daß ſeine Kammerduetten wenig. ſtens eben ſo gut ſind als die von Steffani und Clari, die ſich jedoch in keiner andern Setzart berühmt machten.   Und wenn gleich der ſel. Dr. Boyce zu ſagen pflegte, Händel habe in ſeinen Chören mit Inſtrumenten dem Colonna ſehr viel zu danken; ſo ſcheint es doch unſtreitig gewiß zu ſeyn, daß dergleichen Chöre Händel'n ſelbſt unendlich mehr zu danken hatten, als er dem Colonna, oder als ſie je allen bisherigen Komponiſten zu danken gehabt haben.   Auch bin ich des Glaubens, daß die beſten von ſeinen italieniſchen Opernarien, in Abwechſelung der Schreibart und Erfindſamkeit der Begleitung, die Arien aller vorigen und gleichzeitigen Komponiſten in ganz Europa übertreffen; daß er in ſeinen Violinſachen mehr Feuer hat, als Corelli, und mehr Rhythmus, als Geminiani; daß er in ſeinen vollen, meiſterhaften und herrlichen Orgelfugen, wozu das Thema jedesmal höchſt natürlich und gefällig iſt, den Frescobaldi, und ſelbſt Johann Sebaſtian Bach, und andre Deutſche übertroffen hat, die in dieſer ſchweren und mühſamen Setzart am be. rühmteſten ſind; und endlich, daß alle einſichtvolle und unbefangne Tonkünſtler jeder Na. tion, wenn ſie ſeine edeln, majeſtätiſchen, und oftmals erhabenen vollen Motetten und Chöre in den Oratorien hören oder leſen, willig und entzückt geſtehen müſſen, daß ihnen nichts ähnliches unter den Arbeiten der größten Meiſter vorgekommen iſt, die ſeit der Er. findung des Kontrapunkts gelebt haben.

Chrono-

Chronologisches Verzeichniß

von

Händel's Werken.

Originalmanuscripte, in der Sammlung Sr. Majestät des Königs von England, in zwey und achtzig Bänden.

Opern.

Rodrigo, aufgeführt zu Florenz,			1709.
Agrippina, = = Venedig,			1709.
Rhadamist, = = London,			1720.
Muzio Scevola = —			1721.
Ottone = = —			1722.
Giulio Cesare, } Floridante, } = — Flavio, }			1723.
Tamerlano, = = —			1724.
Rodelinda, = = —			1725.
Alessandro, } Scipione, } = —			1726.
Ricardo I. = = —			1727.
Tolomeo, } Siroe, } = = —			1728.
Lotario, = = —			1729.
Parthenope, = = —			1730.
Poro, = = —			1731.
Orlando, } Sosarme, } = —			1732.

Ariana, } Ezio, } aufgeführt zu London			1733.
Ariodante, = = —			1734.
Alcina, = = —			1735.
Arminio, } Atalanta, } = = — Giustino, }			1736.
Berenice, } Faramondo, } = = —			1737.
Serse, = = —			1738.
Imeneo, } Deidamia, } = = —			1740.

Oratorien.

Esther, verfertigt 1720, öffentlich aufgeführt in London			1732.
Debora, = = } Athalia, = = Oxford }			1733.
Acis und Galathea, zu Cannons, 1721. aufgeführt in London			1735.

Alexander's Fest, aufgef. zu London	1735.
Ode auf die heil. Cäcilia = —	1736.
Israel in Aegypten, = = —	1738.
Allegro und Penseroso, = —	1739.
Saul, = = —	1740.
Messias, = = —	1741.
Simson, = = —	1742.
Semele, ⎫	
Belsazar, ⎬ = = —	1743.
Susanna, ⎭	
Herkules, = = —	1744.
Gelegentliches Oratorium, —	1745.
Joseph, ⎫ = —	1746.
Judas Makkabäus, ⎭	
Josua, ⎫ = —	1747.
Alexander Balus, ⎭	
Salomon, = = —	1749.
Theodora, = = —	1750.
Jephtha, = = —	1751.

Vermischte Werke.

Motetten, 8 Bände.
Kantaten, 4 Bände.
Te Deum's und Jubilate, 3 Bände.
Opernarien, 2 Bände.
Laudate.
Sammlung von Arien und Chören.
Motetten und Duette.

Il Trionfo del Tempo, ⎰	Rom	1709.
	London	1737.
Acige e Galatea, aufgef. zu Neapel		1709.
Oratorio Italiano.		

Kantaten.
Concerte.
Concerti Grossi.

Abschrift von sechs Sonaten für zwey Hoboen und einen Baß	1694

Folgende sind nicht in der Königlichen Sammlung befindlich.

Almira, eine Oper, aufg zu Hamburg,	1705.
Nero, = = = —	1705.
Florindo, ⎫ = = —	1708.
Daphne, ⎭	
Rinaldo, = = —	1711.
Theseus, ⎫ = = —	1712.
Pastor Fido, ⎭	
Amadis, = = —	1715.
Admet, = = —	1727.
Alessandro Severo, Pasticcio —	1737.
Parnasso in Festa. = —	1740.
Wassermusik, = = —	1716.
Feuerwerksmusik, = —	1748.
Triumph of Time and Truth —	1751.
Choice of Hercules = —	1745.

Sonaten für zwey Violinen und einen Baß; zwey Sammlungen.

Klaviersuiten; zwey Theile; der erste erschien = = =	1720.

Orgelfugen.
Orgelconcerte, drey Theile.

Kantaten, in Hamburg verfertigt, zwischen = 1703 und	1709.
Kantaten, zu Rom verfertigt 1709 und	1710.

Der verstorbene Walsh, in der Katharinenstraße, im Strand, kaufte von Händel zum Verlage die geschriebenen Partituren fast aller der Werke, die er in England verfertigt hatte; und Herr Wright, eben daselbst wohnhaft, ein Nachfolger des sel. Walsh, besitzt diese Handschriften noch itzt, wovon viele noch gar nicht gestochen sind. Von seinen

Italie=

italienischen Opern ist bisher nicht viel mehr herausgegeben, als die beliebtesten Arien *); und auch diese ziemlich unkorrekt und in mehrerley Formaten. Auch von allen seinen Oratorien hat man die beliebtesten Arien in Kupfer gestochen; und außerdem haben Walsh's Erben vollständige und gleichförmige Partituren von folgenden in Kupfer stechen lassen: vom Messias, Judas Makkabäus, Simson, Jephtha, Israel in Aegypten, Josua, Saul, Esther, Wahl des Herkules, dem Allegro und Penseroso, Dryden's Ode, dem Alexander's Fest, Acis und Galathee, Belsazar, Susanna, dem gelegentlichen Oratorium, und Debora.

Außer diesen, und seinen vier Krönungsmotetten, Begräbnißmotetten, dem großen Te Deum, Jubilate und Dettinger Te Deum, sind auch vollständige Partituren von Händel's zehn Motetten, für Singstimmen und Instrumente, meistens für den Herzog von Chandos zu Cannons verfertigt, von Herrn Wright in drey Bänden herausgegeben. Eben dieser Verleger besitzt noch viele von seinen ungedruckten Werken, als: italienische Duette, Kantaten, Arien, Motetten, Sonaten, theils für Violinen, theils für Flöten und Baß, nebst vielen andern Stücken vermischter Art.

In der Sammlung des Grafen von Aylesford, welche der verstorbene Jennings veranstaltet hat, und in der von Sir Watkin Williams Wynn, befinden sich noch viele schätzbare handschriftliche Sachen von Händel; z. B. ein Concert für Waldhörner und Trommel, mit dem Marsch aus Judas Makkabäus; ein andres für Trompeten und Hörner; drey Concerte im Alexandersfest; zwey Oratorien, della Passione und della Resurrezione; ein Te Deum auf die Ankunft der Königinn Karoline; ein andres aus b moll für den Herzog von Chandos; eins aus a dur; Tänze in der Ariadne, im Ariodante und Pastor Fido; und verschiedne noch ungedruckte Klaviersuiten, worunter einige für die Prinzessinn Louise gesetzt sind,

Sir Watkin Williams Wynn besitzt, außer den gedruckten Opern, Oratorien und Te Deum's von Händel, folgende geschriebene Partituren: das Te Deum aus a, und die Motette: Let God arise, beyde für die königliche Kapelle transponirt und verändert; I will magnify thee, aus verschiednen Motetten zusammen getragen und abgeändert, für die Söhne der Geistlichen, in der Paulskirche aufgeführt; und, außer verschiedenen ähnlichen umgeänderten Motetten, auch eine Ode oder Serenate, auf den Geburtstag der Königinn Anna.

*) *Favourite Songs.*

Und in der Sammlung des sel. Barnard Granville, von Calwich, in Stafford-shire, Esq. finden sich unter acht und dreyßig geschriebenen Foliobänden von Händel's Werken in Partitur, die aus sechszehn Opern, eilf Oratorien, vier Bänden Motetten, einem Bande Kantaten, und andern mit Te Deum's, Concerten und vermichten Sachen bestehen, Partituren von den Opern Rinaldo, Theseus, Amadis und Admet, nebst einem Bande mit Duetten, und einem andern von Arien in acht Theilen.

Se. Majestät der König sowohl, als die Direktoren des Concerts alter Musik; und viele andere Verehrer Händelischer Arbeiten, haben den Wunsch geäußert, daß man eine gleichförmige und vollständige Ausgabe aller seiner Sing- und Instrumentalsachen, in Partitur, in Kupfer stechen möchte. Und Herr R. Birchall *) hat unlängst einen Subscriptionsplan dazu bekannt gemacht, dessen Ausführung gar sehr zu wünschen wäre, und wo-von die vornehmsten Punkte und Bedingungen folgende sind:

Das Ganze würde ungefähr aus achtzig Foliobänden bestehen, deren jeder, eins ins andere gerechnet, 150 Seiten stark seyn würde.

Der Stich sollte so korrekt, als möglich, und in dem großen Format der schon ge-druckten Oratorien abgedruckt, auch mit Händel's Bildniß verziert werden.

Der Subscriptionspreis ist eine Guinee für jeden Band, und wird bey Ab-lieferung desselben bezahlt. Nachher kostet jeder Band anderthalb Guineen.

Sobald eine hinlängliche Zahl sich unterzeichnet hat, wird das Werk angefangen, und monatlich ein Band geliefert.

*) Seine Addresse ist No. 129, New Bond-Street, London.

Händel's

Händels

Gedächtnißfeyer.

Einleitung.

Wie diese große Idee entstanden, unterhalten und zur Reife gebracht ist, wird vermuthlich dem Publikum eben so wissenswürdig dünken, als die Art, wie sie ausgeführt wurde. Und da ich die Ehre hatte, bey vielen Zusammenkünften der Direktoren und des Anführers zugegen zu seyn, worin sie sich über die nöthigen Anstalten und Einrichtungen berathschlagten, und auch nachher zum öftern mit ihnen zu sprechen Gelegenheit fand; so will ich die vornehmsten hieher gehörigen Umstände so genau als möglich, nach deren zuverläßigen Kenntniß anführen, wozu mich diese vortheilhaften Gelegenheiten in den Stand setzten.

In einer Unterredung zwischen dem Lord Viscount Fitzwilliam, Sir Watkin Williams Wynn, und Joah Bates, Esq. Commissär des Viktualienamts, zu Anfange des Jahrs 1783, in dem Hause des letztern, machte man die Anmerkung, daß die Menge trefflicher Tonkünstler aller Art, sowohl Sänger als Spieler, in London weit zahlreicher sey, als in irgend einer andern Stadt in Europa; und man bedauerte, daß sich nicht zu Zeiten eine öffentliche Veranlassung finde, sie alle in Eine gemeinschaftliche musikalische Gesellschaft zusammen zu bringen, weil sich auf diese Art ein großes und prächtiges Concert zu Stande bringen ließe, dem kein anderes in der Welt gleich kommen würde. Natürlicherweise dachten dabey drey so enthusiastische Bewunderer Händel's an dieses großen Meisters Geburt und Tod; und gleich darauf erinnerte man sich, daß das folgende 1784ste Jahr ein sehr schicklicher Zeitpunkt seyn würde, solch einen Gebrauch einzuführen, da in demselben gerade ein Jahrhundert seit seiner Geburt, und ein Vierteljahrhundert seit seinem Tode verflossen seyn würde.

Bald hernach wurde dieser Entwurf den Vorstehern der musikalischen Versorgungsanstalt mitgetheilt, die ihn genehmigten, und ihn zu unterstützen versprachen. Man legte ihn darauf auch den Aufsehern des Concerts zur Aufführung alter Musikstücke vor; und

diese

diese übernahmen mit einer Bereitwilligkeit, die ihrem Eifer für Händel's Andenken Ehre macht, freywillig die Mühe, diese Feyerlichkeit zu veranstalten, und die Aufsicht darüber zu führen. Am Ende ward dies Vorhaben auch dem Könige bekannt, und wurde mit der Genehmigung und dem Schuße Sr. Majestät beehrt. Die Westmünsterabtey, wo die Gebeine des großen Tonkünstlers begraben wurden, hielt man für den schicklichsten Plaß zur Aufführung dieser großen Musik, und wandte sich daher an den Bischof von Rochester, um die Erlaubniß dazu. Diese wurde sehr bald gegeben, da der ganze Plan schon durch den König genehmigt war. Weil aber das jährliche Benefitconcert für das Westmünster-Hospital darunter hätte leiden müssen; so wurde dabey ausbedungen, daß ein Theil der Einnahme, dieser milden Stiftung anheim fallen möchte, um sie für den sonst zu leidenden Verlust zu entschädigen. Dieß ließen sich die Urheber des Plans gefallen; und es wurde hernach festgeseßt, daß der Ueberschuß von der Einnahme des ersten Tages zwischen der musikalischen Versorgungsanstalt und dem Westmünster-Hospital zu gleichen Theilen gehen, und daß die Einnahme der folgenden Tage blos dem Fond jener Anstalt zufallen sollte, die Händel so lange unterstüßen half, und der er nicht nur tausend Pfund vermachte, sondern zu deren Unterhaltung auch fast jeder in London lebende Tonkünstler jährlich sein Geld und seinen Kunstfleiß, oder beydes, beyträgt.

Man wandte sich hierauf an den Baumeister, Herrn James Wyatt, um zu den nöthigen Verzierungen der Abtey Entwürfe zu machen. Die Zeichnungen davon wurden Sr. Majestät vorgelegt, und genehmigt. Die Hauptidee gieng dabey auf eine königliche Musikkapelle, mit dem Orchester an dem einen, und den Sißen für die königliche Familie an dem andern Ende.

Man verabredete ferner die an jedem Tage aufzuführenden Stücke; und ich weiß von guter Hand, daß die Feyerlichkeit auf ausdrückliches Verlangen Sr. Majestät des Königs auf drey Tage, anstatt auf zwey, angeseßt wurde, weil Er glaubte, daß zwey Tage nicht hinreichend seyn würden, Händels ganze musikalische Stärke zu zeigen, oder die wohlthätigen Absichten völlig zu erreichen, für welche der Vortheil der Einnahme bestimmt war. Anfänglich war man Willens, dieß große musikalische Fest den 20sten, 22sten und 23sten April zu feyern; und da der 20ste Händel's Begräbnißtag war, so wurde die Musik zum Theil so gewählt, daß sie sich gewissermaßen auf diesen Umstand anwenden ließ. In der Folge aber hielt man es wegen der plößlichen Aufhebung des Parlaments für rathsamer, die Feyerlichkeit bis zum 26sten, 27sten und 29sten May zu verschieben. Und dabey scheint sie wirklich gewonnen zu haben; weil manche Personen von schwächlicher Gesundheit, die es wagten, bey warmer Witterung in die Westmünsterabtey zu gehen, bey kaltem Wetter sich dazu nicht würden entschlossen haben.

Kaum

Kaum war dieß Vorhaben ruchtbar geworden, so bezeugten die meisten praktischen Tonkünstler in ganz England ihre innige Verehrung gegen Händel's Andenken, und ihr eifriges Verlangen, an dieser Feyer Theil zu nehmen. Manche von den größten Meistern entsagten dabey allen Ansprüchen auf die ersten Stellen, und erboten sich, selbst solche Nebenstimmen zu spielen, bey denen man von ihren Talenten am besten Gebrauch machen könnte.

Zu Ausgang des Februars waren der Plan und die nothwendigen Anstalten schon so weit in Richtigkeit, daß die Unternehmer es wagten, folgende Bekanntmachung in alle Zeitungen einrücken zu lassen:

„Mit Sr. Majestät Genehmigung werden zu Händel's Andenken, der den 21sten April 1759, in der Westmünsterabtey begraben wurde,

Freytags, den 21sten April, in der Westmünsterabtey unter der Aufsicht des

Grafen von Exeter.	Lord Paget.
Grafen von Sandwich.	Herrn H. Morrice.
Viscount Dudley Ward.	Sir Watkin Williams Wynn, Bart.
Viscount Fitzwilliam.	Sir Richard Jebb, Bart.

Direktoren des Concerts alter Musik,

einige von den beliebtesten geistlichen Musikstücken dieses großen Komponisten aufgeführt werden.

Die Thüren werden um neun Uhr geöffnet, und die Musik nimmt mit dem Schlage zwölf Uhr ihren Anfang.

Abends, an eben dem Tage, wird im Pantheon ein großes vermischtes Concert von Vokal- und Instrumental-Musik aufgeführt; welches durchgehends aus lauter ausgesuchten Händelischen Stücken bestehen wird. — Die Thüren werden um sechs Uhr geöffnet, und das Concert nimmt mit dem Schlage acht Uhr seinen Anfang.

Ferner wird Sonnabends Vormittags, den 24sten April, das große Oratorium, der Messias, in der Westmünsterabtey aufgeführt werden.

Die Verehrung dieses berühmten Meisters ist so groß, daß die meisten in London befindlichen Musiker, und sehr viele aus verschiedenen Gegenden des Königreichs ihre Beyhülfe großmüthig angetragen haben; und das Orchester wird wenigstens aus vierhundert Personen bestehen; eine zahlreichere Menge, als sich jemals in irgend einem Lande, oder bey irgend einer Gelegenheit, zur Aufführung einer Musik vereinigt hat. Der Ueberschuß der Einnahme wird zu wohlthätigen Absichten verwandt werden.

Die Direktoren des Concerts alter Musik haben Unterzeichnungsbücher für die Namen derer Liebhaber eröffnet, welche dieß Unternehmen zu befördern geneigt sind, und werden die Billete zu den verschiedenen Aufführungen, das Stück zu einer Guinee, ausgeben lassen. Auch kann man sich unterzeichnen und Billete bekommen bey Herrn Lee, in der Wigmorestraße Nr. 44; in Birchell's Musikhandlung, in der Newbondstraße, Nr. 129; bey Longman und Broderip,

am

am Heumarkt und Cheapſide; bey Bremner, neben der Neuenkirche im Strand; und bey Wright und Comp. in der Katharinenſtraße, im Strand.

Ohne Billet wird Niemand zug laſſen; und man hofft, daß ſich die Liebhaber ſo bald als möglich unterzeichnen werden, damit man bequeme Sitze für ſie beſorgen könne. "

Um das Orcheſter ſo ſtark und vollſtändig, als möglich, zu machen, wurde beſchloſ-ſen, jede Art von Inſtrumenten dabey zu brauchen, die bey einer ſtarken Muſik und in einem geräumigen Gebäude von vorzüglicher Wirkung ſeyn konnten. Unter andern ſah man ſich nach einer Doppeltrompete, oder Poſaune um. Dieß Inſtrument war aber in England ſchon ſeit ſo vielen Jahren außer Gebrauch gekommen, daß man weder es ſelbſt, noch Jemanden, der es ſpielte, ſo leicht auftreiben konnte. Nach vielem vergeblichen Suchen ſowohl hier, als auswärtig durch Briefe, fand ſichs endlich, daß unter den Regiments-Hoboiſten Sr. Majeſtät ihrer ſechſe waren, welche die drey verſchiedenen Arten der Poſaune, den Tenor, Baß und Doppelbaß ſpielten *). Ihre Namen wird man unten in dem Verzeichniſſe des ganzen Orcheſters finden.

Das Doppelfagott, welches bey der Aufführung ſo ſehr ins Auge fiel, und ſo große Wirkung that, hat gleichfalls eine Röhre von ſechszehn Fuß. Es wurde mit Hän-dels Genehmigung von dem Flötenmacher Stainsby, zur Krönungsfeyer des hochſeligen Königs, Georgs des Zweyten, verfertigt. Der verſtorbene geſchickte Lampe, Verfaſſer der mit Recht bewunderten Muſik zum Dragon of Wantley, ſollte es ſpielen; allein aus Mangel eines dazu paſſenden Mundſtücks, oder aus irgend einer andern itzt nicht mehr bekannten Urſache, machte man damals keinen Gebrauch davon. Auch iſt es ſeit-dem, mancher Verſuche ungeachtet, noch nie in irgend einem Concert in England ge-ſpielt, als itzt, vermittelſt der Geſchicklichkeit und Geduld des Herrn Aſhley, von der Garde.

Die großen Doppelbaß-Pauken wurden nach den Modellen des Herrn Asbridge, Mitglied des Drurylane-Orcheſters, aus Kupfer verfertigt, weil man keine ſo große eherne Platten anzuſchaffen wußte. Die Tower-Pauken, die auf Erlaubniß des Herzogs von Richmond bey dieſer Gelegenheit in die Abtey gebracht wurden, gehören mit zum Vor-rathe des Zeughauſes, und wurden von dem Herzoge von Marlborough in der Schlacht bey Malplaquet, im Jahr 1709, erbeutet. Sie ſind hemiſphäriſch, oder Halbkugeln; die

---

*) Die gewöhnlichſte Poſaune iſt eine Oktave tiefer, als die gewöhnliche Trompete; ihre Länge iſt, eingeſchoben, acht Fuß, und, ausgezogen, ſechszehn. Sie hat ein Manual, wodurch man einen Ton um eine Quarte tiefer machen kann, als der niedrigſte auf der Trompete, und alle Töne und Halbtöne der gewöhnlichen Tonleiter.

die von Herrn Asbridge hingegen sind mehr cylindrisch, und weit länger und geräumiger, als die gewöhnlichen Pauken; und daraus erklärt er den Vorzug ihres Tons vor dem Ton aller ähnlichen Instrumente. Diese drey Arten von Pauken, die man Tenor, Baß und Doppelbaß nennen könnte, standen immer eine um eine Oktave tiefer, als die andre.

Die vortreffliche Orgel, die an dem westlichen Ende der Abtey blos für diese feyerlichen Musiken errichtet war, ist eine Arbeit des geschickten Herrn **Samuel Green,** von Islington. Sie war für die Kathedralkirche zu Canterbury verfertigt; ehe sie aber dahin abgesandt wurde, erlaubte man es, sie bey dieser merkwürdigen Gelegenheit in London zuerst brauchen zu dürfen. Die Züge, wodurch sie mit dem Klavier in Verbindung stand, an welchem Herr Bates, der Anführer des Orchesters, saß, giengen neunzehn Fuß weit von dem Körper der Orgel ab, und waren zwanzig Fuß sieben Zoll senkrecht tiefer, als die Tasten, womit sie ordentlich gespielt wird. Dergleichen Züge in Verbindung mit den Tasten wurden hier zu Lande zuerst für Händel selbst, zu seinen Oratorio's, verfertigt; aber sie so weit von dem Instrument entfernt anzubringen, ohne die Tasten unspielbar schwer zu machen, dieß erfoderte ausnehmende Geschicklichkeit, und viel mechanische Hülfsmittel.

Bey dem Lobe, welches der Vertheilung, guten Ordnung und herrlichen Wirkung dieser äußerst zahlreichen und vortrefflichen Gesellschaft von Tonkünstlern gebührt, dürfen wir die Verdienste des bewundernswürdigen Baumeisters nicht vergessen, der die trefflichen Risse des Orchesters und der Gallerien entwarf. Denn beyde machten, als sie besetzt waren, eins der größten und prächtigsten Schauspiele, das sich nur immer denken läßt. Ich kenne nur wenige nach Herrn Wyatt's Grundrissen aufgeführte Gebäude, wobey er sein Genie in der gothischen Manier zeigte; aber alle die Anstalten zur Aufnahme Ihrer Majestäten und der vornehmsten Personen des Reichs, an der Ostseite, zur Aufnahme von ungefähr fünfhundert Musikern, an der Westseite, und des ganzen Publikums, zwischen drey und vier tausend Personen, auf der Flur und den Gallerien, stimmten so bewundernswürdig mit dem Styl der Baukunst dieses ehrwürdigen und schönen Gebäudes überein, daß unter allem, was zum Nutzen oder zur Zierde diente, nicht das geringste war, was nicht vollkommen mit dem Hauptcharakter des Gebäudes zusammentraf, und worauf man nicht den bildlichen Ausdruck, daß es vollkommen dazu stimmte, sehr eigentlich hätte anwenden können. Außerdem aber, daß bey dieser Einrichtung alle singende und spielende Personen den Zuschauern überall völlig sichtbar wurden, war auch das Orchester so geschickt angelegt, daß beynahe jeder Sänger und Spieler den Anführer völlig im Auge hatte. Und hieraus läßt sich die ungemeine Leichtigkeit, womit sie ihrem eignen Geständnisse nach, ihre Stimmen ausführten, einigermaßen erklären.

Alle

Alle Anstalten zu dieser großen Musik waren in dem westlichen Theile des Gebäudes, oder dem breiten Flügel desselben, angebracht; und die größten Kenner versicherten, sie hätten, auch ihre Schönheit ungerechnet, noch nie so vortreffliche Zimmerarbeit gesehen, als das Orchester und die Gallerien, nach Herrn Wyatt's Entwürfen. Auch zeigte sich die Güte der Arbeit schon dadurch, daß in allen den vier Tagen der Gedächtnißfeyer in der Abtey nicht das geringste Unglück geschah, ungeachtet des großen Gedränges und Streitens um Plätze bey einer jeden Aufführung.

An der Morgenseite des Flügels, gerade vor der Rückseite der Chor-Orgel, wovon unten einige Pfeifen zu sehen waren, war ein Thron in schönem gothischen Styl, völlig mit der Bauart der Abtey einstimmig, errichtet, und eine Mittelloge, die reich mit karmesinrothem Atlaß, mit goldnen Tressen eingefaßt, verziert war, zum Empfange Ihrer Majestäten und der königlichen Familie. Rechter Hand daneben war eine Loge für die Bischöfe, und linker Hand eine für den Dechant und das Kapitel von Westmünster. Unmittelbar unter diesen beyden Logen waren zwey andre, die eine, rechter Hand, für die Familien und Freunde der Direktoren, und die andre für die Angehörigen und Freunde der Stiftsherren von Westmünster. Gerade unter der königlichen Loge war eine für die Direktoren selbst angebracht, die sich sämmtlich durch weiße Stäbe, mit Gold beschlagen, und durch die auf diese Feyer geprägten goldnen Medaillen, an weißen Bändern, auszeichneten. Diese letztern geruheten Ihre Majestäten bey jeder Aufführung gleichfalls zu tragen. Hinten, und zu jeder Seite des Throns, waren Sitze für das Gefolge Ihrer Majestäten, für die Hofdamen, Kammerfrauen, Pagen, u. s. f.

Das Orchester war an dem andern Ende gegen über errichtet, sieben Fuß hoch vom Boden, bis zu einer Höhe von ungefähr vierzig Fuß von der Base der Pfeiler angerechnet, und erstreckte sich von der Mitte bis zur Spitze des Seitenflügels.

Der Zwischenplatz unten war mit gleich hohen Bänken besetzt, und für die frühesten Unterzeichner aufbewahrt. Die Seitenflügel waren lange Gallerien, die mit dem Orchester gleich hoch waren, und auf jeder Seite zwölf Reihen über einander hatten, deren vorderste Reihen vor die Pfeiler herausgiengen, und mit Festons von karmesinrothem Moor verziert waren.

Oben an der Spitze des Orchesters war die oben gedachte Orgel angebracht, mit einer gothischen Einfassung, die bis an die Gemählde der Heiligen und Märtyrer an dem westlichen Fenster hinan gieng, und sich in dieselben verlor. An jeder Seite der Orgel, dicht vor dem Fenster, standen die oben beschriebenen Pauken. Die Chorsänger
standen

standen vorzüglich Herrn Bates im Gesichte, auf Stufen, die sich an jedem Seitenflügel in die Wolken zu verlieren schienen, indem die Zuhörer ihr äußerstes Ende nicht sehen konnten. Die vornehmsten Sänger waren gleich in der vordersten Reihe des Orchesters, wie in den Oratorio's, und mit ihnen die Chöre von St. Paul, der Abtey, Windsor, und der königlichen Kapelle.

Bey der Anstellung von Unterdirektoren hatte man die Absicht, den angesehenen und würdigen Männern, die diese Unternehmung entworfen hatten, und dem Anführer selbst, die Mühe, so viel möglich, zu erleichtern. Und dieß geschah in allen Stücken mit großer Emsigkeit und Ordnung. Dr. Cook, Dr. Ayrton, und die Herren Jones, Aylward und Parsons, lauter Tonkünstler vom ersten Range, hatten das Geschäfte des Einlasses an der Thür, und der Anweisung der Plätze für die Zuschauer. Das Amt, den Spielern und Sängern ihre Stellen zuzutheilen, und nach den verschiednen Gegenden dieses weit ausgebreiteten Orchesters hin Signale zu geben, war Dr. Arnold und Hrn. Dupuis, Organisten und Komponisten Seiner Majestät, und Herrn Redmond Simpson, zugefallen, vorzüglichen, sehr schätzbaren und erfahrungsvollen Männern, die bey dieser Gelegenheit gleichsam Generaladjutanten abgaben. Dr. Arnold und Herr Dupuis hatten an verschiednen Seiten des Orchesters, die Aufsicht über die Sänger, und Herr Simpson, der in der Mitte stand, über die untergeordneten Instrumentenspieler. Bey der Auswahl dieser Abgeordneten unter den Mitgliedern der musikalischen Gesellschaft, nahm man sich sehr in Acht, das Orchester nicht dadurch zu schwächen, daß man Tonkünstler dazu gewählt hätte, welche die Stärke desselben wahrscheinlich vermehren würden; sondern man nahm lieber Männer dazu, die sich entweder nicht mehr öffentlich hören ließen, oder deren Instrumente Orgel und Flügel waren, wovon man nur Eins brauchte. Auch waren die Rollen, die sie übernommen hatten, darum nicht weniger nützlich, weil sie stillschweigend gespielt wurden.

Von der Genauigkeit und Einsicht, mit welcher die Anstalten zu diesen Aufführungen besorgt wurden, kann man sich schon einigen Begriff aus folgendem Umstande machen. Man brauchte zu dem ersten Concerte in der Abtey zwey hundert vier und siebenzig Notenbücher; hundert acht und dreyßig zu dem im Pantheon; und zwey hundert sieben und sechszig zum Messias; überhaupt also siebenhundert neun und siebenzig; und doch wurde kein einziges davon verloren noch verlegt; auch fehlte kein einziges Instrument, indem die Instrumententräger strengen Befehl hatten, sie alle schon jeden Morgen um sieben Uhr in die Abtey zu bringen, damit die Zuhörer nicht von dem Durchschleppen der zum Theil großen und unbehülflichen Instrumente beunruhigt würden.

Burney. B Geübte

Geübte Tonkünstler wird vielleicht nichts so sehr befremden, als wenn sie hören, daß man zu jedem Concerte nur Eine Generalprobe hielt; ein unwidersprechlicher Beweis von dem hohen Grade der Ausbildung, zu welchem die ausübende Musik itzt in England gelangt ist. Denn hätte man die guten Spieler und Sänger nicht, so zu reden, schon gleich fertig haben können; so wäre ein Dutzend Proben nicht hinreichend gewesen, sie dazu zu machen. Als freylich Herr Bates das Verzeichniß der Tonkünstler durchsah, und ihre verschiednen Verdienste untersuchte, so gerieth er auf den Gedanken, eine von ihm sogenannte Drillprobe in dem Concertsaal auf der Tottenhamstraße, acht Tage vor der wirklichen Aufführung, anzustellen, um vorläufig diejenigen Freywilligen, besonders Chorsänger zu hören, die er noch nicht genug kannte, oder für deren Geschicklichkeiten sein Gehülfe *) nicht völlig Bürge seyn konnte. Allein, ob diese Probe gleich von hundert und zwanzig Personen gehalten wurde, so waren doch nur zwey darunter, die man bat, sich nicht weiter zu bemühen.

Bey der gedachten Generalprobe in der Abtey mußten sich mehr als fünfhundert Personen Zugang zu verschaffen, ungeachtet man sich alle Mühe gab, nur blos die Musiker zuzulassen, um alle Störung zu verhindern, und vielleicht auch aus Furcht, daß die ersten Versuche, eine so zahlreiche Truppe in Ein Ganzes zu vereinigen und beysammen zu erhalten, fehl schlagen möchten. Denn sie bestand nicht blos aus allen ordentlichen Sängern und Instrumentalisten, beydes eingebornen und fremden, welche in ganz London vorhanden waren, sondern auch aus allen außerordentlichen Liebhabern und angesehenen Musikern aus der Provinz, die sich nur auftreiben ließen, und wovon sich viele einander niemals vorher gehört noch gesehen hatten. Jene Zudringlichkeit, die den Unternehmern und den Anführern höchst unangenehm war, brachte sie auf den Gedanken, von der Begierde des Publikums einen Vortheil für die milden Stiftungen zu ziehen, indem man die Person eine halbe Guinee für den Einlaß bezahlen ließ.

Indeß hatten doch auch, die Vortheile der folgenden Proben ungerechnet, die Folgen der ersten ihren guten Nutzen. Denn das Vergnügen und Erstaunen der Zuhörer über die geringen Fehler und die großen Wirkungen dieses ersten Versuchs, von dem sich manche schon im Voraus nicht viel versprochen hatten, verbreitete sich nun bald unter die
Musik-

---

*) Dieß war Herr John Ashley, von der Garde, dessen unermüdeter Fleiß und Eifer beständig so glücklich und einsichtsvoll geschäftig war, daß dadurch die Ausführung des ganzen Vorhabens nicht wenig erleichtert, und die Besorgniß und Last nicht wenig verringert wurde, die Herr Bates freywillig auf sich genommen hatte.

Musikliebhaber in der ganzen Stadt, und vermehrte die Anzahl der Unterzeichner und die Nachfrage nach Billeten ungemein. Denn obgleich die Freunde der Direktoren sich, vielleicht aus persönlicher Hochachtung eben so sehr, als in der Erwartung einer mehr als gewöhnlichen musikalischen Unterhaltung, frühzeitig unterzeichneten; so bezeugte doch das Publikum überhaupt eher keine große Begierde, sich Billete zu verschaffen, als nach dieser, am Freytage, den 21sten May gehaltnen Probe, von der es hieß, daß sie selbst die Ausführer durch ihre Korrektheit und Wirkung in Erstaunen gesetzt habe. Und durch dieß vortheilhafte Gerücht wurde die Unternehmung so interessant, daß man es wegen der großen Nachfrage nach Billeten nöthig fand, die Unterzeichnung zu schließen; welches man so strenge beobachtete, daß der Verfasser dieser Nachricht am Montage nicht mehr im Stande war, von den Unternehmern zu irgend einem Preise, noch von irgend einer Art, Billete für einige von seinen Freunden zu erhalten, die sich früher zu melden versäumt hatten.

Viele Familien sowohl als einzelne Personen wurden indeß durch diese Feyerlichkeit veranlaßt, nach London zu kommen; und ich erinnere mich nicht, die Stadt weder so spät im Jahre, noch jemals in meinem Leben, so voll gesehen zu haben, außer bey der Krönung Seiner itzt regierenden Majestät. Viele von den Musikern kamen, unaufgefodert, auf eigne Kosten, aus den entferntesten Gegenden des Königreichs. Einige darunter wurden jedoch nachher bezahlt, und erhielten eine kleine Erkenntlichkeit in Rücksicht auf die Zeit, die sie wegen der beyden unerwartet hinzukommenden Aufführungen von Hause weg seyn mußten.

Ausländern, besonders Franzosen, muß es erstaunlich dünken, daß ein so zahlreiches Orchester so genau im Takt blieb, ohne die Hülfe eines Choryphäen, der mit einer Rolle Papier, oder mit einem lärmenden Stocke den Takt geschlagen hätte. Rousseau sagt: „je mehr der Takt geschlagen wird, desto weniger wird er gehalten;" und es ist ausgemacht, daß allemal, wenn das Tempo verfehlt wird, der Zorn des Musikanführers mit dem Ungehorsam und der Verwirrung seiner Untergebnen zunimmt, und er dann immer heftiger, und in seinen Schlägen und Gebehrden immer lächerlicher wird, je mehr sie in Unordnung gerathen.

Von dem berühmten Lully, der während des vorigen Jahrhunderts eben so berühmt in Frankreich war, als Händel während des gegenwärtigen in England, kann man sagen, daß er sich durch übermäßige Hitze, womit er einem schlecht gezognen Orchester den Takt angab, zu Tode schlug. Denn als er bey einem Te Deum, welches er bey der Wiedergenesung seines königlichen Beschützers, Ludwigs des Vierzehnten, von einer gefährlichen Krankheit, im Jahr 1686, verfertigt hatte, mit seinem Stocke das Tempo angab, schlug er sich von ungefähr auf den Fuß, anstatt auf die Erde zu schlagen, und das so heftig, daß aus der Kontusion der kalte Brand entstand, der ihn in einem Alter von fünf und vierzig Jahren das Leben kostete.

Da diese Gedächtnißfeyer nicht nur das erste Beyspiel eines so zahlreichen gemeinschaftlichen Orchesters, sondern auch überhaupt irgend eines großen Orchesters ist, welches eine Musik auf diese Art, ohne die Hülfe eines den Takt schlagenden Anführers ist; so kann man ohne Bedenken die musikalischen Aufführungen in der Westmünsterabtey für eben so merkwürdig wegen der Vielfachheit der Stimmen und Instrumente erklären, als wegen der Richtigkeit und Genauigkeit der Ausführung. Als alle die Räder dieser ungeheuren Maschine, des Orchesters, in Bewegung waren, so glich die Wirkung in allen Stücken einem Uhrwerke; nur nicht in dem Mangel an Gefühl und Ausdruck.

Und da die Kraft der Schwere und der Anziehung der Körper allemal mit ihrer Masse und Dichtigkeit in gleichem Verhältnisse steht; so scheint es, als ob die Größe dieses Orchesters auch weit mehr Anhänglichkeit und Lenksamkeit unwiderstehlich hervorgebracht habe, als irgend ein andres von geringerer Stärke. Die Pulsschläge in jedem Gliede, und die Schwingungen der Adern und Arterien in einem thierischen Körper, können nicht gegenseitiger, gleichzeitiger und dem Herzen williger zu Gebote seyn, als die Glieder dieses musikalischen Körpers dem Anführer zu Gebote standen. Das Ganze des Schalls schien von Einer Stimme und von Einem Instrument herzurühren; und die Gewalt desselben brachte nicht nur neue und feine Gefühle bey Kennern und Kunstliebhabern hervor; sondern sie wurde auch selbst von denen empfunden, die sonst noch niemals die Freuden der Tonkunst gekannt hatten.

Diese Wirkungen, deren sich das gegenwärtige Publikum, vielleicht zum Nachtheil aller andern großen musikalischen Chöre, noch lange erinnern wird, laufen Gefahr von allen denen bezweifelt zu werden, die sie nicht selbst unmittelbar empfunden haben; und die gegenwärtige Beschreibung könnte daher leicht für fabelhaft gehalten werden, wenn sie das itzige Zeitalter überleben sollte.

Unter

Zweÿte Baſs-Stimmen
Zweÿte Baſs-Stimmen
Zweÿte Baſs-Stimmen
Zweÿte Baſs-Stimmen
Zweÿte Tenor-Stimmen
Zweÿte Tenor-Stimmen
Zweÿte Tenor-Stimmen
Zweÿte Alt-Stimmen
Zweÿte Alt-Stimmen
2te Alt-Stimmen
2te Alt-Stimmen
2te Alt-Stimmen

Doppel-Pauken. Pauken. Torver-Pauken.

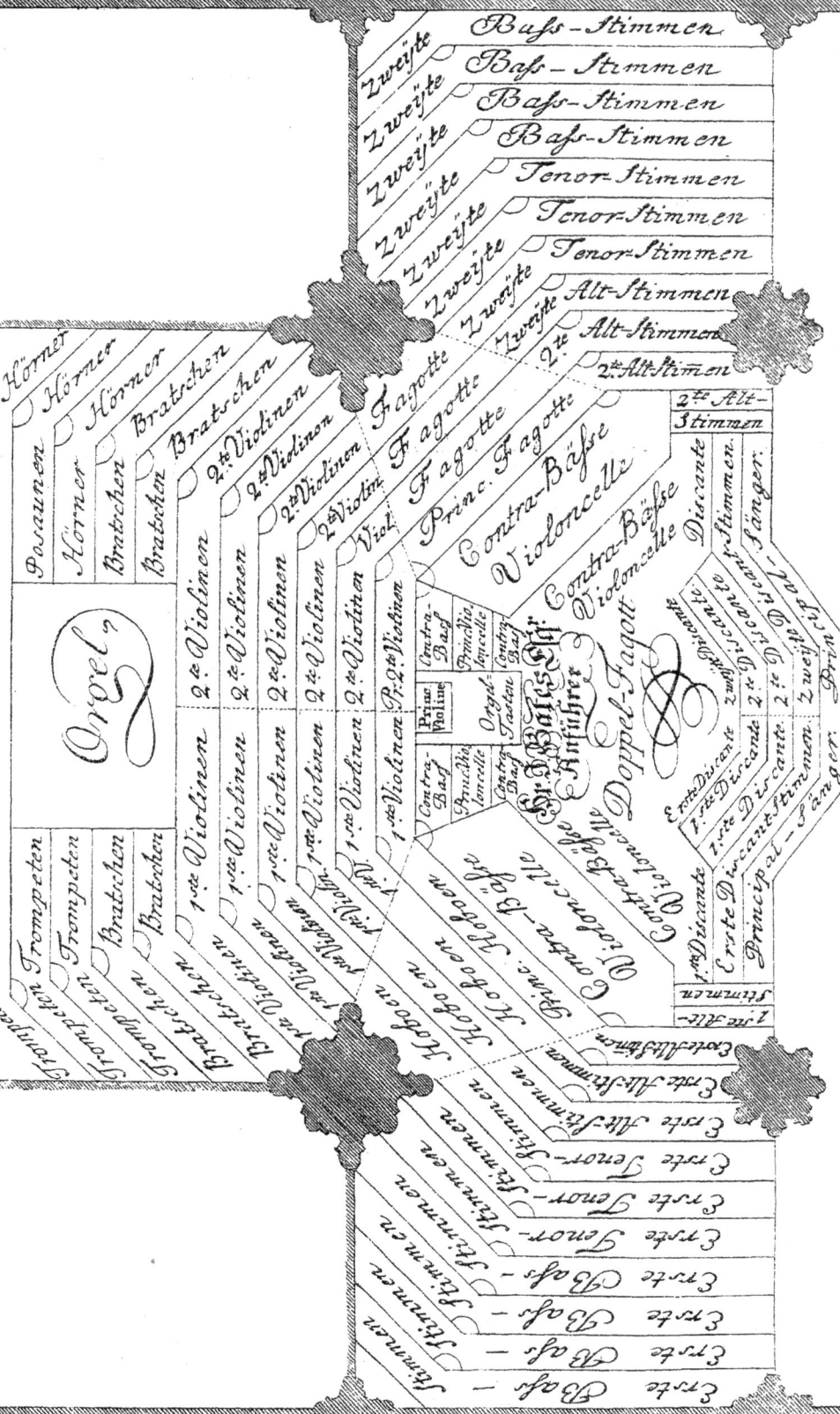

Hörner
Hörner
Hörner
Hörner
Posaunen
Bratschen
Bratschen
Bratschen
Bratschen

Trompeten
Trompeten
Trompeten
Trompeten
Bratschen
Bratschen

Orgel

2te Violinen
2te Violinen
2te Violinen
2te Violinen
2te Violinen
2te Violinen

1te Violinen
1te Violinen
1te Violinen
1te Violinen
1te Violinen
Pr. 2te Violinen

Viol. Fagotte
Fagotte
Fagotte
Princ. Fagotte
Doppel-Fagott

Contra-Bäſse
Violoncello
Contra-Bäſse
Violoncello

Contra-Baſs
Principal-Violine
Contra-Baſs
Principalo Violoncello
Orgel-Tasten
Contra Baſs

Hr. Baſs Dir.
Anführer

Erste Discante
1te Discante
1ste Discante
Principal-Sänger

zweÿte Discante
2te Discant-Stimmen
2te Discant-Sänger
zweÿtte pr.

Contrabäſse
Violoncelle
Princ. Bäſse
Hoboen
Hoboen
Hoboen
Ercto Flöten

2te Alt-Stimmen

Erste Alt-Stimmen
Erste Alt-Stimmen
Erste Tenor-Stimmen
Erste Tenor-Stimmen
Erste Tenor-Stimmen
Erste Baſs-Stimmen
Erste Baſs-Stimmen
Erste Baſs-Stimmen
Erste Baſs-Stimmen

Plan des Orchesters und dessen Vertheilung

Unter
dem Schuße Seiner Majestät.

Direktoren.

Graf von Exeter,
Graf von Sandwich,
Graf von Uxbridge,

Sir Watkin Williams Wynn, Baronet.
Sir Richard Jebb, Baronet.

Anführer.

Joah Bates, Esquire.

Direktionsgehülfen.

Dr. Benjamin Cooke,
— Samuel Arnold,
— Edmund Ayrton,
Herr Redmond Simpson,

Herr Thomas Saunders Dupuis,
— John Jones,
— Theodor Aylward,
— William Parsons.

Gehülfe des Anführers.

Herr John Ashley.

Instrumentalisten.

Orgel.

Joah Bates, Esquire.

Erste Violinen.	Herr Basset	Herr Coyle
Principale.	= Bishop	= Coyle, der Jüngere, Organist zu Ludlow, in Shropshire.
Herr Hay	= Blake	
= Cramer.	= Boultflower	
	= Brooks	= Crouch
Ehrw. Hr. Attwood	= Cabanes	= Dance
Hr. Agus	= Chabran	= Denby, aus Derby
= Barret	= Cole	= Fisin
= Barren	= Condel	= Fox

B 3   Herr

Herr Frudd, aus Nottingham
- Gillingham
- Gwilliam
- Hellendael
- Hime
- Hindmarsh
- Howard
- Henry
- Hobbs
- Hurtable
- Johnstone
- Lanzoni
- J. Mahon, aus Orford
- Oliver
- Parkinson
- Salpietro
- Robert Shaw
- Anton Shaw
- G. Schütz
- Thomas Smith
- Thackary, aus York
- Thurstan
- Tibet
- Wood
- Wakefield
- Watson.

Zweyte Violinen.
Principale.
Herr Borghi
    Saderini

Herr Ashley
- Churchill
- Coles
- Compton
- Croß
- Evans
- Farlow

Herr Fell
- Foulis
- French
- Gallot
- Gehot
- Guisbach
- Guisbach, der Jüngere
- Hackman
- Higgins
- Hodson
- Howlds
- Jackson
- Inchbald
- Linton
- Long
- Miller
- Nicholson
- Norbon
- J. Parkinsen
- Peck
- Pinto
- Rawlins
- Reinegale
- T. Shaw
- J. Smith
- Robert Smith
- Smithergale
- Stanard
- Stayner
- Valentine, der Jüngere
- Vidini
- Wagner
- D. Walker
- Ware, d. J.
- Warren
- Watley
- Williams
- Woodcock.

Bratschen.
Principale.
Herr Napier
- Carnevale
- Hackwood
- Shields.

Herr Benser
- Buckinger
Ehrw. Hr. Fleye
Herr Gibbons
- Jackson
- G. Jones
- W. Mahon
- Messing
- Miller
- Pick
- J. Richards
- Rock
- Sharp, d J. aus Grantham, in Lincolnshire
- Sharp, von St. Neott's in Huntingdonshire
- D. Shaw
- Simpson
- Turner
- Valentine, aus Leicester
- Vial
- Villenieu
- Warren, der Aeltere.
- Wilcock.

Hoboen.
Principale.
Herr Vincent
- Fisher
- Eiffert
- Parke

Herr

Herr Brandi
= Cantelo
= Foster
= Kneller
= Munro
= Parke, d. J.
= Partri
= J. Sharp, aus Grantham, in Lincolnshire
= Suck.

Zweyte Hoboen.
Herr Arnull
= Coles
= Cornish
= Dickenson
= Gray
= Heinig
= Karist
= Leffler, d. J.
= Lowe
= Manissire
= Pope
= Rice
= Teed

Flöten.
Herr Buckley
= Decamp
= Florio
= Huttley
= Papendiek
= Potter.

Violoncelle.
Principale,
Herr Crosdill
= Cervetto
= Poxton
= Mara

Herr Mams
= Barron, d. J.
= Beilby
= Bradford
= Denny
= Guisbach
= Hill
= Mason
= Mawby
= Phillips
= Roberts
= Scola
= William Sharp
= John Shields
= Sikes
= J. Smith
= Zeidler.

Fagotte.
Principale.
Herr Baumgarten
= Hogg
= Lion
= Parkinson.

Herr Godwin
= Browning
= Denman
= Evans
= Gough
= Holmes
= Hubbard
= Jenkinson
= King
= Kneller
= Leffler
= Lings
= Mallet
= Osborn
= Peacocke

Herr Pondsford
= Schubert
= N. Shaw
= Ralph Shaw
= Windsor
= J. Windsor
= Zink

Doppelfagott.
Herr Ashley.

Contrabässe.
Principale.
Herr Gariboldi
= Richard Sharp
= Reibour
= Pasquali.

Herr Barret
= Dreßler
= Granthony
= B. Hill
= J. Hill
= King
= Kirton
= Philpot
= J. Sharp
= Smart
= Thompson.

Trompeten.
Principale.
Herr Sarjant
= Jenkins
= Binicomb
= Fitzgerald.

Herr Atwood
= Cantelo
= Flack
= W. Jones

Herr

Herr Marley
- Nicola
- Porney
- Tompson.

Posaunen.

Herr Karst
- Kneller
- Möller
- Neibur

—

- Pick
- Zink

Diese spielten andre Instrumente, wenn die Posaunen nicht gebraucht wurden.

Hörner.

Herr English
- Gray
- Kaye
- Leander
- Lely
- Lord
- M'Pherson.

—

Herr Miller
- Möller
- Ockle
- Payola
- Piettin.

Pauken.

Herr Burnet
- Houghton
- Nelson.

Doppelpaute.

Herr Ashbridge.

Sänger.

Distante.
Principale.

Madame Mara
Miß Harwood
- Cantelo
- Abrams
- T. Abrams
Signor Pacchierotti, nur im Pantheon
- Bartolini

Drey Herren Ashleys
Miß Burnet
Herr Bellamy
Mistreß Burnet
Zehn Kapell-Knaben
Herr Dorion
Miß Hudson
Zwey Herren Knyvetts
Herr Latter
- Loader
Mrs. Love
Herr Lowther

—

Herr Mathews
Miß Middleton
- Parke
Zehn St. Paul's Chorknaben
Herr Piper
- Taylor
Acht Westmünster-Chorknaben
Sechs Windsor-Schüler.

Altstimmen.
Principale.

Ehrw. Herr Clerk
Herr Dyne
- Knyvett.

Baron Dillon
Herr W. Ayrton, aus Yorkshire
- Barrow
  Battishall
- Bowen
- Bushby
Ehrw. Hr. Champneß

—

Ehrw. Hr. Coming, aus Exeter
Herr Dowding
- Fawcett
- Friend
- Gore, aus Windsor
- Green
- Guichard
- Georg Harris
- Hartley, aus Windsor
- Harwood, aus Lancashire
- Hindle
- Horsfall
- Leach
- Lewis
- Livesque
- Jvitt Loulworth, aus Cambridgeshire
- Machin
- Moulds
- Offield
- Parker
- Pembarton

Herr

Herr Percy
 = Reinholdson
 = Roberts
 = Rose
 = Salmon, aus Worcester
 = Slater
 = Smith
 = Starkey, aus Oxford
 = Steel
 = Stevenson, aus Hunting-
   don
 = Swaine
 = Swan
 = Taylor
 = Vincent
 = Walton, aus Litchfield
Ehrw. Herr O. Wight
Herr Wilson.

Tenore.
Principale.
Herr Harrison
 = Norris, aus Oxford
 = Corfe, aus Salisbury.

Herr Abington
 = Arrowsmith
 = Atterbury, aus Tedding-
   ton, in Middlesex
 = Aylmer
 = Ayrton, d. J.
 = Bacen
 = Thomas Baker
 = Bethal
 = Billington
 = Bloomer
 = Booth
 = Bond
 = Bryan
 = Burlington

Burney.

Herr Bufoy
 = Cheefe, aus Manchester
 = Christian
 = Ed. Clarke
 = Will. Clarke
 = Comins, aus Penzance, in
   Cornwallis
 = Matth. Cooke
 = Rob. Cooke
 = Dale
 = Darvile
 = Darvile, d. J.
 = Deeble
 = Degnun
 = Dorion
 = Evance
 = Evance, d. J.
 = Field
 = Florio, d. J.
 = Foulston
 = Gillatt
 = Gilson
 = Guise, aus Windsor
 = Heather
 = Hewitt
 = Hill, aus Salisbury
 = Hobler
 = Holcroft
 = Hudson
 = Jackson
 = Jammyns
 = King, aus Stilton in Hun-
   tingdonshire
 = Keith
 = Latter
 = Lloyd
 = Luther
 = Malmes
 = Minchine
 = Noble, aus Peterborough

C

Herr J. Ogden, aus der Nähe
   von Manchester
 = Olive
 • Piercy
 = Pitt, aus Worcester
 = Plumer
 = Probyn, aus Birmingham
 = Will. Roche
 = Randal
 = Reeve
 = Remy
 = M. Roch
 = J. Roch
 = Sexton, aus Windsor
 = Squire
 = Stafford Smith
 = Stanton
 = Stevens
 = Taylor
 = Tett
 = Turtle
 = Vincent, d. J.
 = Webb, d. J.
 = White
 = Whitehead
 = Williams
 = Wilson
 = Woodhead

Bässe.
Principale.
Herr Bellamy
 = Champneß
 = Reinhold
Signor Tasca
Herr Mathews, aus Oxford

Herr W. Baker
 = Bolmforth
 = Boyce

Herr

Herr Brewster
= Briggs
= Buckingham
= Burton
= Calcot
= Clay
= Crawley
= Crippen
= Coke
= Culver
= Danby
= Danby, d. J.
= Darley
= Duncomb
= Fisher
Ehrw. Hr. Gibbons
Herr W. Granville
= Greatorex, d. Aelt. aus Burton am Trent
= Greatorex, d. Jüng. aus Newcastle
= James Green
= Thomas Green, aus Birmingham
= Groombridge
= Hargrave
= Harris. aus Birmingham
= Richard Harris

Herr J. Harrison, aus Derbyshire
= Hatfield
= Henshaw
= Helden, aus Birmingham
Ehrw. Hr. Horner
Herr Howard
= Joyce
= Langdon, aus Peterborough
= Linton
= Lockhart
= Ludworth
= Lynott
Ehrw. Dr. Morgan
Herr Miller
= Milton
= Olive
= Osmand
= Overend, aus Isleworth
= Pemberton
= Price
= Purcell
= Rainbott
= Rawson, aus Nottingham
= Real
= Robinson, aus Windsor
= Robson, aus Huntingdonshire

Herr Roebuck
= Rogers
= H. Rose
= Rutter, aus Windsor
= Sales, der Jüngere, aus Windsor
= Salter
= Sands
= Saunders
= Slater, d. J.
= Smart
= Smith, aus Richmond
= John Swan
= Joseph Swan
= Taylor
= Benj. Thomas
= John Thomas
= Tombs, aus Winchester
= Tomson
= Townsend
= Waite
= Watts
= Webb
= Wheatley, aus Greenwich
= Wheatley, d. J.
Ehrw. Herr Willet.

Händels
Gedächtnißfeyer.

Erste Aufführung
in der Westmünster-Abtey.

Mittwochs, den 26sten May 1784.

Verzeichniß

der aus Händels Werken gewählten Kompositionen, für die erste Aufführung.

Die Krönungs = Motette.

Erster Theil.

Ouverture, aus der Esther.
Das Dettingische Te Deum.

Zweyter Theil.

Ouverture, nebst dem Todtenmarsch, im Saul.
Stücke aus der Begräbnißmotette:

       Als ihn das Ohr vernahm c.
       Er half dem Armen, der ihn anrief c.
       Sein Leib ist begraben in Frieden c.

Das Gloria Patri, aus dem Jubilate.

Dritter Theil.

Motette: O! singt dem Herrn c.
Chor: Der Herr wird König seyn, aus dem Oratorium, Israel in Aegypten.

Erster

Erster Theil.

Schon in der Frühe dieses Tages, dessen Witterung sehr günstig war, stiegen Personen aus allen Ständen aus ihren Wagen, vor Ungeduld und Besorgniß, daß sie keine Plätze bekommen würden, und stellten sich vor die Thüren der Westmünsterabtey, die, der gedruckten Anzeige nach, um neun Uhr sollten geöffnet werden. Weil sich aber die Thürsteher noch nicht auf ihren Posten befanden, und das Orchester noch nicht ganz fertig, oder vielleicht auch die Plätze für die Zuhörer noch nicht eher völlig eingerichtet waren, als gegen zehn Uhr; so hatte sich solch eine Menge von Damen und Herren versammelt, daß einer dem andern sehr furchtbar zu werden anfieng, welches besonders bey den Erwartenden des andern Geschlechts der Fall war. Denn einige darunter waren in vollem Putze, und wurden mit jedem Augenblick immer mehr gedrängt und von denen beunruhigt, die vorwärts drängten, um näher an die Thür zu kommen; diese schrien; andre wurden ohnmächtig; und durchgehends fürchtete man schlimme Folgen, indem viele hitzige Köpfe unter den Herren die Thüren zu erbrechen drohten; ein Verfahren, welches vermuthlich, wenn es durchgesetzt wäre, vielen schwachen und hülflosen Personen das Leben gekostet hätte, weil sie ganz unfehlbar von dem starken und ungeduldigen Theile des Gedränges zu Boden geworfen, und unter die Füße getreten wären.

Erst ziemlich lange nach Eröffnung einer kleinen Thür an der Westseite der Abtey fieng dieß Gedränge an, etwas abzunehmen. Denn man konnte die Billete nicht geschwinde genug ansehen; und Contramarquen dagegen geben, um dadurch die Zahl derer, die hinein wollten, oder ihre Ungeduld zu vermindern.

Es scheint indeß weiter kein Unglück dabey vorgefallen zu seyn, als Haarzerzausen und Kleiderzerreißen. In weniger als einer Stunde, nach Oeffnung der Thüren schienen die ganze Flur und alle Gallerien der Abtey schon zu voll zu seyn, um noch mehr Leute herein zu lassen; und ziemlich lange vorher, ehe die Musik anfieng, wurden alle Thüren verschlossen,

C 3

schlossen, und Niemand mehr eingelassen, als Ihro Majestäten und Deren Gefolge, die bald nach zwölf Uhr kamen. Als Sie in die für sie eingerichtete Loge traten, war Vergnügen und Erstaunen beym Anblick der Versammlung und der Vertheilung des Orchesters in Ihren Blicken allen ihren darüber erfreuten Unterthanen sichtbar. Erwartung und Sehnsucht nach dem ersten Bogenstrich stiegen nun bis zum höchsten Gipfel der Ungeduld, als das tiefste und feyerlichste Stillschweigen sanft unterbrochen wurde, durch die Prozessions-Symphonie der

Krönungsmotette.

Verfertigt im Jahr 1727.

„Zadoc the priest, and Nathan the prophet, anointed Solomon King; and all the people „rejoiced, and said: God save the King; long live the King; may the King live for „ever! Hallelujah! Amen."

„Zadock der Priester und Nathan der Prophet salbten Salomon zum Könige; und „alles Volk freute sich, und sprach: Glück dem Könige! lange lebe der König! „ewig lebe der König! Hallelujah. Amen." (1. Kön. 1, 38.)

Und von da an, daß man den ersten Ton dieser berühmten und genug bekannten Komposition hörte, bis zum letzten Schluß derselben, schien jeder Zuhörer sich nicht zu getrauen, Athem zu schöpfen, um den Strom der Harmonie auf seinem Wege zum Ohre nicht zu hemmen.

Wegen des Fortganges, welchen die ausübende Musik in dem itzigen Jahrhundert, seit Händel's Zeiten, gemacht hat, läßt sich vielleicht sicher behaupten, daß diese Motette nie so gut unter seiner eignen Anführung aufgeführt ist. Wenigstens darf ich es zu versichern wagen, daß ehedem, als ich selbst sie bey der Krönung Seiner itztregierenden Majestät hörte, wo ein zahlreiches Orchester unter der Anführung des verstorbenen Dr. Boyce beysammen war, die damalige Aufführung mit der gegenwärtigen, die an eben dem Orte zur Ehre des Komponisten geschah, gar nicht in Vergleichung kam *).

Ouver-

---

*) Unstreitig war es ungemein passend, Ihro Majestäten bey ihrer Ankunft mit der Krönungsmotette zu begrüssen. Und doch konnte ich nicht umhin, zu wünschen, daß dieß von allen andern so verschiedne Concert mit irgend einem Stücke wäre eröffnet worden, worin man jede Stimme und jedes Instrument in dem nämlichen Augenblicke gehört hätte; weil dadurch eine Wirkung hervorgebracht wäre, die sich niemals durch allmählige Stufenfolge erreichen läßt; und weil der Unterschied zwischen Nichts und Etwas größer ist, als zwischen zwey Graden der Vortrefflichkeit. In der That wurde die schnellste und überraschendste Wirkung dieses erstaunlichen Orchesters

Ouvertüre aus der Esther.

Komponirt im Jahr 1720.

Der erste Satz dieser feyerlichen und majestätischen Ouvertüre hat mich immer durch die Einfachheit seiner Modulation in Erstaunen gesetzt, die zwar fast ganz strenge auf die diatonischen Intervalle und die Harmonie des Grundtons eingeschränkt, aber in ihren Wirkungen niemals eintönig ist. Und wenn gleich der erste Takt der Melodie von den beiden Violinen so oft wiederholt wird, so ist er doch schon für sich so angenehm und gefällig, daß er dem Ohre immer willkommen bleibt.

Alle Sätze dieser herrlichen Ouvertüre erschienen zuerst in Händel's Trios, so wie viele von denen, die er nachher in seinen Orgelconcerten anbrachte. Und er hätte mit größerm Rechte von diesen Trios sagen können: Condo et compono, quae mox depromere possim, als Geminiani von seiner letzten und schlechtesten Sammlung von Concerten.

Der zweyte Satz, den man von jeher wegen des Feyerlichen und Kontrastirenden zwischen den Oberstimmen, die mehrmals ein Stück Canto fermo wiederholen, und zwischen dem Baß mit Recht bewundert hat, that eine sehr auffallende Wirkung bey der ihm durch dieß Orchester ertheilten Nachdrücklichkeit und Stärke. Und wenn gleich die Fuge, wozu ein sehr ausgezeichnetes und sehr glückliches Thema gewählt worden, selten mehr als dreystimmig ist, indem die Bratsche beständig nur eine Oktave höher spielt, als der Baß; so schien sie doch dießmal reicher an Harmonie, und sinnreicher in ihrer Erfindung zu seyn, als sonst. Vielleicht gab es nie eine Instrumentalfuge über ein gefälligeres Thema, meisterhafter bearbeitet, oder angenehmer in ihren Wirkungen, als diese. In manchen Stükken geht sie fast von allen andern Fugen ab: zuerst darin, daß das gegebene Thema von einem leicht sich fortbewegenden Baß begleitet wird; zweytens, durch die Umkehrung des Thema, wenn es von der zweyten Violine zuerst beantwortet wird; und drittens, wegen der Episoden oder Solosätze für die Hoboe *). Man hat diese Ouvertüre, fast schon von ihrer Verfertigung an, so anhaltend in der St. Paulskirche, bey der Jahrsfeyer der Söhne der

Orchesters vielleicht durch das gemeinschaftliche Stimmen hervorgebracht, wobey auf allen Saiteninstrumenten Doppelstriche auf offnen Saiten gemacht wurden, die einen stärkern Ton gaben, als zwey gedeckte Saiten auf zwey verschiednen Instrumenten.

*) Diese Solosätze wurden von zwölf Hoboen im Einklange gespielt; und dieß Spiel vereinte sich dergestalt, daß es die Wirkung eines einzigen Instruments that. Der kurze Solosatz für die Hoboe in dem langsamen Satze der Ouvertüre wurde von Herrn Thomas Vincent allein gespielt, der schon so lange bey dem Londoner Publikum auf diesem Instrumente beliebt ist.

der Geiſtlichkeit *), geſpielt, daß ſie izt dem Dienſte der Kirche ganz vorzüglich gewidmet zu ſeyn ſcheint.

Das Dettinger Te Deum.
Verfertigt im Jahr 1743. **).

Dieſe glänzende Kompoſition iſt ſo oft in der St. Paulskirche, und anderswo, aufgeführt, daß ihr Ruhm durch mein ſchwaches Lob nichts gewinnen kann. Ich will blos bemerken, daß hier, in Rückſicht ihrer erſten Beſtimmung für einen kriegriſchen Triumph, die vierzehn Trompeten, zwey Paar gewöhnlicher Pauken, zwey Paar Heerpauken aus dem Tower, und ein Paar Doppelbaßpauken, die zu dieſer Feyer beſonders verfertigt waren, ungemein ſchicklich angebracht wurden; und dieſe letztern Pauken thaten in der That alle Wirkung des ſtärkſten Geſchützes, Verheerung ausgenommen.

Man hat Urſache zu vermuthen, daß Händel ſowohl bey der Verfertigung ſeines großen Te Deum auf den Uetrechter Frieden, als des gegenwärtigen, das Wort cry (ſchreyen) in dem Sinn eines Klaggeſchreys nahm; denn in beyden ſind die Worte:

> „To thee all angels cry aloud“ †)

nicht nur im Mollton, ſondern auch langſam und klagend ausgedrückt. Es ſticht indeß ſehr gut mit dem vorhergehenden und nachfolgenden Zeitmaaß ab. Das letztere glüht wirklich von allem dem heftigen Feuer, welches Händel für vielſtimmige Verbindungen und Gedanken beſaß.

Das ernſte und feyerliche Lob der Apoſtel, ††) Propheten und Märtyrer, welches von der anhaltenden majeſtätiſchen Bewegung des Baſſes taktmäßig begleitet wird, iſt ſehr treffend ausgedrückt.

> „Thou ſitteſt at the right hand of God,“ &c.

> „Du ſitzeſt zur Rechten Gottes“, u. ſ. f.

hat eine ungemein gefällige Melodie, die ihres vierzigjährigen Alters ungeachtet, noch immer ihre volle, blühende Neuheit behält.

„We

---

*) Eine Stipendiatſtiftung für die Söhne minder bemittelter Geiſtlichen ſcheint dieſe jährliche Feyer zu veranlaſſen, bey welcher allemal eine Muſik in der Paulskirche aufgeführt wird. E.

**) Nämlich auf den Sieg über die Franzoſen bey Dettingen, wovon dieß Te Deum auch den Beynamen hat. E.

†) d. i. „Zu dir ſchreyen alle Engel.“ — To cry iſt hier freylich nur rufen, anrufen. — Luthers Ueberſetzung: „ſingen immer mit hoher Stimm‘“ iſt dieſer Mißleitung nicht fähig. E.

††) In unſerm Te deum heißen ſie die Zwölfboten, eine vor und zu Luthers Zeiten gewöhnliche Benennung der Apoſtel, die man nicht getrennt in zwey Worten ſchreiben ſollte. E.

„We therefore pray thee, help thy servants, whom thou haſt redeemed with thy
„precious blood,“

„Nun hilf uns, Herr, deinen Dienern, die du mit deinem theuren Blut erlöſet haſt! “

iſt vortrefflich in Anſehung der dabey angebrachten Fuge, der Modulirung, und des Kontrapunkts, a la capella; ſo wie auch der folgende Satz zu den drey Verſen:

„Make them to be numbered — —
„O Lord, ſave thy people — —
„Govern them, and lift them up for ever,“

„Laß uns im Himmel haben Theil — —
„Hilf deinem Volk, o Gott! — —
„Wart’ und pfleg’ ihrer allezeit,
„Und heb’ ſie hoch in Ewigkeit, “

wozu noch das Verdienſt eines ſehr glücklichen Wortausdrucks kommt.

„Day by day we magnify thee,“

„Täglich, Herr Gott, wir loben dich, “

iſt groß und gut accentuirt, wenn gleich einige Stellen der Trompete ein wenig veraltet
ſind. Die Kunſt der Fuge ſowohl in dieſem, als dem folgenden Verſe:

„And we worſhip thy name ever world without end “

„Und wir ehren deinen Namen überall ohn’ Ende„

iſt mit Händel’s gewöhnlicher Klarheit und Trefflichkeit behandelt.

Da er auf ein großes und mannichfaltiges Orcheſter rechnen konnte, als er dieß
Tedeum verfertigte, ſo machte er von den verſchiednen Inſtrumenten deſſelben einen eben
ſo einſichtsvollen Gebrauch, als ein Mahler nur immer von den Farben ſeiner Palette machen
könnte. Bald zeigte er ſie einzeln in ihrem vollen Glanze; bald verſtärkte oder verminderte
er ihre Gewalt durch Licht und Schatten, und oft durch die Verbindung mit andern, indem
er ſie zu verſchiednen Zwecken des Ausdrucks und der Wirkung behülflich machte.

„Vouchſafe, o Lord, to keep us this day without ſin,“

„Behüt’ uns heut’, o Gott, vor aller Sünde, “

hat eine vortreffliche Melodie, deren Modulation eben ſo überraſchend, gelehrt und ungewöhnlich, als pathetiſch und gefällig iſt *).

Der

*) Die Partitur dieſes Satzes, ſo, wie ſie vor
vielen Jahren von Walſh gedruckt iſt, hat
ſehr viele Fehler, beſonders in der zweyten Violine und Bratſche, im vierten und fünften Takt
der letzten Zeile.

Der letzte Satz:

> „o Lord, in thee I have trusted — &c. "
>
> „Auf dich hoffen wir, o Herr! u. s. f. "

ist das, was die Italiener ben tirato nennen würden. Er ist ein trefflicher Beweis von Händels großer Stärke, alle die noch so verborgenen Vortheile zu entdecken und zu nützen, die ihm jedes sowohl einfache als künstliche Thema an die Hand gab. Die Symphonie dieses Chors, die vornehmlich auf der Grundlage eines Basses gebaut ist, der mit zwey Trompeten anfängt, worein nachher die übrigen Instrumente einfallen, ist prächtig und einnehmend, wenn gleich im Tempo einer gewöhnlichen Menuet. Der lange Solosatz nach der Symphonie, für eine Altstimme, mit sanfter und sparsamer Begleitung, macht den nachfolgenden plötzlichen Ausbruch aller Stimmen und Instrumente desto auffallender. Und der letzte fugirte Satz, der stellenweise mit dem Generalbaß abwechselt, scheint diese herrliche Arbeit vollkommen zu krönen, indem er „alle die Ketten löset, welche die „verborgne Seele der Harmonie fesseln. "*)

Zweyter Theil.

Ouvertüre zum Saul.
Verfertigt im Jahr 1740.

Der erste Satz dieser herrlichen Komposition, die sich durch denselben so sehr von der gewöhnlichen Schreibart der Ouvertüren unterscheidet, die Lully eingeführt hatte, und der alle Komponisten in ganz Europa seit mehr als funfzig Jahren treu geblieben waren, ist ungemein gefällig, und muß, als man ihn zuerst hörte, durch die Anmuth und Neuheit seiner Führung und Gänge sehr überrascht haben.

Wenn man gleich den übrigen Theil dieser Ouvertüre, dem Todtenmarsch zu Gefallen, wegließ; so bin ich doch dem Komponisten das Zeugniß der Wahrheit schuldig, daß der zweyte Satz mit Solostimmen für die Principal-Hoboe und Violine, so sangbar ist, daß man sich dabey immer an ein Singeduett, mit voller Begleitung, erinnert. Die Fuge, mit Solofätzen für die Orgel, wurde freylich mit Recht weggelassen, weil die darin

vor-

---

*) Untwisting all the chains that tie
   The hidden soul of harmony.

vorkommenden Gänge bey Händel's Nachahmern lange so beliebt gewesen sind, daß sie nun dadurch ganz verbraucht und gemein geworden. Die Menuet wird indeß immer noch ihre Anmuth und Würde behalten, und ist einer von den wenigen Schlußsätzen einer Ouvertüre, der durch keine Zeit noch Mode verlieren kann.

Todtenmarsch im Saul.

Dieses äußerst glückliche und rührende Stück, welches schon beynahe ein halbes Jahrhundert hindurch gleich beliebt geblieben, und so einfach, so feyerlich und traurig ist, daß man es nicht, selbst auf einem einzelnen Instrumente, spielen hören kann, ohne in schwermüthiges Gefühl zu versinken, erhielt hier alle die Würde und Größe, die ihm die mannichfaltigen Töne des mächtigsten und genauesten Orchesters nur immer geben konnten.

Ein Theil der Motette, die in der Westmünsterabtey beym Begräbniß der Hochseligen Königinn Caroline, im Jahr 1737 aufgeführt wurde.

„When the ear heard her, then it blessed her; and when the eye saw her, it gave „witness of her."

„Welches Ohr Sie hörte, der preiste Sie selig; und welches Auge Sie sah, der „rühmte Sie." Hiob XXIX, 11.

Nach allem dem lärmenden Jubelgetöne in dem Te Deum, nach den mächtigen Schlägen der Pauken, und den tönenden Stößen der Trompeten und Posaunen in dem Todtenmarsch, war dieser schöne, sanfte und wehmüthige Gesang dem Ohre labend und erquickend. Kontrast ist die große Quelle unsers musikalischen Vergnügens; denn, so sehr uns auch das Geschwinde, Langsame, Laute oder Sanfte eine Zeitlang ergötzt; so ist doch Abwechselung zur Anspornung der Aufmerksamkeit so nothwendig, daß eine Musik, der es an dem Einen fehlt, niemals einer sichern Wirkung durch das Andre gewiß ist. Diese reizende Melodie ist immer noch so neu, daß sie dem Geschmacke sowohl als der harmonischen Einsicht jedes itzt lebenden Tonkünstlers Ehre machen würde. Händel hatte ein sehr geschmeidiges Genie; und wenn er fortgefahren hätte, für die Oper, anstatt für die Kirche, zu schreiben; so wäre keine Schönheit, welche Hasse, Vinci, Pergolesi, und ihre Nachfolger jemals erreichten, für ihn unerreichbar gewesen.

„She delivered the poor that cried, the fatherless, and him that had none to help „him. — Kindness, meekness, and comfort were in her tongue. — If there „was any virtue, and if there was any praise, she thought on those things."

„Sie

„Sie errettete den Armen, der da schrie, und den Waisen, der keinen Helfer
„hatte. — Freundlichkeit, Lindigkeit und Sanftmuth waren auf ihrer Zunge. —
„War irgend eine Tugend, war irgend ein Lob, dem dachte sie nach. " —

Die allein singenden Diskante, blos im Unisono von Diskantinstrumenten begleitet, thaten bey den Worten: „kindness, meekness and comfort were in her
tongue" eine herrliche Wirkung, in Ansehung des Kontrastes mit der vollen Harmonie
des übrigen Theils dieses schönen Chors. Diese Nänie hat wirklich alle Erfodernisse guter Musik, im bloßen Kontrapunkt; sie hat gute Harmonie, Melodie, Rhythmus, Accent und Ausdruck *). Die Schönheiten dieses Gesanges schicken sich für jedes Land und
Zeitalter; kein Wechsel der Mode kann sie vertilgen, oder machen, daß sie nicht von jedem,
der Gefühl hat, tief sollten empfunden werden.

„Their bodies are buried in peace."
„Sie sind im Friede begraben. "   (Sir. XLIV, 13.)

Dieser vortreffliche Satz, voll feyerlicher und rührender Harmonie, im Kirchenstyl,
fast ganz ohne Instrumente, ist eine herrliche Einleitung zu der folgenden minder trau-
rigen Melodie der Worte:

„But their name liveth evermore;"
„Aber ihr Name lebet ewiglich; "   Ebend.

Einer von den sonderbarsten und angenehmsten Chören, die ich kenne, der mit einer Genauigkeit, Stärke und Lebhaftigkeit ausgeführt wurde, die weder dieser, noch vielleicht
irgend einer andern Musik dieser Art je vorher zu Theil geworden sind *). Jeder von den
drey Sätzen der Begräbnißmotette schien so lebhafte Empfindungen der Betrübniß rege

zu

---

*) Es giebt auch noch einige natürliche und ge-
fällige Nachahmungen in dem letztern Theile dieses
Satzes, die jedoch weder den Accent stören, noch
die Worte unverständlich machen; Fehler, die man
gemeiniglich den Kanon's, Fugen und Nachahmungen zur Last legt. Aber Händel, der die
Hauptgedanken der Worte, die er in englischer Sprache komponirte, empfand, und so glücklich ausdrückte, war in ihrer Aussprache nie recht
gewiß. Das Wort *delivered*, woraus gemeiniglich durch die Elision nur drey Sylben werden,
ist wohl sonst noch in zwey Sylben zusammen gezogen worden; denn in diesem Chor, wo das Wort

so oft wiederholt wird, hat es nie mehr, als zwey
Noten.

**) In diesem und dem vorhergehenden Satze
hat Händel glücklichen Gebrauch von einer Modulation gemacht, die im sechszehnten Jahrhun-
derte sehr gewöhnlich war; nämlich der großen
Septime eines Durtons dicht vor dem Schluß einen gemeinen Akkord zu geben. Die seitdem eingeführten Verhältnißregeln in der Setzkunst haben diese Modulation aus der weltlichen Musik
verbannt; in der Kirchenmusik aber ist sie, sparsam
gebraucht, nicht nur erlaubt, sondern auch oft von
sehr schöner Wirkung.

zu machen, daß alle Anwesende an die Verheerungen dachten, welche der Tod unter ihren eignen Familien und Freunden angerichtet hatte, und daß manche selbst bis zu Thränen gerührt wurden.

GLORIA PATRI.

Aus dem Jubilate, 1713.

„Glory be to the Father," &c.

„Ehre sey dem Vater," u. s. f.

Dieser Chor aus dem Jubilate, welches Händel zu gleicher Zeit mit dem großen Tedeum auf den Utrechter Frieden setzte, und dem einzigen Jubilate, das er jemals verfertigte, ist in seiner größten und prächtigsten Schreibart, und gewann alle mögliche Vortheile bey der Aufführung, durch ein korrektes und starkes Orchester, und durch die stillste und begierigste Aufmerksamkeit der Zuhörer.

Dritter Theil.

Motette.

Verfertiget um das Jahr 1719.

Arie und Chor.

„O sing unto the Lord a new song; O sing unto the Lord all the whole earth."

„Singet dem Herrn ein neues Lied; singet dem Herrn, alle Welt!" Pf. XCVI, 1.

Madame Mara's Stimme und Singemanier in dieser einfachen und feyerlichen Arie, von Herrn Fisher auf der Hoboe so vortrefflich begleitet, that eine gewisse plötzliche Wirkung auf mich, die ich noch nie vorher erfuhr, selbst wenn ich noch pathetischere Musik von ihr singen hörte. Schon lange habe ich ihre Stimme, und ihre Geschicklichkeit im Vortrage von mehrerley Schreibarten des Gesangs bewundert; aber nie hielt ich Zärtlichkeit für den eigenthümlichen Charakter ihres Vortrags. Hier aber erregten die wenigen einfachen Noten, die sie vorzutragen hatte, einen sanften Schauer in mir, und ich hatte Mühe, mich bey ihrer Anhörung des Ausbruchs der Thränen zu enthalten.

D 3 Sie

Sie war wirklich nicht nur im Stande, die sanftesten und künstlichsten Biegungen ihrer angenehmen und brillanten Stimme bis in den entferntesten Winkel dieses so großen Gebäudes tönen zu lassen; sondern sie artikulirte auch jede Sylbe der Worte mit solcher Deutlichkeit, Genauigkeit und Reinheit, daß sie so hörbar und verständlich wurde, als sie durch bloße Deklamation in einem kleinen Schauspielhause nur immer hätte werden können.

Chor.

„Declare his honour unto the Heathen, and his wonders unto all people —
„For the Lord is great, and cannot worthily be praised.“

„Erzählet unter den Heiden seine Ehre; unter allen Völkern seine Wunder —
„Denn der Herr ist groß und hoch zu loben.“ (Ps. XCVI, 3. 4.)

Dieser Chor ist in einer wirklich erhabnen Schreibart, und that große Wirkung, wenn er gleich nur aus drey Singestimmen besteht. Das Thema ist gegen den Schluß auf eine höchst sinnreiche Art umgekehrt.

„He is more to be feared than all gods.“
„Er ist wunderbarlich über alle Götter.“ Ebend.

Hier ist die Modulation erhaben, und im wahren Kirchenstyl. Die Pause auf E b mit einem vollkommenen Akkorde, unmittelbar vor einem Schluß in F, führt uns in das sechszehnte Jahrhundert zurück *).

„The waves of the sea rage horribly; but yet the Lord who dwells on high is
„mightier.“

„Die Wasserwogen im Meer sind groß und brausen gräulich; der Herr aber ist
„noch größer in der Höhe.“ (Ps. XCIII, 4.)

Händel hat in den Begleitungen dieser rauschenden Arie einen nicht unglücklichen Versuch gemacht, die Empörung eines stürmischen Meers auszudrücken. Der Styl dieser Art von Musik soll natürlich nicht gefällig seyn; aber er kontrastirt sehr gut mit andern Sätzen; und dieser hier hat eine Lebhaftigkeit, und selbst eine gewisse Rauhigkeit, die unserm Verfasser eigenthümlich war.

Duett.

---

*) Arkadelt, der berühmteste Madrigalist jener Zeit hat in einem damals sehr beliebten Madrigal: *Il bianco e dolce cigno cantando muore* die nämliche Modulation unmittelbar vor einer Klausel.

Duett.

„O worship the Lord in the beauty of holiness!“
„Betet an den Herrn im heiligen Schmuck!“   (Pf. XCVI, 9.)

Vielleicht dünkt die Feyerlichkeit dieses Satzes den Bewundrern der vorhergehenden Arie eben so sehr zu matt zu seyn, als jene den Nerven derer, die für diese zu
partheyisch sind, allzustürmisch dünken mag. Im Grunde fallen auch beyde ein wenig
ins Uebertriebene; aber ein Komponist von so ausgebreiteter Erfindungskraft, wie Händel, wagt alles um der Mannichfaltigkeit willen; und dieß Duett ist sehr im trefflichen
Styl Steffani's.

Chor.

„Let all the whole earth stand in awe of him. — Let the heavens rejoice, and
  „let the earth be glad; let the sea make a | noise, and all that therein is.“
„Es fürchte Ihn alle Welt! — Himmel freue sich und Erde sey fröhlich! das
  „Meer brause, und was drinnen ist!“   Ebend. v. 9, 11.

In dem letzten Theile dieses Chors, wird durch die Geschäftigkeit aller Instrumente eine solche Wallung und Bewegung erregt, daß man ihn als einen von Händels fürchterlichen Orkanen ansehen kann.

„Brüllende Töne brausen mit stürmendem Schall. *)“

Chor aus Israel in Aegypten.
Verfertigt im Jahr 1738.

„The Lord shall reign for ever and ever.“
„Der Herr wird König seyn immer und ewig.“   (2. B. Mos. XV, 18.)

Diese ganz vortreffliche Komposition, die für zwey Chöre geschrieben ist, fängt
mit dem Tenor und Contratenor im Unisono an, und wird blos von dem Generalbaß
begleitet.

Recitativ.

„For the horse of Pharaoh with his chariots,“ &c.
„Denn Pharao's Rosse und Wagen,“ u. s. f.   Ebend.

Herr

—————

*) Bellowing notes burst with a stormy sound.   ADDISON.

Herr Norris beklamirte dieses und das folgende Recitativ mit dem wahren Nachdruck eines Engländers, der die Worte vollkommen verstand und artikulirte.

Chor.

„ Der Herr wird König seyn, immer und ewig. "

Die Wiederkehr dieses kurzen Stücks aus dem Chor, nach jedem Stück von Recitativ, thut eine sehr gute Wirkung.

Recitativ.

„And Miriam the prophetess, the sister of Aaron, took a timbrel in her hand: and
„all the women went out after her with timbrels and with dances."

Chor.

„ Sing ye to the Lord, for he hath triumphed gloriously *). The Lord shall reign
„for ever and ever. The horse and his rider he hath thrown into the sea. "

„ Und Mirjam die Prophetinn, Aarons Schwester, nahm eine Pauke in ihre Hand;
„ und alle Weiber folgten ihr nach, hinaus, mit Pauken am Reigen. "

„ Singt dem Herrn; denn er hat eine herrliche That gethan. Der Herr wird König
„ seyn immer und ewig. Mann und Roß hat er ins Meer gestürzt. " —
2. B. Mos. XV, 20. 21.

Die Wirkungen dieser Komposition sind zu gleicher Zeit gefällig, groß und erhaben! Die Häufung von Stimmen und Instrumenten that hier ihre volle Wirkung. Und diese ganze Arbeit ist so vortrefflich, daß sie allein Händels Namen bey allen wahren Liebhabern und Kennern der Harmonie würde unsterblich gemacht haben, wenn er auch nichts weiter geschrieben hätte **).

Ueberhaupt

---

*) Händel's Ungewißheit in dem Accent und der Aussprache des Englischen verräth sich sehr deutlich in der Art, wie er diesen letzten Chor gesetzt hat, wo er die Worte: *„For he hath triumphed gloriously"* so accentuirt: „För hē hăth triūmphed glŏriously." Aber im Jahre 1738, als er dieß Oratorium setzte, war ihm unsre Sprache noch nicht recht geläufig; und er war damals noch wenig geübt, sie in Musik zu setzen.

**) Die Kunst, womit Händel, mitten im vollen Feuer der Einbildungskraft und Begeisterung, eine bedächtliche sangbare Art von Contrathema einführt, indeß das Hauptthema mit ungehemmter Lebhaftigkeit fortgeht, ist in der That wundervoll. (Man sehe die gedruckte Partitur, S. 265.) Er giebt dieß neue Thema wechselsweise verschiednen einzelnen Stimmen, und zuweilen zwey Stimmen in Terzen, ohne die Geschäftigkeit der übrigen zu schwächen, die den Chor fortsetzen; und dann macht er (S. 277.) einige Takte hindurch dieß Nebenthema zum Hauptthema für die Stimme; und wenn dieß vom Baß durchgeführt ist, machen die andern Stimmen eine regelmäßige

Ueberhaupt kann man mit größter Wahrheit ſagen, daß die ganze heutige muſikaliſche Aufführung vollkommen glücklich ausfiel. Ihre Wirkung übertraf die größten
Erwartungen der wärmſten Enthuſiaſten für Händel's Ruhm, für die Ehre der Muſik,
und für den glücklichen Erfolg dieſer großen Unternehmung. Und der muß wahrlich nicht
nur ein ſehr ekler, ſondern auch ein ſehr unwiſſender und fühlloſer Zuhörer geweſen ſeyn,
dem die Kompoſition und Ausführung der heutigen Stücke nicht ein ganz neues und unge-
meines Vergnügen verurſacht hat.

Man iſt indeß den Zuhörern die Gerechtigkeit ſchuldig, zu ſagen, daß, wenn
gleich die in den letztern Jahren häufige Gelegenheit in London gute Muſik zu hören, Neugier und Luſt dergeſtalt abgeſtumpft hat, daß man die beſten Opern und Concerte mit
Geſumſe und Gemurmel unter einander zu begleiten pflegt, gleich dem Geräuſch einer
unruhigen Volksmenge, oder dem Getöſe auf der Börſe; daß, ſag' ich, dennoch dießmal eine Stille herrſchte, dergleichen vielleicht nie vorher in einer ſo zahlreichen Verſammlung geweſen iſt. Nie tönte die Mitternachtsſtunde in einer ſo völlig ruhigen Stille,
als jedwede Note dieſer Kompoſitionen. Schon ſeit langer Zeit habe ich die Eindrücke
guter Muſik auf die Empfindungen der Menſchen wachſam belauſcht; aber nie erinnere

ich

mäßige Replike in der Quinte und Oktave. Indeß laſſen die Inſtrumente das erſte Thema nicht
in Vergeſſenheit gerathen, ſondern ſpielen Stücke
davon in der Begleitung der Stimmen, während
daß dieſe, fünf Takte hindurch, blos mit dem Nebenthema beſchäftigt ſind. Hierauf wird das erſte
Thema wiederholt, und bis áns Ende von allen
den neunzehn Stimmen dieſer weitſchichtigen Partitur fortgeſetzt. Ich würde dieſen Chor nicht ſo
umſtändlich zergliedert haben, wenn ich nicht dadurch eine Entdeckung hätte einleiten wollen, die
ich bey Durchſicht der Partitur gemacht habe, und
worauf mich die Anhörung der Muſik bey allem
dem Vergnügen, das ſie mir machte, nicht gerathen ließ. Meine Entdeckung iſt nämlich dieſe,
daß die Intervalle in dieſem Gegenthema völlig
einerley mit denen in dem berühmten Kanon, non
nobis Domine, ſind:

J will ſing — — un-to the Lord.

Ob dieß Thema Händel'n von ungefähr
eingefallen, oder mit Fleiß von ihm gewählt ſey,
weiß ich nicht; aber in jedem Fall ſind dieſe Töne
ſehr glücklich gewählt und geſchickt benutzt. Was
den Originalerfinder und rechten Eigenthümer dieſer Notenreihe betrift, worauf der Kanon, den
man für Bird's Arbeit ausgiebt, gebauet wurde, ſo war ſie ein Fugenthema des Zarlino und
des alten Adrian Villaert, ſeines Meiſters,
lange vorher, ehe Bird geboren wurde; und
dieſe Noten machen würklich eine von den verſchiednen Arten des Tetrachord's aus, welche
bey den Griechen im früheſten Alterthum üblich
waren.

ich mich, in irgend einem europäischen Lande, wo ich Musiken in der Kirche, im Schauspielhause oder im Zimmer gehört habe, daß ich so viel rege Neugier, so anhaltende Aufmerksamkeit, so glühenden Beyfall auf den Gesichtern der Anwesenden bemerkt hätte, als bey dieser Gelegenheit. Bey manchen waren die Wirkungen in der That so stark, als man sie in neuern Zeiten noch nie vorher gesehen hat. Die vereinte harmonische Gewalt der Chöre brachte einige zu Thränen und Ohnmachten, indeß andre durch die ausnehmende Anmuth einzelner Stimmen in Entzücken zerflossen. Ich hatte nicht viel Zeit, die Gesichter derer, die um mich waren, zu betrachten; wenn ich aber einmal meine Augen von dem Orchester wegwandte, so sah ich überall lauter Thränen des Entzückens, und Blicke der Bewunderung und Freude. Nichts aber verrieth die herrliche Ordnung und Genauigkeit des Orchesters, und die unermüdet angestrengte Aufmerksamkeit der Zuhörer so sehr, als die Pausen, die in Händel's Musik so oft vorkommen. Denn diese wurden so einmüthig beobachtet und abgemessen, daß kein Plotten, oder keine einzelne Kanone, jemals mit größrer Genauigkeit oder Einheit der Wirkung kann abgefeuert seyn, als diejenige war, womit der ganze Phalanx dieses zahlreichen musikalischen Heers wieder zum Werke schritt, nach allen den plötzlichen und gemeiniglich unbegränzten Hemmungen des Schalls, oder Pausen, die gemeiniglich die Schwatzhaftigkeit auf der That ertoppen. Itzt hingegen war, in allen diesen unerwarteten Augenblicken, die Stille so ehrfurchtvoll und so allgemein, als ob nur blos die Gräber abgeschiedner Sterblichen zugegen gewesen wären.

Händels

Händel's
Gedächtnißfeyer.

Zweyte Aufführung
im Pantheon.

Donnerstags Abends, den 27sten May 1784.

Verzeichniß

der zur zweyten Aufführung gewählten Stücke.

Erster Theil.

Zweytes Hoboen-Concert.

Sorge infausta, — Arie im Orlando
Ye sons of Israel — Chor im Josua.
Rendi il sereno — Arie im Sosarmes.
Caro vieni — im Richard dem Ersten.
He smote all the first-born, — Chor, aus Israel in Aegypten.
Va tacito e nascosto — Arie im Julius Cäsar.

Sechstes großes Concert.

M'allontano, sdegnose pupille — Arie in der Atalanta.
He gave them hail-stones for rain — Chor aus Israel in Aegypten.

Zweyter Theil.

Fünfies großes Concert.

Dite che sà — Arie im Ptolemäus.
Vi fida lo sposo — im Aetius.
Fallen is the foe — Chor im Judas Maccabäus.

Ouvertüre zur Ariadne.

Alma del gran Pompeo — Begleitetes Recitativ im Julius Cäsar.
Affanni del pensier — Arie im Otho.
Nasco al bosco — Arie im Aetius.
Jo t'abbraccio — Duett in der Rodelinda.

Eilftes großes Concert.

Ah mio cor! — Arie in der Alcina.
Motette: My heart is inditing of a good matter.

Einlei-

Einleitung.

Die Gesellschaft versammelte sich diesen Abend sehr früh, aus Furcht, keine Plätze zu erhalten, und das Gedränge war ungemein groß. Obgleich die Thüren erst um sechs Uhr geöffnet werden sollten, so fand sich doch eine große Menge wohlgekleideter Personen schon früher an dem Eingange von der Oxfordstraße ein; und gegen sieben Uhr, da doch die Musik erst um acht Uhr anfangen sollte, war das ganze Gebäude schon so voll, daß man zu keinem Preise mehr einen Platz erhalten konnte. Die ungemein heiße Witterung, wozu noch die animalische Hitze von mehr als sechszehn hundert Personen kam, muß das Vergnügen um ein großes vermindert haben, welches die Musikliebhaber von der Aufführung dieses Abends erwarteten. Wenn der Körper leidet, so ist die Seele sehr schwer zu vergnügen.

Der unerwartete glückliche Erfolg und die wundervollen Wirkungen der ersten Aufführung in der Westmünsterabtey hatten bey dem Publikum Eindrücke gemacht und Erwartungen erregt, die man bey dem geringern Verhältnisse, welches der kleinere Umfang des Gebäudes erforderte, nicht zu befriedigen hoffen konnte. Schon oft hatte man im Pantheon große Concerte gehört, und schon mehrmals eine zahlreiche Menge der vornehmsten Personen in England daselbst versammelt gesehen. Und wiewohl das Orchester wenigstens viermal so stark war, als es gewöhnlich hier zu seyn pflegt: so war es doch an Menge und Wirkung so weit unter dem in der Abtey, daß die Erwartung, im Ganzen genommen, nicht erfüllt zu werden schien. Der Charakter und die Mannichfaltigkeit der Stücke machte indeß Händel'n und dem, der sie auswählte, eben so viel Ehre, als ihre Ausführung den Tonkünstlern.

Dieß sehr schöne Gebäude übertrifft an geschmackvoller Einrichtung jeden andern zu öffentlichen Vergnügen bestimmten Platz in ganz Europa so sehr, daß es unendlich mehr von Fremden, als von Einheimischen bewundert wird; und doch sehen es auch diese letztern,

E 3

so oft sie es auch schon gesehen haben, jedesmal mit neuer Bewunderung.   Man hätte es freylich fast für unmöglich halten sollen, daß der Glanz dieses Gebäudes sich noch durch irgend etwas verschönern ließe; und doch bewies der erfindungsreiche Architekt, Herr James Wyatt, sein schöpferisches Genie in den zum Empfange Ihrer Majestäten und der übrigen Versammlung gemachten Anstalten ungemein glücklich.   Wir wollen unsern Lesern kürzlich davon eine Beschreibung machen.

Die Gallerien an der Ost- und Westseite, und die Gänge hinter der Kolonnade, auch die Gallerie über dem Orchester, waren alle mit Bänken für die Zuhörer besetzt. Auf dieser Gallerie war eine neue Orgel-Einfassung angebracht, mit Händel's durchsichtigem Bildnisse verziert, nach einem Originalgemälde, womit Herr Redmond Simpson dem Concert alter Musik ein Geschenk gemacht hat, mit Genien in Clairobscur, die einen Lorbeerkranz hielten.   Das Orchester war ansehnlich vergrößert.   Ueber dem Eingange in das Pantheon, dem Orchester gegenüber, war eine Gallerie errichtet, von sechs jonischen Säulen unterstützt, gleich den bey den übrigen Gallerien angebrachten Säulen.   Mitten in dieser Gallerie war die Loge Ihrer Majestäten angebracht, mit karmesinfarbnem Atlaß ausgeschlagen, und mit Spiegeln verziert.   Sie war mit dunkelrothen dammastenen Vorhängen, mit goldenen Borten, behangen.   Die Decke war in Herrn Wyatt's gewöhnlichem Styl in der Verzierungsmahlerey sehr schön gemahlt.   Die Loge war mit einer Art von Baldachin bedeckt, worin die königlichen Wappenhalter in Gold angebracht waren.   Hinter der königlichen Loge waren Sitze für das Gefolge, und an einer Seite derselben für die Direktoren und ihre Freunde; auf der andern für die Hofdamen.   Vorne war die königliche Loge mit dunkelrothen Vorhängen und Kränzen geziert, mit goldnen Fransen und Tressen. Der große Dom des Pantheon war mit unzähligen Lampen erleuchtet; und da dieß das erste Concert daselbst war, welches Ihre Majestäten mit Ihrer Gegenwart beehrten, so übertraf auch nicht nur die Verzierung, sondern auch der Glanz der Gesellschaft, alles, dessen sich dieß schöne Gebäude jemals vorher rühmen konnte.

Das Orchester bestand diesen Abend aus zwey Hundert der auserlesensten Tonkünstler, die schon in der Abtey mitgespielt hatten.   Nur kam noch Signor Paccherotti, der erste Opernsänger hinzu.   Anführer war Herr Cramer, mit seinem gewöhnlichen Fleiß und Feuer.   Und so, wie die Aufführung in der Westmünsterabtey Händel's große Stärke in der Kirchenmusik auf eine wundervolle Art an den Tag legte; so war das Concert dieses Abends sehr zweckmäßig dazu eingerichtet, seine Fähigkeiten in der weltlichen und dramatischen Musik ins Licht zu setzen.

———————————

Erster

Erster Theil.
Zweytes Hoboen = Concert.

Diese Komposition, die als eine Ouvertüre zu der ganzen Aufführung gespielt wurde, that eine herrliche Wirkung. Der Anfang ist ausnehmend groß und accentuirt; und das Largo, mit Solosätzen für zwey Violoncelle, und einem singbaren Satze für die Hoboe, sanft begleitet, ist sehr reich an Harmonie und erfindrischer Kunst; aber die Doppelfuge, die zuerst unter Händel's Orgelfugen erschien, hat ein zweyfaches sehr gefälliges Thema, und ist vielleicht in der deutlichsten und meisterhaftesten Manier gearbeitet, in welcher jemals eine Instrumentalfuge gesetzt ist. Die Menuet und Gavotte haben vorzügliches Verdienst, von leichterer Art, und haben von jeher denen, die unsre Schauplätze und öffentlichen Oerter besuchen, viel Vergnügen gemacht *).

Die Sammlung von Stücken, wozu das gegenwärtige gehört, heißt zwar Hoboen= Concerte; sie hat aber sehr wenig Solosätze für dieß Instrument. Die meisten Läufe und Schwierigkeiten darin sind für die Principalvioline. In der That sind diese Kompositionen, die mehr in der Schreibart von Haydens Sinfonien, als von neuern Hoboen= Concerten, mit langen Solosätzen zur Probe der Geschicklichkeit auf diesem Instrumente, sind, vortrefflich für ein großes und starkes Orchester eingerichtet, in welchem es Spieler auf verschiednen Instrumenten giebt, die sich vortheilhaft auszeichnen.

Arie im Orlando.
Verfertigt im Jahr 1732.

Signor Tasca.

Sorge infausta una procella
Che oscurar fa il cielo e il mare,
Splende fausta poi la stella,
Che ogni cor ne fà goder.

Pub

*) Die Hoboenstimme dieses kühnen und meisterhaften Concerts wurde von Herrn Kellner, Hoboist beym königlichen Regiment, gespielt, einem Schüler von Herrn Fisher, der durch seinen Ton und Vortrag sich als einen würdigen Schüler eines so großen Meisters zeigte.

Può talor il forte errare,
　　Ma risorto dall' errore,
　　Quel, che pria gli diè dolore,
　　Causa immenso il suo piacer.

Tobend dräut die Wuth der Stürme,
　　Hüllt in Dunkel Meer und Himmel;
　　Doch ein Stern durchblinkt das Dunkel,
　　Und erheitert jede Brust.

So täuscht Irrthum oft den Weisen;
　　Doch, wenn Wahn und Irrthum schwinden,
　　Wird der Anlaß seiner Qualen
　　Ihm zur Quelle reicher Lust.

In dieser Arie herrscht durchaus die Art von sinnreicher und meisterhafter Kunst, die gemeiniglich dem Auge und der Einsicht gründlicher Musiker weit mehr gefällt, als dem Ohre des Publikums. Kenner werden indeß keine Oper sehr schätzen, worin nicht solche Proben musikalischer Gelehrsamkeit vorkommen. Allein, die Schreibart der dramatischen Musik hat sich nun einmal seit Händel's Zeiten so sehr verändert, daß fast alle seine Arien ein scientifisches Ansehen erhalten haben.

Chor im Josua.
Zuerst aufgeführt, 1747.

Ye sons of Israel, every tribe attend,
　　Let grateful songs and hymns to Heaven ascend;
　　In Gilgal and on Jordan's banks proclaim
　　One First, one Great, one Lord Jehovah's name.

Ihr Söhne Jakobs, im vereinten Chor
　　Steig' Hymne, Preis und Dank zum Herrn empor!
　　Macht laut im Gilgal, an des Jordan's Strand,
　　Des Einz'gen, Größten, Ew'gen Ruhm bekannt!

Dieser Chor, der unerwartet im zweyten Satze der Ouvertüre ausbricht, ist ungemein schön und in seiner Art sonderbar. Der erste Theil, auf die Worte: Let grateful songs and Hymns to Heaven ascend, ist lebhaft und munter, ohne gemein zu seyn, und die nachgeahmten Stellen sind neu und gefällig; aber in dem letzten Theile, bey den Worten: In Gilgal and on Jordan's banks proclaim one First,
　　　　　　　　　　　　　　　　　　　　　　　　　　　　　　one

one Great one Lord Jehovah's name, ist die Komposition wahrhaftig groß und erhaben. Schicklichkeit des Ausdrucks ist darin mit der größten musikalischen Gelehrsamkeit und Kunst der Fuge, der Modulation, Begleitung und Verwebung der Stimmen vereinigt.

Arie im Sosarmes.
Verfertigt im Jahr 1732.

Herr Harrison.

Rendi il sereno al ciglio,
    Madre, non pianger più;
    Temer d'alcun periglio
    Oggi mai come puoi tu?

Erheitre deine Blicke,
    O Mutter, weine nicht!
    Wie kann voll banger Ahndung
    Dein Herz Gefahr noch scheun?

Eine kurze, aber pathetische und sanfte Melodie, im langsamen Siciliano, welches Tempo Händel fast allemal interessant zu machen weiß. Man sagt, daß die Strada, für die diese Arie ursprünglich gesetzt wurde, bey ihrem Vortrage die Zuhörer ausnehmend gerührt habe. Es leben itzt wenig Personen mehr, die sich noch erinnern können, mit welcher ganz eignen Gewalt der Stimme oder des Ausdrucks sie vor zwey und funfzig Jahren das Publikum bey dieser Arie einnahm; wiewohl der Hände viel sind, welche der Genauigkeit, Reinheit und Wahrheit lautes Zeugniß gaben, womit sie bey dieser Gelegenheit von Herrn Harrison gesungen wurde.

Arie in Richard dem Ersten.
Verfertigt im Jahr 1727.

Miß Cantelo.

Caro vieni, vieni a me,
    Fido vieni; puoi tu caro
    Addolcire il duolo amaro
    Di chè pena sol per te.

Pensa, pensa alla mia fè,
    Pensa ancor al mio martir,
    Ed a tanti miei sospir
    Sarai solo la mercè.

Komm, du Theurer, komm zu mir!
   Trauter, komm! nur du vermagst
   Mild den herben Schmerz zu lindern,
   Diesen Gram um dich allein!

Denk', o! denke meiner Treue,
   Denke, Theurer, meines Grams;
   Laß mir deinen Anblick Lohn
   Tausendfacher Seufzer seyn!

Dieß ist eine Arie von unschuldiger, einfacher Art, die keine große Kunst des Sängers, keine große Kenntniß des Zuhörers fodert. Eine gefällige, wohlklingende Stimme, frey von Englischer Rauhigkeit und Gemeinheit, ist alles, was dazu gehört, sie zu singen; und Neigung und Willfährigkeit an musikalischen Tönen Vergnügen zu finden, ist alles, was erfodert wird, sie gern zu hören. Jenes brachte Miß Cantelo unstreitig mit sich ins Pantheon; und dieß letzte fand sie da. Nichts ist ein größerer Beweis von der Verschiedenheit der Singmethode in dieser Art von Arien vor fünfzig Jahren, als der Triller, den die Cuzzoni auf der ersten Note, und fast überall machte, wo das Wort caro vorkam. Ein guter, wohl angebrachter Triller ist allerdings eine von den ersten Verschönerungen des guten Gesanges; wird er aber zur Unzeit angebracht, so ist er allemal widerlich und nichts sagend. Gegenwärtig werden Triller nur sparsam von den wenigen, die sie schlagen können, angebracht, außer beym Schluß, und in der altmodischen französischen Singart.

Chor aus Israel in Aegypten.
Verfertigt im Jahr 1738.

„He smote all the first-born of Egypt, the chief of all their strength. — — „But as for his people, he led them forth like sheep. — — He brought them „out with silver and gold; there was not one feeble person in all their tribes."

„Er schlug alle Erstgeburt in Aegypten, die ersten Erben in den Hütten Ham; und „ließ sein Volk ausziehen, wie Schafe. — (Psl. LXXVIII, 51. 52.)

„Er führte sie aus mit Silber und Gold; und war kein Gebrechlicher unter ihren „Stämmen." (Psl. CV, 37.

Affektlose Erzählung giebt dem Komponisten nicht viel Gelegenheit zum musikalischen Ausdruck, oder zu derjenigen Art von Nachahmung, wo die Töne im Stande sind, ein Wiederhall der Empfindung zu seyn. Und doch hat Händel in dem ersten Satze dieses herrlichen Chors, welcher ein zwiefaches, gefälliges und nicht gemeines Thema hat, in

der

der Begleitung, die nur die accentuirten Stellen jedes Takts auszeichnet, die Idee des Schlagens oder der einzelnen Schläge sehr gut anzudeuten gewußt. Und weiter hinein, wo er in dieser strengen und regelmäßigen Doppelfuge den Instrumenten mehr zu arbeiten giebt, bringt er die nämliche Wirkung durch kurze einzelne Noten der Singstimme, im einfachen Kontrapunkt hervor. Der zweyte Satz: „Er ließ sein Volk ausziehen, wie Schafe,“ ist eine Art von Pastoral, mit untermischter Fuge, und einem Schluß in strenger, gedrungener und wohl eingerichteter vollstimmiger Harmonie, im syllabischen Kontrapunkt oder Note gegen Note.

Arie im Julius Cäsar.
Verfertigt im Jahr 1723.
Signor Pacchierotti.

Va tacito e nascosto
  Quand' avido è di preda
  L'astuto cacciator.

Cosi chi è al mal disposto,
  Non brama, ch'alcun veda
  L'inganno del suo cor.

Verschwiegen und verborgen
  Geht der verschlagne Jäger,
  Wenn er auf Beute denkt.

So hegt, wer Unheil dichtet,
  Die Tücke schlauer Bosheit
  Tief in der Brust versenkt.

Wer eine Partitur zu lesen im Stande ist, und die Schwierigkeit kennt, für fünf wirklich verschiedne Stimmen zu schreiben, muß die Talente bewundern, die Händel in dieser Komposition verräth. Mit der Stimme des Waldhorns, welches fast ein beständiges Echo der Singstimme ist, läßt sich keine ähnliche Begleitung irgend einer Arie, so viel ich ihrer kenne, vergleichen. Wenig große Sänger machen sich viel aus solchen Arien, worin die Melodie und der musikalische Antheil auf eine so gleiche Art vertheilt sind; man wählte aber diese Arie, um Händel's Talenten an einem Tage Ehre zu machen, der sie in ihrem vollen Glanze darstellen sollte. Und Herr Pacchierotti that durch seine einsichtsvolle Wahl und durch seinen trefflichen Vortrag alles, um zugleich den Ruhm dieses großen Komponisten, und seinen eignen zu verherrlichen.

Sechstes

Sechstes großes Concert.

Der erste Satz ist feyerlich und traurig; und die Fuge hat ein sehr sonderbares Thema, welches so fremd, und so schwer zu bearbeiten ist, daß kein Komponist von gemeiner Fähigkeit in dieser gelehrten Setzart es gewagt haben würde, sich darauf einzulassen, wenn ihm eine so unnatürliche Folge von Tönen in den Sinn gekommen wäre. Die Musette, oder vielmehr Chaconne in diesem Concert war immer ein Lieblingsstück des Komponisten sowohl, als des Publikums. Denn ich erinnere mich noch sehr wohl, daß Händel sie häufig zwischen den Theilen seiner Oratorio's anbrachte, sowohl vor als nach ihrer öffentlichen Bekanntmachung. Und wirklich dünkte mir keins von allen Instrumentalstücken, die ich seit der langen Zeit, daß dieß gegenwärtige so beliebt ist, gehöret habe, angenehmer und gefälliger, vornehmlich in Ansehung des Thema. Die Solosätze und Gänge waren zu der Zeit nicht sehr neu mehr, als sie Händeln bey diesem Satze einfielen; aber eben dadurch machen sie vielleicht die Wiederkehr des ersten Thema desto willkommner. Der übrige Theil des Concerts, den man bey dieser Aufführung wegließ, verdient wenig Lob; und wirklich schien Händel selbst dieser Meynung zu seyn, da die beyden letzten Sätze dieses Stücks sehr oft weggelassen wurden, wenn man es unter seiner eignen Anführung spielte.

Arie in der Atalanta.
Verfertigt, 1736.
Madame Mara.

M'allontano, sdegnose pupille,
Per vedervi più liete e serene,
E pereh' abbian le vostre faville
Nutrimento minore di pene.

Ich verlaß' euch, ihr zürnenden Blicke,
Um euch froher und heitrer zu sehn;
Denn mit mir wird dem leidenden Herzen
Oeftre Nahrung des Kummers entgehn.

Diese Arie, die ursprünglich für den berühmten Conti, der den Namen Gizziello vom Gizzi, einem berühmten Sänger und nachmaligen Lehrer der Singekunst annahm, der ihn in seiner Kunst unterrichtet hatte, fodert von dem Sänger zwar keinen außerordentlichen Umfang der Stimme, der Leidenschaft oder der Ausführung; aber durch die Anmuth, schöne Simplicität und Stärke der Stimme, womit Madame Mara diese gefällige Melodie sang, verstärkte sie den großen Ruhm, den sie schon mit sich nach England

brachte,

brachte, und den sie in dem Concert der Westmünsterabtey so sehr behauptet und vermehrt hatte. Man sieht aus dieser Arie, worin der Baß und die übrigen begleitenden Stimmen eben so ruhig und einfach sind, als die von Hasse und Vinci aus der damaligen Zeit, daß es Händeln, so bald er wollte, nicht schwer fiel, den Sänger vor dem Orchester hervorstechend zu machen.

Chor im Israel in Aegypten.
Verfertigt im Jahr 1738.

„He gave them hailstones for rain. — — Fire, mingled with the hail, ran along „upon the ground."

„Er gab ihnen Hagel zum Regen. — (Pf. CV, 32.) Hagel und Feuer fuhr „unter einander, und schoß auf die Erde." — (2. B. Mos. IX, 23.)

Dieser lebhafte und meisterhafte Satz, den man mit lautem Zuruf wiederholt zu hören wünschte, ist für zwey Chöre geschrieben. Er ist einer von den wenigen Händelschen Chören, worin keine Fuge noch Nachahmnng vorkommt, außer in den Wiederhallen der beyden Chöre. Dagegen aber sind die Instrumentalstimmen so geschäftig und voll, ohne die geringste Verwirrung zu verursachen, daß sich auch ohne die acht Singestimmen die Begleitung allein als ein Concertstück spielen ließe; ein Umstand, der sich schwerlich in den Werken irgend eines andern Komponisten wird auszeichnen lassen.

Zweyter Theil.
Fünftes großes Concert.

Der Anfang dieses Stücks erregte allemal die Vorstellung in mir, daß es der lebhafteste und charakteristischste von allen Sätzen Händel's oder irgend eines andern Komponisten, nach Lully's Form einer Opern-Ouvertüre, sey, die eine gewisse zuckende, bestimmte und kriegrische Manier des Vortrags zu erfodern scheint. Die beyden folgenden Sätze, von welchen nur der erste gespielt wurde, enthalten nicht viel mehr, als die leichten und alltäglichen Gänge der damaligen Zeit. Das Largo ist indeß ein vortreffliches Stück von Harmonie und Modulation in Corelli's natürlicher und gemäßigter Schreibart;

und

und in dem folgenden Satze haben wir eine sehr frühzeitige Probe von dem italienischen Sinfonienstyl, worin schnelle Wiederholungen der nämlichen Note mit etwas bessern kontrastiren sollen; zuweilen sind sie freylich bloßes Geräusch und Füllwerk, ganz ohne alle Bedeutung; wovon es nur gar zu häufige Beyspiele giebt. Das Thema von Händel's Satze ist neu, ausgezeichnet und gefällig; und die Baßbegleitung seiner Wiederholungen ist kühn und interessant. Das Finale, oder die Menuet dieses Concerts ist von den englischen Komponisten aus Händel's Schule so sehr bewundert worden, daß sie es zum öftern ihrer Nachahmung würdig gefunden haben.

Arie im Ptolemäus.

Verfertigt im Jahr 1728.

Miß Abrams.

Dite che fà,
Dove è l' idol mio,
Selvaggie deità,
Dite dov' è
Il mio tesoro?

A me voi lo rendete,
O' pur se lo vedete,
Ditegli per pietà,
Che per lui moro.

O' rendetelo al mio cor;
Dite che tutto amor
Sospiro anch' io.

O! sagt, wie lebt,
Wo weilt mein Theurer?
Des Haines Götter,
O! sagt, wo weilt
Er, mein Geliebter?

Gebt mir ihn wieder;
Erblickt ihr ihn,
So sagt ihm, daß ich
Für ihn erblasse.

Gebt mir ihn wieder!
Sagt ihm, mein Herz
Seufz' auch für ihn,
Ganz Lieb' und Treue.

Diese

Diese Arie, die eine moderne und gefällige Melodie hat, wenn man bedenkt, daß sie schon vor sechs und funfzig Jahren geschrieben ist, heißt in dem gedruckten Exemplar die Echo-Arie. und soll von Signora Cuzzoni und Signor Senesino gesungen seyn. Es werden indeß darin so wenig Stellen, und diese vornehmlich im zweyten Theile, wiederholt, daß sie auch als Solo-Arie gute Wirkung that, besonders wegen des Geschmacks und Ausdrucks, womit sie von Miß Abrams gesungen wurde.

Arie im Ezio, oder Aetius.

Verfertigt im Jahr 1732.

Signor Bartolini.

Vi fida lo sposo
  Vi fida il regnante
  Dubbioso — ed amante
  La vita — e l'amor.

Tu, amico, prepara
  Soccorso e aita;
  Tu serbami, o cara,
  Gli affetti del cor.

Euch vertraut der Gatte,
  Der Regent vertraut euch
  Voll von Furcht und Zärtlichkeit
  Lieb' und Leben an.

Du, o Freund gewähre
  Hülf' und Beystand mir;
  Du, o Theure, bleibe
  Einzig mir getreu.

Die Schreibart dieser Arie ist Händel'n und seinem Zeitalter eigenthümlich; und wenn sie gleich durch die Zeit vielleicht ein wenig von ihrer Anmuth und Schönheit verloren hat, so füllte sie doch ihre Nische im Pantheon, durch Hülfe des Herrn Bartolini, sehr angenehm aus. Ich meines Theils wünsche immer, daß alles Gute sich erhalten, und allemal noch etwas Aufmerksamkeit und Beyfall finden möge; und so gestehe ich, daß eine Komposition mir jedesmal um so viel merkwürdiger, und meinen Ohren um so viel willkommner ist, je mehr sie von der allgemein eingeführten Musik abgeht.

Chor

Chor im Judas Makkabäus.
Verfertigt im Jahr 1746.

Fall'n is the foe,
So fall thy foes, o Lord,
Where warlike Judas wields his righteous sword.

Er fiel, der Feind!
So fall', o Gott, dein Feind,
Wo Judas, mit dem Schwerte des Rechts gewapnet, erscheint!

Dieser lebhafte, originale und vortreffliche Chor, der nie ohne ausgezeichneten Beyfall kann aufgeführt werden, erhielt sehr viel Stärke und Nachdruck durch die Art, wie er diesen Abend ausgeführt wurde.

Ouvertüre zur Ariadne.
Geschrieben im Jahr 1734.

Man erneute hier den großen Beyfall, dessen diese Ouvertüre, und besonders die Menuet, schon längst genoß; und Händels Exekutoren *) versicherten diesem seinem Vermächtnisse aufs neue die längste Dauer. Die Menge der bey dieser Gelegenheit gebrauchten Waldhörner bereicherte die Harmonie gar sehr, und ertheilte der Wirkung dieser Melodie ungewohnte Pracht und Glanz.

Begleitetes Recitativ im Julius Cäsar.
Verfertigt im Jahr 1728.

Signor Pacchierotti.

Alma del gran Pompeo,
Che al cener suo d'intorno
Invisibil t'aggiri,
Fur ombra i tuoi trofei,
Ombra la tua grandezza; e un ombra sei!
Così termina al fine il fasto umano!
Jeri chi vivo occupò un mondo in guerra,
Oggi, risolto in polve, un'urna serra.
Tal di ciascuno, ahi lasso!
Il principio è di terra
E il fine un sasso.
Misera vita! O quanto è fral tuo stato!
Ti forma un soffio, e ti distrugge un fiato.

Geist

*) Man sieht bald den absichtlichen Doppelsinn des von dem Verf. gebrauchten Worts executors, den ich beyzubehalten suchen mußte. E.

Geist des großen Pompejus!
Der du seine Asche unsichtbar umschwebst!
Schatten waren deine Trophäen;
Schatten war deine Größe; und du selbst bist Schatten!
So endigt sich zuletzt menschlicher Prunk!
Ihn, der gestern noch lebend eine Welt zum Krieg' empörte,
Umschließt heute schon, in Staub aufgelöst, eine Urne.
Und so ist leider! eines Jeden
Anfang Erde, und sein Ende ein Stein.
Elendes Leben! wie hinfällig du bist!
Dich bildet ein Othem, und ein Hauch zerstört dich!

Dieses schöne Selbstgespräch Cäsars über die Asche des Pompejus that, wie mir Kenner der Musik sowohl, als des Italienischen, oft versichert haben, auf der Bühne von Senesino recitirt, eine so große Wirkung, als noch nie vorher, weder ein Recitativ, noch selbst eine Arie, in England gethan hatten. Herr Pacchierotti trug es mit jener wahren ausdrucksvollen Stärke des heroischen Recitativ's vor, die ihm in Italien bey den besten Kennern der Poesie und der musikalischen Deklamation so großen Ruhm erworben hat; und doch erregte es hier nicht die verdiente Aufmerksamkeit und Bewunderung, weil es aus seiner Stelle in der Oper weggenommen, und ohne Uebersetzung abgedruckt war. Ueberhaupt waren die Zuhörer, ermüdet durch das Gedränge beym Eingange sowohl, als auf den Plätzen selbst, und erschlafft durch die immer größere Hitze der Witterung und der zahlreichen Menschenmenge, weder so aufmerksam auf die Musik, noch so bereitwillig, an derselben ein Vergnügen zu finden, als in der Westmünsterabtey.

Das Recitativ, welches für Engländer, die kein Italienisch verstehen, nie kurz genug seyn kann, wird in Italien sehr hoch in Anschlag gebracht, und ist vorzüglich dazu bestimmt, den Anstand, die Gebehrden und den Vortrag eines Opernsängers zu zeigen. Alles dieß wird in dem Worte Recitativ begriffen. Denn, wenn man von einem sagt: recita bene, so heißt das so viel, als: er oder sie singt nicht nur ein gutes Recitativ, sondern ist auch ein guter Schauspieler, oder eine gute Schauspielerinn.

Tartini *) erwähnt einer Stelle in einem Recitativ, die in einer Oper zu Ancona im Jahre 1714 vorkam, und sowohl auf die dabey beschäftigten Tonkünstler, als auf die Zuhörer, eine sehr außerordentliche Wirkung that. Es hatte weiter keine Begleitung als

den

---

*) Trattato di Musica, Cap. V. n. 135.

Burney. G

den Baß, und bestand blos aus Einer Zeile; und doch verursachte es bey allen, die es hörten, solch eine Bewegung, daß sie zitterten, blaß wurden, und einander mit Furcht und Entsetzen ansahen. Und diese außerordentlichen Wirkungen entstanden nicht durch Klagen, Traurigkeit, oder ungewöhnliches tragisches Pathos; sondern durch Unwillen und eine gewisse unerklärbare Art von Strenge und durchdringender Härte in dem Gedanken, welchen die Worte ausdrückten, deren Gewalt beydes durch den Komponisten und durch den Sänger ungemein vermehrt und verstärkt wurde. „Dreyzehn Vorstellungen dieser „Oper hindurch" fährt der einsichtvolle und treffliche Tonkünstler fort, der diesen mächtigen Eindruck des Recitativ's beschreibt, „war die Wirkung noch immer die nämliche; und „nach der ersten Vorstellung wurde diese fürchterliche Scene mit dem tiefsten Stillschweigen erwartet. "

Fast eben so aufmerksam war man, der Sage nach, auf diese Scene im Julius Cäsar, bey ihrer Aufführung in England. Die Uebersetzung giebt vielleicht einen schwachen Begriff von den Worten des Originals; aber nichts als die Musik selbst, und der Vortrag solch eines Sängers, wie Senesino oder Pacchierotti, kann Händel's Verdiensten in ihrer Komposition Gerechtigkeit wiederfahren lassen. Es ist in der That das schönste Stück vom begleiteten Recitativ, ohne eingeschaltete Ritornelle, das mir bekannt ist. Die Modulation ist gelehrt, und so ungewöhnlich, daß darin kaum ein Akkord vorkommt, den das Ohr erwartet hätte; und doch sind die Worte sehr gut ausgedrückt, und die Phrasen pathetisch und wohlklingend,

Auf dieses Recitativ folgte eine von Händel's berühmtesten rührenden Arien:

Arie im Otho.

Verfertigt, 1722.

Signor Pacchierotti.

Affanni del pensier,
  Un sol momento
  Datemi pace almen,
  E poi tornate.

Ah! che nel mesto sen
  Jo già vi sento
  Che ostinati la pace
  A me turbate.

Ihr Qualen meiner Brust
  Gewährt mir Ruhe
  Nur einen Augenblik,
  Und dann kehrt wieder!

Ah!

Ach! schon empfind' ich euch
Aufs neue erwachet
Und unaufhaltsam drückt
Ihr mich danieder.

Diese vortreffliche Arie wurde für die **Cuzzoni** gesetzt. Sowohl die Melodie selbst, als ihr Vortrag derselben, wurden von den besten Kennern der damaligen Zeit ungemein bewundert; und man findet wohl nicht leicht in irgend einer Händelischen Oper eine Arie von größerm Verdienst. Die Melodie ist ganz Siciliano; und obgleich die Instrumente fast durchaus fugenmäßig fortgehen, so ist sie doch so frey und ungezwungen, als ob sie im bloßen einfachen Kontrapunkt begleitet würde. Sie ist so hoch, daß Herr Pacchierotti nicht den gefälligsten Theil seiner Töne dabey brauchen konnte. Er sang sie mit vielem Gefühl und Ausdruck; sie wurde aber doch von den Zuhörern nicht mit dem Beyfall aufgenommen, den sie verdiente.

Arie im Ezio.
Gesetzt im Jahr 1732.

Signor Tasca.

Nasce al bosco in rozza cuna
Un felice pastorello,
E con l'aure di fortuna
Giunge i regni a dominar.

Presso al trono in regio fasce
Suenturato un altro nasce,
E fra l'ire della forte
Va gli armenti a pascolar.

Lächelnd hebt die Gunst des Schicksals
Hirten aus der niedern Hütte
Zum Pallast, zum Thron empor.

Andre, nah am Thron geboren
Stürzt es von der Schwindelhöhe
Zürnend in den Hirtenstand.

Eine von den angenehmsten Baßarien, die ich kenne. Die Melodie ist gefällig; die Begleitung erfindrisch und lebhaft. Und wenn gleich das Leben einer musikalischen Komposition gemeiniglich kürzer ist, als das menschliche Leben; so hat sich doch die gegenwärtige so gut gehalten, daß sie nicht zwey und funfzig Jahre alt zu seyn, sondern noch alle Lebhaftigkeit und Blüthe der Jugend zu haben scheint. Sie wurde für Montagnano,

G 2

einen

einen von Händel's besten Baßsängern zu einer Zeit gesetzt, als diese Stimme noch mehr Mode war, und vielleicht auch mehr ausgebildet wurde, als ist. Die Läufe erfodern sehr viel Biegsamkeit, und einen großen Umfang der Stimme; beydes hat Herr Tasca sehr gut in seiner Gewalt.

Duett aus der Rodelinde.

Verfertiget im Jahr 1725.

Madame Mara und Signor Bartolini.

à 2.	Jo t'abbraccio;
	E più che morte
	Aspro e forte
	E pe'l cor mio
	Questo addio,
	Che il tuo sen dal mio divide.
Solo.	Ah mia vita!
sola.	Ah mio tesoro!
à 2.	Se non moro
	E' più tiranno
	Quest' affanno,
	Che dà morte, e non uccide.

Beyde: Dich umarm' ich; mehr als Sterben
          Schreckt der Abschied meine Seele,
          Der dein Herz von meinem trennt.

Er: O! mein Alles!   Sie: Mein Geliebter!

Beyde: Mehr als tödtend ist der Kummer.
          Der mir läng'res Daseyn gönnt.

Der Anfang neuerer Duette ist gemeiniglich dialogischer, und vielleicht auch dramatischer, als es vor funfzig oder sechszig Jahren Mode war. Und doch kenne ich kein Duett dieser Art, das mir mehr gefiele, als dieses. Es gehörte, nebst verschlednen andern Arien von Händel zu einer Pasticcio-Oper *), Lucio Vero, vom Jahr 1748; und ich hatte sehr viel Vergnügen an der damaligen Aufführung derselben, besonders bey der Stelle, wo der Komponist mitten in seiner Modulation die größere Septime jedes neuen Akkords so glücklich gebraucht, und durch die Instrumente auf eine Art verstärkt, die meinen Ohren damals noch völlig neu war. Es kommt in diesem Duett kein einziger Gang,

---

*) Es ist bekannt, daß man in Italien eine angebracht sind, un pasticcio, eine Pastete zu Oper, worin die Arbeiten mehrerer Komponisten nennen pflegt.   E.

Gang, keine einzige Nachahmung vor, worin nicht sehr viel Anmuth und Würde herrscht; und die ganze Komposition verräth ihr Zeitalter so wenig, daß sie vielmehr in einem Styl geschrieben zu seyn scheint, der unsterblich, oder wenigstens ein Immergrün zu seyn verdiente, welches, bey aller Veränderung des Wetters und der Jahreszeiten so lange frisch und blühend bleibt, als es sein Daseyn behält.

Eilftes großes Concert.

Der erste Satz dieses Concerts ist zwar an sich meisterhaft und gründlich, aber doch für die Zeit, in welcher er geschrieben wurde, ungemein wild und eigensinnig. Die Fuge hat ein ausgezeichnetes und lebhaftes Thema, das uns ein wenig wieder an unsers Verfassers übrige Instrumentalfugen erinnert. Aber die Sinfonie oder Einleitung des Andante ist ungemein gefällig, und eben so merkwürdig wegen ihrer Anmuth, als wegen der Dreistigkeit, womit der Komponist, um die nachahmenden Sätze anzubringen, sich der Doppeldissonanzen, unvorbereitet, bedient hat. Die Solosätze dieses Andante wurden vor vierzig Jahren mehr für glänzend, als für leicht und natürlich für Bogen und Griffbrett gehalten. Das letzte Allegro, welches lebhaft und phantasiereich ist, hat wirklich Sätze, die der Verfasser mehr am Klavier, als mit der Geige in der Hand, erfunden zu haben scheint. Das ganze Concert wurde indeß von Herrn Cramer in einer sehr gemäßigten und trefflichen Manier gespielt; und es gebührt diesem großen Tonkünstler das Lob, daß er mit einer Hand, die jeder möglichen Schwierigkeit Trotz bietet, die Arbeiten älterer Meister allemal mit einer gewissen Reinigkeit und Simplicität vorträgt, die seiner Einsicht, seinem guten Geschmack und Talent gleich große Ehre macht.

Arie aus der Alcina.

Verfertigt im Jahr 1735.

Madame Mara.

Ah mio cor, schernito sei!
Stelle! Dei! nume d'amore!
Traditore, t'amo tanto;
Puoi lasciarmi sola in pianto?
Oh Dei, perchè?

Mà che fà gemendo Alcina?
   Son regina,
   E temo ancora? *)
   Resti o mora,
   Peni sempre, o torni a me.

Armes Herz! verschmäht! verlaffen!
   Himmel! Sterne! Gott der Liebe!
   Mich, Verräther, ganz die Deine,
   Kannst du einsam weinend laffen?
   Und warum, o Gott, warum?

Doch, was weint, was seufzt Alcine?
   Bin ich Königinn, und bebe?
   Bleiben soll er, oder sterben;
   Rache! oder Wiederkehr!

Man hat diese Arie allemal ihrer Kompofition wegen, und die Strada wegen ihrer Art, sie zu singen, bewundert, als die Oper Alcina zuerst erschien **). Vielleicht hätte ein neuerer Komponist wegen der Wuth, in welche die Zauberinn in dem Schauspiele geräth, da sie die von ihrem Lieblingshelden Ruggiero gemachten Anstalten zur Abreise erfährt, ihr weniger Zärtlichkeit, und mehr heftige Leidenschaft gegeben. Bey dem allen aber ist die Melodie des erften Theils dieser Arie, deren Baß sich beständig fortbewegt, voll wahrer Rührung; und das beständige Seufzen und Schluchzen, durch kurze und abgebrochne Noten der Violin- und Bratsche-Stimmen ausgedrückt, erhöht diese Wirkung ungemein. Man findet darin wirklich einige Züge von Modulation, die ausnehmend kühn und pathetisch sind, besonders bey den Worten, sola in pianto. Der kurze zweyte Theil drückt gleichfalls sehr viel von der lebhaften Unruhe und Wuth aus, welche der Text und die Lage der Schauspielerinn zu erfodern scheint. Wenn eine von den drey noch lebenden

den

*) In der gestochnen Partitur steht: è *tempo* ancora, „noch ists Zeit;“ und dieß scheint mir die rechte Lesart zu seyn. Wenigstens ist sie mit der von Händel gewählten Instrumentalbegleitung des zweyten Theils am verträglichsten, deren er sich auch sonst, aber nur da bedient, wo von Eile und Thätigkeit die Rede ist; und gewiß hätte er die Frage in der Mufik nicht unbezeichnet gelaffen.   E.

**) Ungeachtet dieß schon vor funfzig Jahren geschah, so leben doch itzt noch drey von den damaligen Sängern in dieser Oper, nämlich Mstreß Arne, Witwe des verstorbnen Dr. Arne, die damals eine Schülerinn von Geminiani war, und in den Textbüchern Mrs. Young hieß; Herr Savage, gewesener Unteralmosenier und Vikarchoral der St. Paulskirche, der in der gedruckten Partitur *the Boy* heißt, und in dem Textbuche, *young Mr. Savage;* und Herr Beard, der so lange Zeit ein sehr beliebter Sänger, und hernach Schauspielunternehmer war.

ben Personen, welche die Alcina zuerst mit aufführen halfen, bey dieser Arie im Pantheon zugegen gewesen ist; so glaube ich ganz gewiß, daß sie, troß aller Partheylichkeit für die ehemaligen Zeiten, den übrigen Zuhörern in dem großen Beyfalle beygestimmt wäre, den sich Madame Mara durch ihren schönen Vortrag dieser affektvollen und schweren Arie erwarb.

Motette.

bey der Krönung Königs Georgs des Zweyten.

im Jahr 1727.

„My heart is inditing of a good matter; I speak of the things which I have made
„unto the King.“

„King's daughters were among thy honourable women.“

„Upon thy right hand did stand the queen in vesture of gold; and the King shall
„have pleasure in thy beauty.“

„Kings shall be thy nursing fathers, and queens thy nursing mothers.“

„Mein Herz dichtet ein feines Lied; ich will singen von einem Könige,“
Pf. XLV, 1.

„In deinem Schmuck gehen der Könige Töchter.“ Ebend. v. 10.

„Die Königinn steht zu deiner Rechten in eitel köstlichem Golde. So wird der
König Lust an deiner Schöne haben.“ Ebend. v. 10. 12.

„Könige sollen deine Pfleger, und ihre Fürstinnen deine Säugammen seyn.“
Jes. XLIX, 28.

Diese äußerst gefällige und treffliche Komposition, ein Werk Händelischer Jugend und Muße, enthält so viele eigenthümliche Schönheiten, daß ein enthusiastischer Erklärer derselben ein ganzes Buch mit ihrer Zergliederung anfüllen könnte. Ich will indeß bey Durchsicht der Partitur meine Bewunderung mehr in Schranken zu halten suchen, als ich es bey der Aufführung zu thun im Stande war.

Die Melodie des ersten Saßes ist ungemein gefällig und gut accentuirt, und die Begleitung ist deutlich, sinnreich und meisterhaft. In der Bewegung und Wirkung des Ganzen ist eine gewisse Würde, welche für Kompositionen à Capella ungemein passend ist, obgleich so sehr in Händel's eigner Schreibart, daß dabey weder der Hörer noch der Leser an irgend eine andre geistliche oder weltliche Komposition erinnert wird.

Nichts geht über die mancherley Arten von Schönheit, wovon dieser Saß voll ist, außer der unmittelbar folgende: „King's daughters are among thy honourable
women

women" der nicht nur vor sechszig Jahren originaler war, sondern der auch ist noch unerreicht und außerordentlich bleibt. Eine natürliche und schöne Melodie ist hier unter die verschiednen ersten Singestimmen gleich und künstlich vertheilt, indeß die Begleitung der Violinen, in einem andern Styl schöner Melodie so wenig Verwirrung verursachen, daß sie vielmehr das Ganze vereinigen und binden helfen. Die majestätische und regelmäßige Bewegung des Basses, worauf ein so herrliches Gebäude, wie auf einer Grundfeste, aufgeführt ist, muß Kenner der Setzkunst eben so sehr mit Verwunderung, als bloße Musikliebhaber mit Vergnügen erfüllen.

Der dritte Satz, „Upon thy right hand" &c. ist eben so angenehm in der Melodie, als reich an Harmonie; und so neu, als wäre er gestern erst gesetzt; Einen Lieblingsgang Händel's und seines Zeitalters ausgenommen, der ist ein wenig veraltet, und für heutige Zuhörer vielleicht etwas zu oft wiederholt ist *).

Der vierte und letzte Satz ist ein voller Chor, voll von allem dem Feuer, aller der Erfindung, reicher Harmonie und Stärke des Genies, die Händel hernach in den besten Chören seiner Oratorien zeigte. Und dieß war das Finale des trefflichen gemischten Concerts zu Händel's Gedächtnißfeyer, welches gewiß, wenn nicht ein andres von noch größerer Pracht anderswo gegeben wäre, noch mehr bewundert, und noch ruhmwürdiger gewesen wäre.

*) Folgender Gang nämlich füllt in diesem Satze an die dreyßig Takte:

Händel's
Gedächtnißfeyer.

Dritte Aufführung
in der Westminsterabtey.
Sonnabends, den 29ſten May, 1784.

Der Meſſias.

Einleitung.

Obgleich die Versammlung der Zuhörer bey der heutigen musikalischen Aufführung beträchtlich zahlreicher war, als die am Mittwoch; so herrschte doch itzt, der gemachten Erfahrung und der getroffenen Anstalten wegen, in allen Stücken eine so gute Ordnung, daß man unmöglich an irgend einem öffentlichen Orte leichtern Eingang und Ausgang finden, oder daselbst bequemer hätte sitzen können, als bey diesem so prächtigen Concert. Und wenn gleich der größte Theil der Zuhörer sehr früh kam, und daher ziemlich lange warten mußte; so hatte man doch nichts vom Gedränge, von Hitze oder Kälte auszuhalten; und da man zugleich ein so ehrwürdiges, so wohl eingerichtetes, so volles Gebäude vor sich sah, so wurde dadurch alle die Unannehmlichkeit, Langeweile und Verdrüßlichkeit entfernt, wovon gemeiniglich Seele und Körper an öffentlichen Plätzen so sehr leiden, ehe sie des lange erwarteten Vergnügens gewährt werden. Selbst die Anfüllung der Abtey mit einer solchen Gesellschaft, und des Orchesters mit solchen Tonkünstlern, war ein neues, abwechselndes und unterhaltendes Schauspiel, ehe die Ankunft Ihrer Majestäten und Ihrer liebenswürdigen Familie das Ganze kränte, und nun den ganzen Anblick für das Auge so bezaubernd machte, als eine so erhabne, so trefflich ausgeführte Musik für jedes Ohr gewesen seyn muß.

Erster

Erſter Theil.

Die Ouvertüre zum Meſſias iſt zwar ernſthaft und feyerlich; ſie ſchien mir aber immer trockner und in der Aufführung weniger intereſſant zu ſeyn, als die übrigen Händeliſchen Ouvertüren. Aber die Stärke, der Nachdruck und die Würde, die jeder Zug der Melodie ſowohl, als jede Maſſe von Harmonie durch dieß bewundernswürdige Orcheſter erhielt, brachten in dieſelbe Wirkungen hinein, die ſich nicht beſchreiben laſſen.

Händel's Ouvertüren gleichen gemeiniglich dem Anfange der erſten Scene des Schauſpiels, wozu ſie gehören, und können als wirkliche Vorreden oder vorläufige Einleitungen eines Buchs angeſehen werden. Um daher alle leichtſinnige Gedanken bey einem ſo geweihten Stücke, wie der Meſſias iſt, zu unterdrücken, endigte er ſehr zweckmäßig die Ouvertüre, ohne einen leichten ſingbaren Satz. Und das kurze Vorſpiel zu dem begleiteten Recitativ, oder der Aria parlante: „Comfort ye my people" — „Tröſtet mein Volk" — ſcheint denen, die das Oratorium noch nicht kennen, eine Einleitung zu einer leichten Menuet, Gavotte oder die Gique zu ſeyn, womit ſich die Ouvertüren gewöhnlich ſchließen. Aber wie ſchön werden die Ohren der Kenner getäuſcht! — Ich kenne in der That keinen Satz von der Art, auf die Worte irgend einer Sprache, der ſanfter und angenehmer wäre, als dieſer. Es iſt darin kein Ton, weder in der Hauptmelodie, noch in der Begleitung, der alltäglich, gemein, oder unbedeutend geworden wäre. Herr Harriſon ließ mit ſeiner angenehmen, wohlklingenden Stimme dieſem Recitativ und der folgenden Aria völlige Gerechtigkeit widerfahren, und trug ſie mit aller Schicklichkeit und der größten Reinheit und Wahrheit der Intonation vor.

H 2

Die

---

*) Händel hat unſtreitig in dieſem Oratorium große Kenntniß der auszudrückenden Gedanken und Worte bewieſen, ob er gleich damals, als er es ſchrieb, mit der Ausſprache des Engliſchen nicht völlig bekannt war. Denn, ſo macht er in dem erſten Recitativ aus cryeth ein einſylbiges Wort; in dem erſten Chor giebt er oft dem Worte Glory nur Eine Note; und in dem zweyten Chore des zweyten Theils macht er das Wort ſurely dreyſylbig. Bey allem ſeinem muſikaliſchen Reichthum, und bey aller Fruchtbarkeit ſeiner Erfindung, war dieſer große Meiſter doch oft genöthigt, mit ſeinen Kompoſitionen, ſo wie mit ſeinem Vermögen, ökonomiſch zu ſeyn; und wenn es ihm an Zeit fehlte.

ſo

Die Arie, „But who may abide the day of his coming" — „Doch, wer erleidet den Tag seiner Zukunft?" — ist im Siciliano oder Schäferstyl, den Händel sehr liebte, und der ihm fast immer sehr gelang. Und der Chor: „And he shall purify the sons of Levi" — „Und er wird reinigen die Kinder Levi's" — ist von ganz besonderer Art. Jede Stimme trägt das Hauptthema, unbegleitet von den übrigen, vor, bis das Kontrathema in gebundnen Noten eintritt. Dieß verstärkt die Wirkung des Ganzen, da die Instrumente einfallen, und alle Stimmen die Labyrinthe der Fuge verlassen, und sich im einfachen Kontrapunkt vereinigen.

In der Arie: „The people, who walked in darkneß, have seen a great light" — „Das Volk, das im Finstern wandelt, sah ein großes Licht;" — hat einen sehr merkwürdigen Ausdruck, da die chromatische und unbestimmte Modulation die ungewissen Fußtritte solcher, die ihren Pfad im Finstern auszuspähen suchen, zu bezeichnen scheint. Ob diese Nachahmung sichtbar genug, oder überhaupt auch nur möglich sey, weiß ich nicht; es ist aber allemal schon Verdienst in dem Versuche, so bald er nicht ins Ungereimte fällt.

Während der Aufführung dieses Oratorium bediente ich mich drey verschiedner Zeichen zur Anstreichung der schönsten Stellen, in Beziehung auf die verschiednen Grade des Vortrefflichen, wovon mein Ohr besonders durch einige Sätze gerührt wurde; und ich fand das Zeichen der höchsten Vortrefflichkeit bey dem Chor: „For to us a child is born" — „Denn uns ist ein Kind geboren" — der so viel mannichfaltige Verdienste hat, daß ich nicht weiß, wo ich mit meinem Lobe derselben anfangen soll. Die Themata der Fuge sind so angenehm, die Violinbegleitungen von so ganz besondrer Art, und die durchaus herrschende Klarheit und Leichtigkeit so ungemein, daß alle diese Eigenschaften eine besondre Bemerkung verdienten. So oft aber die Worte vorkommen: „Wonderful! Counsellor! the mighty God! the everlasting father! the Prince of peace!" — „Wunderbar, Rath, Kraft, Held, Ewig Vater, Friedefürst!" die er so lange und so einsichtvoll zurückhielt, sind Gedanke und Wirkung so wahrhaftig erhaben, daß ich die Macht der Chormusik und vollen Harmonie, den Ausdruck der Worte zu verstärken, noch nie so ganz fühlte, als hier, wo ihnen die Größe und Stärke dieses Orchesters zu Hülfe kam. Es ist Poesie von der erhabensten Art, sowohl in der Musik, als in den Worten dieses Chors.

Die

---

so setzte er oft Worte auf Musik, anstatt Musik auf Worte zu setzen, und nahm aus seinem Vorrath schon fertige Stücke. Dieß war vielleicht der Fall bey dem ersten Chor: „The glory of the Lord" — „Die Herrlichkeit des Herrn" — der jedoch eine vortreffliche Komposition ist, und bey der Aufführung eine schöne Wirkung that.

Die hirtenmäßige Sinfonie, welche auf diesen hochtönenden Chor folgte, ohne Blasinstrumente blos von den Violinen auf die gemäßigteste Art gespielt, war balsamisch und erquickent. Die Piano's oder Lispellaute so vielfacher Töne bewirkten eine Anmuth von so neuer und trefflicher Art, daß die musikalische Technik keine Ausdrücke hat, ihre Wirkungen gehörig zu bezeichnen.

Recitativ.

„There were shepherds abiding in the field, keeping watch over their flock , by night."

„Es waren Hirten auf dem Felde, die hüteten des Nachts ihre Heerde."

Begleitetes Recitativ.

„And lo! an Angel of the Lord came upon them, and the glory of the Lord „shone around them, and they were sore afraid."

„Und siehe! der Engel des Herrn trat zu ihnen, und die Klarheit des Herrn „umleuchtete sie; und sie fürchteten sich sehr."

Recitativ.

„And the Angel saith unto them, Fear not! for, behold, I bring you good tidings „of great joy, which shall be to all people; for unto you is born this day, in the „city of David, a Savior, which is Christ the Lord."

„Und der Engel sprach zu ihnen: Fürchtet euch nicht; siehe! ich verkündige „euch große Freude, die allem Volke widerfahren soll; denn euch ist heute der Hei= „land geboren, welcher ist Christus der Herr, in der Stadt David."

Begleitetes Recitativ.

„And suddenly there was with the Angel a multitude of the heavenly Host, „praising God and saying."

„Und alsbald war bey dem Engel die Menge der himmlischen Heerscharen, „die lobten Gott und sprachen:"

Diese Recitative, von der sanften Stimme und mit der sehr bestimmten Aussprache der Madame Mara vorgetragen, thaten weit mehr Wirkung, als man von so wenigen und einfachen Noten ohne Melodie und Tempo hätte erwarten sollen. Sie waren im buch- stäblichen Verstande schmelzende Töne für jeden Zuhörer von Empfindung. Und der prächtige Chor:

„Glory

„Glory be to God in the higheſt, and peace on earth, good-will towards men!"

„Ehre ſey Gott in der Höhe! Friede auf Erden, und den Menſchen ein Wohl-
„gefallen!"

in welchem das Piano und Forte ſo herrlich ausgezeichnet war, und ſo gut beobachtet wurde,
that noch nie vorher eine ſo große Wirkung, bey irgend einer mir bekannten Aufführung.
Es iſt mehr Helldunkel in dieſem Chor, als vielleicht damals, als er geſchrieben wurde,
je in einem angebracht war.   Die Beantwortungen der Fuge, die auf einander bey den
Worten, „good-will towards men" ſo deutlich und unmittelbar folgen, müſſen allemal Künſtlern gefallen, die das Sinnreiche und Verdienſtvolle ſolcher Arbeiten kennen.
Ueberhaupt aber fodern die Wirkungen dieſes Chors auch ſelbſt von Nichtkennern nichts weiter als Aufmerkſamkeit und Gefühl, um ihnen ein unerklärbares Vergnügen zu verſchaffen.

„Rejoice greatly, o daughter of Zion! Shout, o daughter of Jeruſalem! Be-
„hold, thy king cometh unto thee."

„He is the righteous ſaviour, and he ſhall ſpeak peace unto the heathen."

„Du Tochter Zions freue dich ſehr, und du Tochter Jeruſalems, jauchze!
„Siehe, dein König kommt zu dir."

„Er iſt ein Gerechter und ein Helfer; und er wird Friede lehren unter den
„Heiden."

Madame Mara hatte bey dieſer glänzenden und ſchweren Arie Gelegenheit, einen
Theil ihrer bewundernswürdigen Kunſt im Vortrage zu zeigen, und zwar in einem ganz
verſchiednen Lichte von allem dem, was ſie bisher bey dieſer Gedächtnißfeyer geſungen hatte.
Ihr ganzer Vortrag und Geſang aber war ſo feſt, angenehm und einſichtvoll, und für die
Zuhörer ſo ergötzend, daß ſie keinen einzigen Ton ohne Wirkung ſang.

„He ſhall feed his flock like a ſhepherd" — „Er wird ſeine Heerde
weiden, wie ein Hirt" — iſt eine Arie in Händel's beſter Manier des Siciliano,
und iſt von jeher bey den Sängern und Zuhörern ſehr beliebt geweſen.   Guadagni
machte ſie vornehmlich, nach Mrs. Cibber, ſehr berühmt.   Sie hat in der Bewegung
eine Aehnlichkeit mit dem einwegenden Paſtoral am Schluß des achten Corelliſchen Concerts, fatto per la notte di natale, und that eine angenehme Wirkung, von Herrn
Bartolini und Miß Cantelo geſungen.

—————————

Zweyter

Zweyter Theil.

Der zweyte Theil dieses höchst vortrefflichen Oratorium's ist so reich an mannichfaltigen Schönheiten der Komposition und der musikalischen Wirkung, daß ich eins von meinen drey Zeichen fast bey jedem Absatze desselben angestrichen finde. Der Chor: „Behold the Lamb of God, that taketh away the sins of the world" — „Siehe, das ist Gottes Lamm, welches der Welt Sünde trägt;" hat blos das Gepräge der Feyerlichkeit; aber die Arie: „He was despised and rejected of men" — „Er war der allerverachteste und unwertheste," — hat auf mich allemal den Eindruck der höchsten Schönheit eines rührungsvollen Ausdrucks gemacht, mehr als irgend eine mir bekannte Englische Arie. — „Surely, he has borne our griefs," — „Fürwahr, er trug unsere Krankheit," — ist ein herrliches Stück von gelehrtem Kontrapunkt und Modulation, und drückt die Worte sehr glücklich aus. Die folgende Allabrevefuge zu den Worten: „and with his stripes we are healed" — „und durch seine Wunden sind wir geheilet" — hat ein schönes Thema, und ist mit einer Deutlichkeit und Regelmäßigkeit geschrieben, die von den größten Chorkomponisten des sechszehnten Jahrhunderts nie übertroffen ist. Man kann die e Fuge, die blos für die Singestimmen gesetzt ist, und worin die Instrumente nichts weiter zu thun haben, als blos die Singestimmen zu verstärken und zu verdoppeln, mit Stücken ähnlicher Art von Palestrina, Tallis und Bird vergleichen, welche sie an Mannichfaltigkeit weit übertrifft.

Chor.

„All we, like sheep, have gone astray; we have turned every one to his „own way."

„Wir giengen alle in der Irre wie Schafe; ein jeglicher sah auf seinen Weg."

Die Lebhaftigkeit dieses Chors, und die Schönheiten seiner Komposition sind wieder von ganz anderer Art. Der Baß ist costretto, und bewegt sich beständig in Achtelnoten fort, indeß die Singestimmen und Violinen eine schwärmende flüchtige Art von hirtenmäßiger Wildheit ausdrücken, die sich sehr gut zu den Worten schickt: „And the Lord hath laid on him the iniquity of us all;" — „Aber der Herr warf unser aller Sünde auf ihn;" Dieser Satz ist voll von Schmerz und Reue.

Die

Die Worte der bewundernswürdigen Fuge des Chors: „He trusted in God that he would deliver him; let him deliver him, if he delight in him!" — „Er hat Gott vertraut, daß er ihn retten würde; er rette ihn nun, hat er Lust zu ihm!" — enthalten triumphirenden Spott, und weissagen die Schmähworte der Juden bey der Kreuzigung unsers Erlösers. Sie waren sehr schwer auszudrücken. Händel aber machte sich den Vortheil der fugirten Nachahmung auf die meisterhafteste Art zu Nutze; und so thun sie itzt die Wirkung, nicht von Spott und Schmähungen eines Einzigen, sondern von dem Hohn und Unwillen einer verwirrten Menge *).

„Thy rebuke hath broken his heart; he is full of heaviness: he looked for „some to have pity on him, but there was no man, neither found he any to com-„fort him."

„Die Schmach bricht ihm sein Herz, und kränkt ihn. Er sah umher, obs „Jemand jammerte; aber da war Niemand; und nach Tröstern; aber er fand keinen.

Dieß ist ein begleitendes Recitativ von der rührenden Art, welches dem Gefühle des Komponisten nicht minder Ehre macht, als seiner musikalischen Gelehrsamkeit und kunstvollen Modulation. Der ganze trauervolle Charakter und Ausdruck desselben, und der folgenden Arie: „Behold and see, if there be any sorrow like unto his sorrow!" — „Schaut her, und seht, ob irgend ein Schmerz sey, wie sein Schmerz!" wurden in dem Vortrage des Herrn Norris sehr gut beybehalten.

Die glückliche Bauart der Westmünsterabtey zur Aufnahme und Aufbehaltung musikalischer Töne, die sich hier ohne Echo oder Wiederholung, merklich verstärken, zeigte sich bey dieser Musik nirgend deutlicher, als bey der Stimme der Miß Abrams, die zwar angenehm und sehr gut, aber wohl nicht fürs Theater, sondern mehr Voce di camera ist. Und doch wurde diese ihre Stimme bey den Worten: „But thou didst not leave his soul in hell; — „Doch, du ließest seine Seele nicht in der Hölle;" — die sie mit vielem Geschmack und Ausdruck vortrug, weit hörbarer in jeder Gegend dieses so großen Gebäudes, als sie jemals in irgend einem Concertsaal in London gewesen ist.

Chor.

*) Händel war sich der Schönheit dieses Satzes so bewußt, daß er es sehr oft auf dem Flügel oder Klavier als eine Lektion spielte; und wenn man ihn zu einer Zeit, wo er sich nicht sonderlich aufgelegt fühlte, zum Spielen nöthigte, so fiel ihm gemeiniglich dieß Thema ein, worauf er denn eine freywillige Fuge aus dem Stegereif machte; und allemal wurde er dann dadurch zu den erhabensten Gedanken und herrlichsten Phantasien begeistert.

Chor.

„Lift up your heads, o ye gates, and be lift up, ye everlasting doors,
„and the king of glory shall come in!“

„Macht die Thore weit, und die Thüren in der Welt hoch, daß der König
„der Ehren einziehe!“

Halber Chor.

„Who is this King of glory?“

„Wer ist der König der Ehren?“

Halber Chor.

„The Lord strong and mighty, the Lord mighty in battle.“

„Der Herr stark und mächtig, der Herr mächtig im Streit.“

Halber Chor.

„Lift up your heads, o ye gates, and be lift up, ye everlasting doors, and
„the King of glory shall come in!“

„Macht die Thore weit, und die Thüren in der Welt hoch, daß der König
„der Ehren einziehe!“

Halber Chor.

„Who is this King of glory?“

„Wer ist derselbe König der Ehren?“

Halber, und dann ganzer Chor.

„The Lord of hosts; he is the King of glory.“

„Der Herr Zebaoth.   Er ist der König der Ehren.“

Alle diese Worte sind herrlich ausgedrückt, und die contrastirten Wirkungen halber und
ganzer Chöre waren nie auffallender, als in der heutigen Aufführung.

Chor.

„Let all the angels of God worship him.“

„Es sollen ihn alle Engel Gottes anbeten.“

Diese lebhafte Fuge, die dem Anscheine nach ein doppeltes Thema hat, ist vielleicht
die künstlichste, die in neuern Zeiten verfertigt ist.   Um seine Talente in aller Art von

Schwierigkeiten zu versuchen, aus deren Besiegung sich die gelehrtesten und mühsamsten Kanonisten und Fugisten des fünfzehnten und sechszehnten Jahrhunderts eine Ehre machten, hat Händel diesen Chor in der bey den alten Theoretikern sogenannten prolatione minori gesetzt, in welcher die Replik auf ein gegebenes Thema zwar in ähnlichen Intervallen, aber mit Noten von verschiednem Gehalte gemacht wird; wenn man z. B. das Thema in halben Noten einführt, und es mit Viertelnoten beantwortet; oder umgekehrt *).

„The Lord gave the word; great was the company of the preachers.“

„Der Herr giebt das Wort, mit großen Scharen Evangelisten. “

Die Majestät und Würde der wenigen feyerlichen Töne, womit dieser Chor anfängt, ohne Instrumente, erhielt itzt eine große Verstärkung, da sie von einer so zahlreichen Menge von Baß- und Tenorstimmen im Unisono vorgetragen wurden; und der Kontrast der Empfindung, welcher in der Folge durch die Harmonie und Geschäftigkeit der verschiednen Stimmen veranlaßt wurde, that eine sehr auffallende Wirkung.

„How beautiful are the feet of them that preach the gospel of peace, and „bring glad tidings of good things!“

„Wie lieblich sind die Füße derer, die da Friede predigen, Gutes predigen, „Heil verkündigen! “

ist eine sehr gefällige Arie, alla Siciliana, die Herr Bartolini mit schöner Simplicität sang. Und die beyden folgenden Sätze: „their sound is gone out“ — „Ihr Schall gieng aus, u. s. f “ und: „Let us break their bonds asunder“ — „Laßt uns zerreißen ihre Bande“ beyde mit einem verschiednen Thema, sind treffliche Chöre in ganz verschiedner Schreibart und Taktbewegung, und wurden mit größter Lebhaftigkeit und Genauigkeit ausgeführt. Aber ich eile, von dem Hallelujah zu reden, dem Triumph Händel's, der Gedächtnißfeyer, und der musikalischen Kunst.

Der Eingang ist klar, munter und kühn. Und die Worte: „For the Lord God omnipotent reigneth“ — „Denn der allmächtige Gott hat das Reich eingenommen“ im Canto Fermo von allen Stimmen im Unisono und in Oktaven gesungen,

---

*) Da nur Kenner der Musik die Schwierigkeit gehörig schätzen können, ein Thema zu finden, welches zur Begleitung seiner selbst in verstärkten und verminderten Noten dienen kann, so empfehle ich ihnen die Untersuchung dieses Satzes; und sie werden sehen, daß während der Zeit, da die eine Stimme das Thema in Vierteln und Achteln vorträgt, die andre es immer in Achteln und Sechszehntheilen wiederholt; eine vor etwa zweyhundert Jahren oft angestellte Uebung des Scharfsinns, mit wenigen langsamen Noten, oder einzelnen Stücken des Canto Fermo. Nie aber wurde sie vielleicht mit so völlig freyer Leichtigkeit angestellt, oder mit so wenigem Anschein von Zwang und Schwierigkeit.

fungen, that eine ganz kirchenmäßige Wirkung. Es wird daraus hernach das Thema der Fuge, und die Grundlage des Hallelujah. Sodann folgt, als eine kurze Episode, im bloßen Kontrapunkt: „The kingdom of this world" — „Das Reich dieser Welt u f. f." welches leise anfieng, und feyerlich und rührend war. Aber das letzte und vornehmste, vom Baß durchgeführte Thema: „And he shall reign for ever and ever!" — „Und er wird regieren immer und ewiglich!" ist das angenehmste und fruchtbarste, das je erfunden wurde, seitdem man die Kunst der Fuge ausgebildet hat. Es zeichnet sich sehr hervorstechend aus, durch alle die Stimmen, Begleitungen, Gegenthemata und Erfindungen, womit es verziert ist. Und endlich die Worte: „King of Kings and Lord of Lords" — „König aller Könige, und Herr aller Herren," die immerfort auf einen einzigen Ton gesetzt sind, der standhaft Stich zu halten scheint, indeß ihn die übrigen Stimmen auf alle mögliche Art angreifen, sind die glücklichste und bewundernswürdigste Verkettung von Harmonie, Melodie und großen Wirkungen.

Dante denkt sich in seinem Paradiese neun Kreise oder Chöre von Cherubim, Seraphim, Patriarchen, Propheten, Märtyrern, Heiligen, Engeln und Erzengeln, die unaufhörlich mit Hand und Mund den Ewigen, den er in den Mittelpunkt dieser Kreise stellt, loben und verherrlichen. Er nahm diesen Gedanken aus dem Te Deum, wo es heißt: „Tibi Cherubim et Seraphim incessabili voce proclamant, &c." Da nun das Orchester in der Westmünsterabtey in die Wolken zu steigen, und sich mit den Heiligen und Märtyrern auf dem bemahlten Glase des westlichen Fensters zu vereinigen schien, die völlig wie eine Fortsetzung des Orchesters aussahen; so konnte ich mich während der Aufführung des Hallelujah kaum der Vorstellung erwehren, daß dieß so herrlich eingerichtete, angefüllte und beschäftigte Orchester ein Stück oder Segment von einem dieser himmlischen Kreise sey. Und vielleicht gewährte noch keine Gesellschaft sterblicher Tonkünstler dem Auge einen ehrwürdigern Anblick, oder dem Ohr entzückendern und rührendern Wohllaut, als dieses.

„So sangen sie; das Empyreum tönte von Hallelujah's "*)

*) „So sung they, and the empyrean sung with Allelujahs."

J 2 **Dritter**

Dritter Theil.

„I know that my Redeemer liveth, and that he will stand at the latter day
„upon the earth: and though worms destroy this body, yet in my flesh I shall
„see God. — For now is Christ risen from the dead, the first fruits of them
„that sleep.“

„Ich weiß, daß mein Erlöser lebet, und er wird mich hernach aus der Er-
„den auferwecken; und wenn auch Würmer diesen Leib zernagen, so werd' ich
„doch in meinem Fleische Gott sehn. — Denn nun ist Christus erstanden von
„den Todten, und ein Erstling worden derer, die da schlafen.“

Man hat, meiner Meinung nach, sehr übereilt behauptet, daß die Arien im Messias lange nicht so schön wären, als die meisten Arien in den Händelischen Opern und andern Oratorien. Es würde gewiß ein Leichtes seyn, acht oder zehn Arien von vorzüglicher Schönheit in diesem Oratorium auszuzeichnen, unter welchen die: „Every Valley“ mit dem vorhergehenden Recitativ: Comfort ye my people“ — „He shall feed his flock“ — „He was despised“ — und diese: „I know that my Redeemer liveth“ so vortrefflich sind, daß man wohl nicht leicht in irgend einer von seinen Opern, oder einem andern Oratorium von ihm, ihres gleichen finden wird. In der That, das allgemeine Entzücken, welches auf den Gesichtern dieser ungewöhnlich zahlreichen und glänzenden Versammlung von Zuhörern die ganze Zeit über sichtbar war, da Madame Mara diese sehr rührende Arie sang, die den dritten Theil des Messias eröffnet, übertraf allen stillschweigenden Ausdruck musikalischen Vergnügens, den ich je vorher wahrgenommen hatte. Ihre Gewalt über die Empfindungen der Zuhörer schien eben so stark zu seyn, als die Zaubermacht der Mistreß Siddons. Ich sah kein Auge, dem nicht

— „sanft eine stille Zähr' entfiel“ —

Und ob ich gleich schon so lange an Musik gewöhnt bin, so fand ich doch mich nicht „aus stärkrer Erde geformt, als andre.“ — Am Schluß ihres Vortrags dieser Arie schien die ganze Versammlung in Beyfall auszubrechen, den nur der Ort, laut zu äußern, nicht wohl erlaubte. Wenn den Italienern eine Musik in ihren Kirchen vorzüglich gefällt, so erklären sie ihre innige Zufriedenheit dadurch, daß sie husten, ausspeien, die Nase schneuzen,

schneuzen, oder mit den Füßen scharren; welches bey uns Zeichen der Verachtung seyn würden. Indeß sind diese hörbaren Zeichen doch leicht und verständlich, sobald man einmal darüber einverstanden ist.

Nach dieser mit Recht bewunderten Arie that der kurze Halbchor: „Since by man came death" — „Wie durch einen Menschen der Tod kam," im einfachen Kontrapunkt, von dem ersten Diskant, Alt, Tenor und Baß, ohne Instrumente gesungen, eine sehr angenehme und feyerliche Wirkung, welche die Schönheit des folgenden Chors erhöhte: „By man came also the resurrection of the dead." — „So kam auch durch einen Menschen die Auferstehung der Todten" Und der Halbchor: „For as in Adam all die" — „denn wie in Adam alle sterben," der auf eben die unbegleitete Art von drey der besten Sänger jeder von den vier Arten der Singestimme gesungen wurde, machte einen herrlichen Kontrast mit dem vollen Chor: „Even so in Christ shall all be made alive" — „So werden sie in Christo alle lebendig gemacht."

Die Wirkung des Kontrasts in diesen Sätzen, die wechselsweise ohne und mit Instrumenten gesungen wurden, war sehr angenehm und auffallend, und es wäre zu wünschen, daß man von einem so leichten Hülfsmittel öftern Gebrauch machen möchte.

Die so beliebte Baßarie: „The Trumpet shall sound" — „Die Trompete wird erschallen," wurde von Herrn Tasca und Herrn Sarjant, der ihn überaus gut auf der Trompete begleitete, sehr schön ausgeführt. Es kommen indeß in der Trompetenstimme dieser Arie einige Gänge vor, die wegen der natürlichen Unvollkommenheit dieses Instruments allemal üble Wirkung thun. Zu Händel's Zeiten waren die Komponisten nicht so ekel, als itzt, wenn sie für die Trompete oder für das Horn setzten; denn itzt hat man es sich zur Regel gemacht, daß die Quarte und Sexte eines Akkords auf diesen beyden Instrumenten, die von Natur so verstimmt sind, daß kein Spieler sie rein heraus bringen kann, niemals gebraucht werden dürfen, außer in kurz vorübergehenden Noten, die keinen Baß haben, der ihre falsche Intonation verrathen kann. Herrn Sarjant's Ton ist überaus angenehm und klar; so oft er aber auf G, der Quarte von D, aushalten mußte, sah man Mißvergnügen auf jedem Gesichte, welches mir ungemein leid that, weil ich wußte, wie unvermeidlich solch eine Wirkung wegen solch einer Ursache war *).

J 3   Der

*) In dem Hallelujah (S. 150 der gestochenen Partitur) wird die Quarte G zwey ganze Takte hindurch ausgehalten. In dem Dettinger Te Deum, S. 30, und in vielen andern Stellen,

Der Chor: „But thanks be to God" — „Aber Dank sey Gott" und die Arie: „If God is for us" — „Ist Gott für uns" von Miß Cantelo gesungen, wurden sehr gut ausgeführt, und thaten eine sehr gefällige Wirkung.

„Worthy is the Lamb that was slain, and has redeemed us to God by his „blood, to receive power, and riches, and wisdom, and strength, and honour, „and glory, and blessing."

„Blessing and honour, glory and power, be unto Him, that sitteth upon „the throne, and unto the Lamb, for ever and ever! Amen."

„Das Lamm, das erwürgt ist, und uns Gott erkauft hat mit seinem Blut, ist „würdig zu nehmen Kraft, und Reichthum, und Weisheit, und Stärke, und Ehre, „und Preis, und Lob."

„Lob und Ehre, Preis und Gewalt, sey dem, der auf dem Stuhl sitzt, und „dem Lamme, von Ewigkeit zu Ewigkeit! Amen."

Es ist schwer zu sagen, welcher von diesen drey Schlußchören der beste ist, oder die größte Wirkung that; weil sie dießmal alle mit ausnehmender Stärke und Genauigkeit ausgeführt wurden. Wenn aber gleich diese drey herrlichen Sätze alle aus einerley Ton gehn, und einerley Zeitmaaß haben, so sind doch ihre Charaktere sehr verschieden. Der erste, „Worthy is the Lamb" in feyerlichem, einfachen Kontrapunkt, und von eben so einfacher Modulation, ist langsam, mit abwechselnden Sätzen einer schnellen Bewegung, wozu die Begleitung der Violinen sehr sinnreich und gefällig, und von den Singestimmen ganz verschieden ist.

Der zweyte Chor, „Blessing and honour," *) hat ein ausgezeichnetes, lebhaftes und angenehmes Fugenthema, in der Schreibart des Canto Fermo, welches der Tenor

---

len, entstellt diese falsche Konsonanz, oder dieß falsche Intervall, die Schönheit der Harmonie und fast auch die Schönheit jedes Angesichts unter den Zuhörern. Es ist sehr zu wünschen, daß dieß belebende und glänzende Instrument seine Fehler durch irgend eine ähnliche mechanische Erfindung, wie die bey der Flöte durch Oktaven ist, verlieren möchte.

*) Die anscheinende Zusammenziehung der Worte in der Notenbezeichnung dieser Stelle fällt etwas barbarisch ins Auge, indem Händel fünf Sylben nur drey Noten gegeben hat, obgleich das Zeitmaaß (Larghetto) so langsam ist, daß bey dem Singen dieser Worte keine Elision nöthig zu seyn scheint. Z. B.

Bles-sing and honour, glo-ry and po-wer be un-to him, etc.

Tenor und Baß im Unisono durchführen; hernach wird es ganz vom Diskant eine Oktave höher, ohne Begleitung wiederholt. Die Worte: „that sitteth upon the throne" werden vom Tenor beantwortet. Hierauf leitet der Alt das erste Thema wieder ein, und ihm folgt der Baß. Wenn alle Stimmen das ganze, ziemlich lange Thema gesungen haben, so werden einzelne Stücke daraus als Nachahmungen von einander angebracht. Und nachdem die Fuge durch alle verwandte Töne gut durchgearbeitet ist, indeß die Violinen lauter Sechszehntheile spielen, werden die wichtigen Worte: „blessing, honour, glory," noch besonders und sehr zweckmäßig, von allen den Singestimmen zusammen im einfachen Kontrapunkt ausgesprochen, mit einer Viertelpause, oder einem musikalischen Komma, zwischen jedem derselben. Sodann schließt sich dieser herrliche Chor, mit einem Feuer, einer Lebhaftigkeit und Kunstfülle, die Händel'n eigenthümlich war, mit Wiederholungen der Worte: „for ever and ever" in vollem Glanze voller Harmonie und lebhafter Bewegung.

Und am Ende, wenn die, welche den Messias zum erstenmale hören, das ganze Stück völlig und glorreich geendigt glauben, wird ein Finale von den Bässen in einer Fuge auf ein sehr edles Thema zu dem Hebräischen Schlußworte der Andacht, Amen, eingeleitet. In der Ausführung dieses Satzes wird das Thema getheilt, wieder abgetheilt, umgewandt, mit Gegenthematen bereichert, und zu manchen sinnreichen und versteckten Absichten der Harmonie, Melodie und Nachahmung benutzt. Die Wirkungen davon müssen

Bey der wenigen Uebung, die Händel noch im Jahr 1741 im Komponiren englischer Texte hatte, glaubte er, die Geschwindigkeit, womit die Sprache im gemeinen Leben geredet wird, müsse auch beym Lesen und Singen erhabner Prose oder der Poesie beybehalten werden, und setzte daher die Worte dieses Chors so:

Bles-sing and honour, glo-ry and power be un-to him

und diese Notenbezeichnung hat man treulich in allen Abschriften und Ausgaben dieses Oratorium seitdem beybehalten.

Diesen kleinen Fehler würde ich hier gewiß nicht auszeichnen, wenn ich nicht eine Rechtfertigung und Abhelfung desselben zugleich anzuführen zur Absicht gehabt hätte. In künftigen Abdrücken und Abschriften eines so klassischen Werks wäre doch wohl die Verbesserung dieser und anderer kleinen Unrichtigkeiten zu empfehlen, damit nicht bloße Wortkritiker, die dergleichen unbedeutende Fehler zu hoch in Anschlag bringen, sich Mühe geben könnten, den Ruhm des Verfassers und seiner Arbeit zu verkleinern. Und in der That, so geringfügig und unwichtig auch Musikliebhabern solche Achtlosigkeiten vorkommen mögen, so scheinen sie doch bloßen Grammatikern und Philologen unverzeihlich zu seyn.

müssen zwar einem Jeden auffallend und unterhaltend seyn; nur diejenigen aber sind im Stande, das ganze Verdienst des in diesem Chor enthaltenen Gewebes zu fassen, die Harmonie oder Kontrapunkt studirt haben, und Plan, Anordnung, Erfindung, und alle die sinnreichen Labyrinthe und Verflechtungen ausgearbeiteter Kompositionen zu beurtheilen fähig sind. Hier ließ Händel, von den Worten nicht zurückgehalten, seinem Genie ungehemmten Lauf, frey von allen Fesseln, außer denen, die ihm seine Kunst anlegte. Eine Instrumentalfuge könnte nicht freyer und ungebundener seyn, als diese, auf einem offnen Vokal, und eine Sylbe, die sich mit dem leichten Zusammenstoß der Zunge und der Zähne endigt, den der fließende Buchstab n erfordert. Man spielt in den italienischen Kirchen oft Symphonien von feyerlicher Art, ohne Gesang, während der messa bassa, oder stummen Messe. Und Läufe auf einzelne Worte und Sylben, die man für Neuerungen und neumodisches Spielwerk zu halten pflegt, sind im Grunde schon uralt in der Kirche, und man kann sich auf eine Stelle beym heiligen Augustin *) berufen, wenn man ihren Gebrauch als statthaft vertheidigen will.

*) „Wenn wir keine der Gottheit würdige Worte zu finden wissen, sagt Augustin, so thun wir wohl daran, ihn mit undeutlichen Tönen der Freude und des Danks zu verehren. Denn wem sind wir anders solche Töne des höchsten Entzückens schuldig, als dem höchsten Wesen? Und wie können wir seine unaussprechliche Gnade verherrlichen, da wir eben so unfähig sind, ihn schweigend anzubeten, und irgend eine andre Art von Ausdruck für unser Entzücken finden können, als unartikulirte Töne." — S. des Verf. *History of Music*, Vol. II, p. 172.

Händel's
Gedächtnißfeyer.

Vierte Aufführung
in der Westmünsterabtey.
den 3ten Jun., 1784.

Auf Befehl Seiner Majestät.

Burney

K

Verzeichniß
der für diese vierte Aufführung gewählten Stücke.

Erster Theil.

Ouvertüre zur Esther.
Das Dettinger Te Deum.

Zweyter Theil.

Ouvertüre zum Tamerlan; und Todtenmarsch im Saul.
Stücke aus der Begräbnißmotette:

> When the ear heard him.
> He delivered the poor that cried.
> His body is buried in peace.

Gloria Patri, aus dem Jubilate.

Dritter Theil.

Arie und Chor aus der Esther.
Erstes großes Concert.
Chor aus dem Saul.
Viertes Hoboenconcert.
Motette: „Singt dem Herrn alle Welt!"
Chor aus Israel in Aegypten.
Krönungsmotette.

Einlei=

Einleitung.

Die drey bisherigen musikalischen Aufführungen hatten den größten Beyfall aller Anwesenden erhalten; man sprach überall von ihnen; man lobte sie überall; und dieß veranlaßte bey allen Liebhabern der Musik und glänzender Schauspiele, die nicht zugegen gewesen waren, den sehnlichen Wunsch, von einer so denkwürdigen Sache aus eigner sinnlicher Ueberzeugung urtheilen und reden zu können. Aber auch die, welche diese Aufführungen schon gehört hatten, wünschten eben so sehnlich, daß sie wiederholt werden möchten. Zum Glück für alle trafen die Wünsche Ihrer Majestäten mit den Wünschen ihrer Unterthanen überein; und da das Gerüste noch stand, und die Gesellschaft der Musiker sich noch nicht zerstreut hatte, so veranstaltete man noch zwey Anlässe mehr, Händel's wundervolle Größe zu zeigen, und die Wünsche des Publikums zu befriedigen.

Am Montage, den letzten May, wurden diese beyden auf königlichen Befehl zu haltenden Concerte auf ähnliche Art, wie die drey ersten, in den öffentlichen Zeitungen angekündigt *), und auf den 3ten und 5ten Junius angesetzt.

Erfahrung war auch hier die beste Lehrmeisterinn gewesen. Jede kleine Verlegenheit, jedes unerwartete Hinderniß, welche denen, die vor die Abtey kamen, oder hinein wollten, die geringste Beschwerde oder Ungemächlichkeit verursacht hatten, waren itzt durch die weise getroffenen Maaßregeln der Direktoren und ihrer Gehülfen so völlig aus dem Wege geräumt, daß vielleicht noch niemals eine so zahlreiche Gesellschaft mit solcher Leichtigkeit zusammen gekommen ist.

Obgleich die an dem ersten Tage der Gedächtnißfeyer in der Abtey aufgeführten Stücke so herrlich ausgeführt wurden, und allgemeinen Beyfall erhielten; so waren doch, auf besondres Verlangen Sr. Majestät, einige Aenderungen und Zusätze zu machen; und man setzte daher auf den Mittwoch eine öffentliche Probe an, bey welcher an die achthundert Personen zugegen waren, die eine halbe Guinee für den Einlaß bezahlten, und dadurch die zu mildthätigen Absichten bestimmte Einnahme beträchtlich vermehrten.

Die Ordnung, in welcher dießmal die Stücke aufgeführt wurden, war folgende:

*) Im Original sind auch hier diese Ankündigungen der Länge nach eingerückt. E.

Erster

Erster Theil.

Ouvertüre zur Esther. 1722.
Das Dettinger Te Deum. 1743.

Von dieser vortrefflichen Komposition brauche ich nichts weiter zu sagen, als was ich in der Nachricht von dem ersten der vorigen drey Concerte schon davon gesagt habe; außer, daß die Genauigkeit der Ausführung und die Größe der Wirkung dießmal noch wärmeres Lob verdiente.

Zweyter Theil.

Ouvertüre zum Tamerlan.
Verfertigt im Jahr 1724.
Mit dem Todtenmarsch im Saul. 1740.

„When the ear heard him,“ &c.	
„Welches Ohr ihn hörte,“ u. s. f.	
„He delivered the poor that cried“ &c.	
„Er errettete den Armen, der da schrie“ u. s. f.	Begräbnißmotette.
„His body is buried in peace“ &c.	Verfertigt 1737.
„Er ist im Frieden begraben“ u. s. f.	
„Gloria Patri, aus dem Jubilate, 1713.	

Die einzige Veränderung, die mit diesem Theile der heutigen Aufführung gemacht wurde, bestand darin, daß man die beyden ersten Sätze der Ouvertüre zum Tamerlan, anstatt des ersten Satzes der Ouvertüre zum Saul, spielte, welches sehr zweckmäßig war, und eine herrliche Wirkung that. Der Anfang der Ouvertüre zum Tamerlan ist schon an sich ungemein majestätisch, und die nachdruckvolle Art, womit alle Stimmen dießmal

mal verstärkt waren, vermehrte seine Würde und Wichtigkeit. Die Fuge, welche ein ausgezeichnetes, lebhaftes und muntres Thema hat, ist so regelmäßig und sinnreich bearbeitet,
daß man dieß Thema beständig in einer oder der andern Stimme hört. Denn selbst da,
wo die Hoboen sich selbst überlassen bleiben, entstehen die ihnen zugetheilten Sologänge entweder aus dem Thema des Stücks, oder aus dessen Umkehrung. Sie war in der Ausführung sehr gedrungen; wurde zweymal mit aller Genauigkeit weniger ausgesuchter Virtuosen
gespielt; und da sie aus einem Mollton gieng, und eine sehr lebhafte Taktbewegung hatte,
so trug sie sehr viel dazu bey, sowohl die angenehme Fülle der Harmonie desto mehr ins Licht
zu setzen, als der feyerlichen und langsamen Bewegung des darauf folgenden Todtenmar-
sches desto mehr Würde zu ertheilen.

Dritter Theil.

Arie und Chor aus der Esther.
Verfertigt im Jahr 1720. *)

Arie.

Jehovah crown'd with glory bright,
Surrounded with eternal light,
Whose ministers are flames of fire,
Arise, and execute thine ire! **)

O Gott! bekrönt mit Herrlichkeit!
Mit ewig hellem Glanz umgeben!
Deß Diener Feuerflammen sind!
Erwach', und zeige deinen Eifer!

K 3   Chor.

---

*) Obgleich dieß Oratorium schon im Jahr
1720, für den Herzog von Chandos, zu
Cannons, geschrieben war, so wurde es doch
erst im May, 1732, öffentlich, zehn Abende
hinter einander, aufgeführt.

**) Diese Arie ist mehr als bloße Nachahmung
folgender Verse in dem letzten Chor des zweyten
Akts von Racine's Esther:

O Dieu, que la gloire couronne;
Dieu, que la lumiere environne,
Qui voles sur l'aile des vents, —
Donne a ton nom la victoire!

C h o r.

He comes, he comes, to end our woes,
And pour his vengeance on our foes.
Earth trembles, lofty mountains nod;
Iacob arise to meet thy God!
He comes, etc. *)

   Er kommt, er kommt, und endet unser Leid,
Und schüttet seinen Zorn auf unsre Feinde.
Die Erde bebt, der Berge Gipfel wanken;
Auf, Israel, begegne deinem Gott!
Er kommt, u. s. f.

Die Anrufung der Gottheit in der Arie sowohl, als ihre Ankündigung in dem folgenden Chor, sind in einer so ganz eignen erhabnen Schreibart gesetzt, daß man sie nicht ohne etwas mehr als gewöhnlicher Anerkennung ihrer Vortrefflichkeit übergehen darf.

Die Eröffnung dieser Scene in dem ersten geistlichen Drama, welches Händel in Musik setzte, verräth überall ein großes und erhabnes Genie. Er war itzt sechs und dreyßig Jahr alt, hatte für die größten Virtuosen jeder Art in Europa geschrieben, und sein Geschmack war nun reif und gebildet genug, ohne daß dadurch sein Feuer und sein Enthusiasmus das mindeste verloren hatte. Und dieser Chor scheint wegen noch ganz andrer Vorzüge Bewundrung zu verdienen, als die meisten Chöre seiner Oratorien, die wir wegen der darin herrschenden Kenntniß, Erfindung, Kunst der Fuge, oder Fülle der Harmonie bewundern; denn der gegenwärtige Chor hat alles Feuer, und alle Lebhaftigkeit einer wahrhaftig dramatischen Komposition. Und die beständige Betriebsamkeit der Instrumente kommt dem Ausdrucke der Worte aufs herrlichste zu Hülfe.

Die Begleitungen sind wirklich so voll und so vollständig, daß sie früher als die Stimmen geschrieben zu seyn scheinen, die größtentheils im bloßen Kontrapunkt gesetzt sind, und eine so einfache Grundharmonie enthalten, daß ein Klavierspieler sie mit der rechten Hand in Akkorden greifen, und den Baß dazu spielen könnte. Es ist weder Fuge noch Nachahmung in diesem Chor angebracht, außer in einigen wenigen Takten bey den Worten: „to end our woes — And pour his vengeance on our foes." — Die dritte Zeile

---

*) Arme toi, viens nous défendre,
Defeends tel qu'autrefois la mer te vit descendre!
Que les mechans apprennent aujourd' hui
A craindre ta colère!
Ich habe nie gewiß erfahren können, wer die englischen Verse zu diesem Oratorium geschrieben hat. Nach dem Zeugnisse des Verfassers der *Bibliotheque Britannique* T. XV, 1740, hielt man Pope und Arbuthnot für Verfasser desselben. Wer es aber auch geschrieben haben mag, so findet sich unstreitig in vielen Versen wahre Poesie.

Zeile aber: „Earth trembles" &c. ist von einem erhabnen Ausdruck und Effekt, der, da es das erstemal war, daß ich diese Komposition aufführen hörte, mit außerordentlicher Kraft auf mich wirkte.

Da vielleicht einige von meinen Lesern einige Umstände zu wissen wünschen, welche die Geschichte dieses allererſten Oratorium's betreffen, von denen ich schon einige in Händel's Lebensbeschreibung angeführt habe; so haben mir Dr. Randal, Profeſſor der Muſik zu Cambridge, und Herr Barrow, der gleichfalls an der erſten Vorſtellung deſſelben mit Theil hatte, folgende Nachrichten davon mitgetheilt.

Bey der erſten dramatiſchen Vorſtellung der **Eſther**, in dem Hauſe des Herrn **Bernard Gates**, Lehrers der Kinder von der königlichen Kapelle, im Jahr 1731, waren die Rollen auf folgende Art vertheilt:

Eſther	Herr John (izt Dr.) Randal.
Ahasverus, und erſter Iſraelit	= James Butler.
Haman	= John Moore.
Mardochai, und junger Iſraelit	= John Brown.
Iſraelitiſcher Prieſter	= John Beard.
Harbonah	= Price Clevely.
Perſiſcher Kriegsmann, und zweyter Iſraelit	= James Allen.
	= Samuel (hernach Dr.) Howard.
Iſraeliten und Hofleute	= Thomas Barrow.
	= Robert Denham.

Bald hernach wurde dieß Oratorium von eben den Kindern in der Krone und dem Anker zweymal aufgeführt, auf Verlangen **Huggins's** Eſq. eines Mitgliedes dieſer Geſellſchaft und Ueberſetzers des im Jahr 1757 gedruckten Arioſto, der die Kleider dazu hergab. Händel ſelbſt war bey einer dieſer Vorſtellungen gegenwärtig, und da er der königlichen Prinzeſſinn, ſeiner Schülerinn, davon geſagt hatte, wünſchten Ihre Hoheit es in dem Opernhauſe auf dem **Haymarket** von eben den jungen Schauſpielern vorgeſtellt zu ſehen. Dr. Gibſon aber, damaliger Biſchof von London, wollte keine Erlaubniß dazu geben, es auf die Bühne zu bringen, ſelbſt nicht mit dem Buche in den Händen der Kinder. Händel brachte es aber doch im folgenden Jahr auf dieſe Schaubühne, mit Zuſätzen zu der Poeſie, von **Humphreys**; aber ohne Theaterſpiel, auf eben die Art, wie man ſeitdem allemal die Oratorien aufgeführt hat. Das von den Kindern vorgeſtellte Drama beſtand nur aus zwey Akten, und fieng mit dem Recitativ, 'Tis greater far, &c. an, ſo, wie es urſprünglich für den Herzog von Chandos geſetzt war.

Die erſten Oratorien, die zu Anfange des vorigen Jahrhunderts in Italien aufgeführt wurden, waren geiſtliche Schauſpiele, oder theatraliſche Vorſtellungen; und Eſther
und

und Athalie wurden auf diese Art in dem Kloster von St. Cyr, in Frankreich aufgeführt. Es scheint an unserm Hofe ein uralter Gebrauch gewesen zu seyn, die Kapellknaben zu dramatischen Vorstellungen unter Anführung des Aufsehers der Lustbarkeiten (master of the revels) zu brauchen. Und aus dem Haushaltsbuche der Grafen von Northumberland sieht man, daß man anfänglich eben diesen Gebrauch von den Singschülern ihrer Hauskapelle machte. Auch findet sich, daß die meisten Masqueraden (masks) von Ben Jonson, die für die Königinn Elisabeth und König Jakob den Ersten geschrieben wurden, von den königlichen Kapellknaben aufgeführt sind; und unter seinen Epigrammen ist eine Grabschrift auf S. P. einen Chorknaben der Königinn Elisabeth, dessen Talente zum vorstellen, mehr als die zum Singen, gepriesen werden *).

Erstes großes Concert.

Wenn das Beywort groß, womit man gewöhnlich ein vielstimmiges Concert, für ein großes Orchester, bezeichnet, hier Erhabenheit und Würde hätte andeuten sollen; so wäre es mit der äußersten Schicklichkeit gebraucht. Denn ich erinnere mich keines Stücks

dieser

---

*) „Weep with me all you that read
    This little story:
And know, for whom a tear you shed,
    Death's self is sorry."
'Twas a child that so did thrive
    In grace and feature,
As heav'n and nature seem'd to strive
    Which own'd the creature.
Yeares he number'd scarce thirteen
    When *Fates* turn'd cruel,
Yet three fill'd zodiacks had he been
    The stages jewel;
And did act, what now we moane
    Old men so duely
As sooth the *Parcae* thought him one,
    He play'd so truely.
So by error to his fate
    They all consented;
But viewing him since, alas too late,
    They have repented;
And have sought to give new birth
    In bathes to steep him;
But, being so much too good for earth,
    Heav'n vows to keep him.

Weint mit mir, die ihr sie hört,
    Die Klaggeschichte;
Und wißt, für ihn, um den ihr weint,
    Traurt selbst der Tod mit.
Es war ein Kind, so anmuthvoll
    An Geist und Zügen,
Daß Himmel und Natur, wem er
    Gehörte, stritten.
Kaum dreyzehn Jahre zählt' er erst,
    Beym Raub der Parzen,
Und war nun seit drey Jahren schon,
    Der Bühne Kleinod;
Und spielte, nun zum Gram für uns!
    So wahr den Alten,
Daß wirklich ihn für einen Greis
    Die Parzen hielten.
Von diesem Wahn getäuscht, ersahn
    Sie ihn zum Sterben;
Itzt sahn sie ihn; und ach! zu spät
    Reut sie des Irrthums;
Gern gäben sie durch Zauberfluth
    Ihm Leben wieder;
Doch ihn, für diese Welt zu gut,
    Behält der Himmel.

Ben Jonson's Works, Fol. Edit. p. 33

dieſer Art, das edler und erhabener wäre; oder worin der Diskant und Baß der Tutti, oder der ſämmtlichen Stimmen, einen ſo verſchiednen und ausgezeichneten Charakter hätten; beyde dreiſt, und nicht nur unter einander, ſondern auch mit den Soloſätzen im Kontraſt, die gefällig und ſingbar ſind. Auch ſah ich nie ſo viel in ſo kurzer Zeit abgethan. Dieſer erſte Satz beſteht nur aus vier und dreyßig Takten; und doch ſcheint darin alles geſagt zu ſeyn; und wenn er gleich ſtolz und übermüthig anfangt, ſo zerſchmilzt er doch zuletzt wieder in ſanften Ausdruck, und ſcheint da, wo er in den Mollton übergeht, Mattigkeit und Hin- ſterben auszudrücken.

Das Thema des folgenden Satzes iſt munter und angenehm. Und, wenn die erſte Violine eine Menge wiederholte Noten hat, wozu der Baß die Terzen ſpielt; ſo macht die zweyte Violine ſie durch das Scharfe und Schneidende der Quinten, die zu Sexten aufſtei- gen, und als Appoggiaturen, oder Geſchmacksnoten gebraucht ſind, intereſſant. In dem Adagio führen die beyden Oberſtimmen eine Melodie aus, die in der damaligen Schreib- art der Singeduette geſetzt iſt, und zwar keine regelmäßige Fuge, aber doch eine Menge fugirter Nachahmungen enthält; und der Baß unterſtützt auf eine völlig Händeliſche, dreiſte, ge- lehrte und ſinnreiche Art das Thema der beyden erſten Takte, bald ſchlechthin, bald um- gekehrt, mit großer Klarheit, Deutlichkeit und Stärke. Die Fuge hat ein leichtes, ge- fälliges Thema, und iſt vom Anfang bis zu Ende ſehr getreu beybehalten und durchgeführt, ohne fremde Einſchaltungen und Gänge, und in einer der Grundnote und ihrer Quinte be- ſtändig treuen Modulation. Nur der, welcher das Verdienſt und die Schwierigkeit dieſer Setzart kennt, wird den Reichthum und die große Vorzüglichkeit unſers Komponiſten, ſo oft er eine Fuge bearbeitet, gehörig zu ſchätzen wiſſen. Das letzte Allegro, im geſchwin- den Menuettempo, enthält viele angenehme und gefällige Stellen, beſonders in den Solo- ſätzen. Ich habe dieß Concert oft im Vaurhall, in Ranelagh, und an andern Orten, bald nach ſeiner Verfertigung durch ein damals für zahlreich gehaltenes Orcheſter ſehr gut aufführen hören; allein die Stärke, Würde und Eindringlichkeit, welche jede Stelle und jede Verbindung durch dieſes in ſeiner Art einzige Orcheſter erhielt, erneute und übertraf alles das Vergnügen, was es mir je vorher verſchaffte.

Chor im Saul.
Verfertigt im Jahr 1740.
Gird on thy ſword, thou man of might,
Purſue thy wonted fame;
Go on, be proſperous in fight,
Retrieve the Hebrew name.
Thy ſtrong right hand, with terror arm'd,
Shall thy obdurate foes diſmay,
While others, by thy virtue charm'd,
Shall croud to own thy righteous ſway,

> Gürt an dein Schwert, du Mann der Kraft,
> Ficht voll gewohnten Muths;
> Zeuch hin, sey siegreich in der Schlacht;
> Und rette Jakobs Ruhm!'
> Dein starker Arm, den Schrecken rüstet,
> Verscheucht empörter Feinde Drohn;
> Bewundert drängt sich eine Menge
> Herbey, und jauchzet deiner Macht.

Dieser Chor ist ungemein feurig und lebhaft; und wie er, dem Sinn der Worte nach, bestimmt ist, einen Helden zum Kampfe zu wecken und anzufeuern; so schien er, in der Ausführung durch ein so zahlreiches Orchester, das laute, dringende Anliegen eines ganzen Volks auszudrücken. Die Stelle: „retrieve the Hebrew name!" in der Mitte dieses Chors, machte einen herrlichen Kontrast mit der kunstvollen und absichtlichen Verwirrung des Anfangs; und die ungekünstelte Einfachheit, womit die beyden letzten Zeilen, in einer Art von Canto Fermo, mit ungefähr sechszig Tenorstimmen, im Unisono, vorgetragen wurden, that eine Wirkung, an die unsre Ohren gar nicht gewöhnt sind. Die nachdrückliche Art, mit welcher dieß Thema, einzeln, von den andern Stimmen vorgetragen wurde, und das Sinnreiche der Begleitung, und die vereinte Kraft des ganzen Orchesters, durchgehends von den Posaunen verstärkt, wo alle Stimmen und alle Instrumente in Arbeit waren, muß in der That nicht blos die unerfahrnen Liebhaber der Musik, sondern selbst die gelehrtesten und erfahrensten Tonkünstler, die hier zugegen waren, in Erstaunen gesetzt haben.

Viertes Hoboenconcert. *)

Alle die sechs vortrefflichen Concerte, von welchen dieß eins ist, machten mir in meiner Jugend so viel Vergnügen, daß ich mich itzt, da ich sie in vielen Jahren nicht gehört hatte, nicht wenig freute, zwey davon in dem Verzeichnisse der zur Gedächtnißfeyer gewählten Stücke zu finden; und noch mehr, da ich sie wirklich hörte, und nun fand, daß sie mir noch immer so lieb, als jemals, waren. Versichern, daß sie noch nie so gut, selbst nicht unter der Anführung ihres Verfassers gespielt wurden, wäre noch nicht viel gesagt, da ihm nie ein so zahlreiches und so wohl geordnetes Orchester zu Gebote stand. Eine gute Aufführung vermag selbst einer gewöhnlichen Musik, Gewicht und Interesse zu verschaffen; aber

Kom-

*) Während der Operndirektion der Königlichen Akademie fand man am Schluß der Schauspielzeit die Einnahme reichlicher, als gewöhnlich, und opferte daher einen Abend zum Vortheil des Orchesters auf. Und da man ein Concert zu dieser Absicht am zuträglichsten glaubte, so übernahm Dr. Arbuthnot die Direktion davon, und Händel verfertigte eine eigne Ouvertüre dazu. Diese war dieß vierte Hoboenconcert, welches jener Bestimmung wegen den Namen einer Orchester-Ouvertüre erhielt.

Kompositionen, die so vortrefflich an sich selbst schon sind, wie diese, so reich an Harmonie, Melodie und Kunst, müssen dadurch noch mehr erhöht und veredelt werden. Der Anfang dieses vierten Hoboenconcerts ist voll, kühn und belebt, in der Schreibart einer Ouvertüre. Der zweyte Satz hat ein überaus fließendes Fugenthema, und ist durch eingemischte mannichfaltige Gänge noch mehr abgeändert und belebt. Der dritte Satz hat eine sehr gefällige und sangbare Melodie, im Menuettempo, alla caccia; so ganz im Styl des Waldhorns, daß er nur dieß Instrument zu fodern scheint. Der vierte Satz ist eine kurze Fuge, im Mollton, mit Solosätzen für die beyden Violinen. Das Finale ist eine sehr gefällige Menuet, mit einem Solosatze für das Basson. Der ehemalige berühmte Fagottspieler, Miller, pflegte sich durch seinen Ton, und seine Manier, dieß Stück zu spielen, in öffentlichen Concerten viel Beyfall zu erwerben. Itzt wurde es mit vier und zwanzig Fagotten gespielt, deren einstimmige Wirkung in der That wundervoll war. Die Violoncelle mußten blos eine Nebenstimme darin spielen, welches gleichfalls die beste Wirkung that.

Und hier fodert es unumgängliche Gerechtigkeit und Wahrheitsliebe, zu bemerken, daß Herr Fisher die Solosätze dieses Concerts für die Hoboe mit einem Geschmack und Ausdruck spielte, der alle seine Zuhörer überzeugen mußte, daß sein großes Talent nicht blos auf den Vortrag seiner eignen sehr originalen und sinnreichen Arbeiten eingeschränkt ist. Es scheint wirklich mit unter die Wunder dieser Gedächtnißfeyer zu gehören, daß der liebliche und angenehme Ton seines einzigen Instruments das so große Gebäude vollkommen füllte, in welchem dieß treffliche Concert gespielt wurde.

Ich habe mich bey demselben desto länger verweilt, weil es eins von den meisterhaftesten und gefälligsten Händelischen Instrumentalstücken ist. Es war bey seinen Lebzeiten gewöhnlich, seine Kompositionen für die Violine für weit unbeträchtlicher zu halten, als die von Corelli und Geminiani; aber, meiner Meynung nach, sehr mit Unrecht. Wenn diese beyden großen Meister das Griffbrett und das Genie ihres Instruments besser kannten, als Händel; so muß man doch auch dagegen einräumen, daß er unendlich mehr Feuer und Erfindung hatte, als einer von ihnen. Corelli war von Natur gefällig, symmetrisch und gefeilt; aber auch furchtsam. Geminiani war dreister, erfindrischer und rhapsodischer; aber auch oft fehlerhaft im Rhythmus und in der Melodie. Seine Musik hat wirklich so wenig Phraseologie, daß ein angehender Tonkünstler, der eine Mittelstimme spielt, so bald er einmal heraus ist, nie wieder hinein kommen kann. Dagegen ist Corelli's Melodie so abgemessen, daß die Anzahl der Takte, gleich Versfüßen, immer gleich und zusammentreffend ist; so, daß ein unerfahrner Spieler, der nur etwas Gehör besitzt, wenn er heraus gekommen ist, ohne viele Mühe sich wieder zurechte finden kann.

Diese drey vortrefflichen Tonsetzer, die das Ohr der Engländer so lange ergötzt haben, unterscheiden sich unstreitig durch ganz eigenthümlichen Styl und Charakter ihrer Kompositionen,

tionen, die einander durchaus unähnlich sind. Ohne Zweifel würden sie alle durch den Vortrag eines solchen Orchesters, wie dieses war, ungemein gewinnen; aber Händel doch ganz vorzüglich; we l die kühnen Ideen, die Massen der Harmonie, der Kontrast, und der nie erschöpfte Reichthum an Erfindung, wovon seine Werke so voll sind, eine stärkere Arbeit und Thätigkeit erfordern, um sich gehörig zu zeigen und zu entwickeln, als die sanften Melodien eines Corelli, oder die wildern Ergießungen eines Geminiani.

Händel hat sein Spiel mit dem Orchester, und bringt es auf unzählige unerwartete Gänge, von denen Corelli und Geminiani nie den geringsten Begriff, nie das mindeste Bedürfniß hatte. Unstreitig erwarb er sich dadurch, daß er so lange für die Stimme und für die Oper schrieb, mehr Erfahrung und Kenntniß musikalischer Wirkungen, als einer von diesen beyden trefflichen Violinspielern; so, daß auch selbst, bey gleichem Genie, dieser Umstand für ihn den Ausschlag geben müßte. Händel sah wirklich immer, in seinen Partituren sowohl, als in seinem Orchester, auf die Vielheit; und nichts kann seine großen Gedanken vollkommen ausdrücken, als ein allmächtiges Chor von Musikern. Seine meisten Arbeiten gleichen unter den Händen einiger weniger Spieler und Sänger der Keule des Herkules, oder dem Bogen des Ulyß, in der Hand eines Zwerges.

Motette.

„O sing unto the Lord a new song," &c..

„Singt dem Herrn ein neues Lied," u. s. f.

Chor.

„The Lord shall reign for ever and ever," &c.

„Der Herr wird König seyn immer und ewiglich," u. s. f.

Beyde wurden mit eben der Genauigkeit vorgetragen, und mit eben der unablässigen Aufmerksamkeit, wie das erstemal, angehört; und mit der

Krönungs-Motette:

„Zadock the Priest, and Nathan the Prophet." &c.

„Zadock der Pr ester und Nathan der Prophet," u. s. f.

wurde diese herrliche Musik beschlossen, die, ungeachtet der Hinzukunft zweyer Concerte und zweyer Chöre, den Zuhörern so wenig zu lange dünkte, daß alle vielmehr ihr frühes Ende zu bedauern schienen. Und es wäre Undank, nicht zu gestehen, daß alle die dießmal hinzu gekommenen Stücke so einsichtvoll gewählt waren, und so vortrefflich ausgeführt wurden, das sie dem großen Tonkünstler die größte Ehre machten, der nicht nur zu dieser Feyerlichkeit Anlaß gab, sondern auch das festliche Mahl derselben selbst bereitete.

Händel's

Händel's
Gedächtnißfeyer.

Fünfte Aufführung.
Der Messias.

Auf Befehl der Königinn Majestät.

In der Westmünsterabtey.

Sonnabends, den 5ten Jun., 1784.

{ 3

Obgleich diese erhabne Komposition hier nur erst vor acht Tagen so vollkommen und trefflich aufgeführt wurde, daß das Orchester keine vorläufige Probe zu dessen Wiederholung brauchte; so würde man doch, theils um den Wünschen mancher schüchternen und schwächlichen Musikliebhaber zu willfahren, die sich nicht gern in das vermuthlich sehr große Gedränge bey der Aufführung selbst wagen wollten, theils auch, um desto mehr Einnahme zu milden Absichten zu erhalten, ganz gewiß eine zweyte Probe auf den Freytag angesetzt haben, wenn man daran nicht durch die Feyer des Geburtstages des Königs wäre verhindert worden. Denn es ließ sich mit Gewißheit voraussehen, daß an diesem Tage die vernehmsten Personen des Orchesters sowohl als der Zuhörer Abhaltung haben würden.

Die bey dieser fünften Gedächtnißfeyerlichkeit in der Abtey versammelten Zuhörer waren, wie es schien, großentheils von höherm Range, als vorhin; und ob also gleich das Gedränge etwas geringer war, als bey der vorigen Aufführung dieses Oratorium; so war doch das Ganze noch glänzender. Als Schauspiel genommen, war es in der That so prächtig fürs Auge, und als musikalische Aufführung betrachtet, so angenehm und süß fürs Gehör, daß es dem Seelenauge derer, die nicht zugegen waren, schwer fallen wird, sich von dem Anblick, und dem Geistesohre, sich von dem Schall, aus bloßer Beschreibung einen hinlänglichen Begriff zu machen. Jeder Anwesende muß volle Beschäftigung für die beyden Sinne gefunden haben, die uns das feinste Vergnügen gewähren; denn Ohr und Auge nähren Verstand und Geist mit ihren besten Kenntnissen.

In der Aufführung des Chors: „Lift up your heads, o ye gates,“ — „Macht die Thore weit,“ — wurde eine Veränderung gemacht, die hier erwähnt zu werden verdient. Das erstemal wurden die abwechselnden Halbchöre von allen zu jeder Stimme gehörigen Sängern; dießmal aber zur Erhöhung des Kontrastes, nur von drey der vornehmsten Sänger bis ungefähr zum drey und breyßigsten Takte gesungen, wo der ganze Chor, von jeder Seite des Orchester, mit allen Instrumenten vereint, ausbrach: „He is the King of Glory!“ — „Er ist der König der Ehren!“ — Dieß that die herrlichste Wirkung, und lockte verschiednen Sängern Thränen ab. Und nach der vollen Zufriedenheit zu urtheilen, die sich auf den Gesichtern aller Anwesenden zeigte, war diese Wirkung nicht unbedeutend, noch auf das bloße Orchester eingeschränkt.

Eine

Eine andre neue und große Wirkung wurde dießmal in dem Hallelujah und in dem Schlußchore durch Anbringung der Posaunen hervorgebracht, deren man sich das vorigemal bey diesen Chören nicht bediente.

Bey der ersten Aufführung des Messias äußerten Seine Majestät gegen den Grafen von Sandwich den Wunsch, das Hallelujah, diesen erhabensten von allen Chören, noch einmal zu hören; und der Lord gab dieses gnädigste Verlangen dem Orchester durch ein Zeichen mit seinem Anführerstabe zu erkennen. Bey dieser zweyten Aufführung geruhten Seine Majestät dieß Zeichen selbst mit dem Textbuche in der rechten Hand zu geben, daß man nicht nur diesen, sondern auch den Schlußchor des letzten Theils wiederholen sollte; zur großen Freude aller Seiner anwesenden beglückten Unterthanen. Und vielleicht waren noch nie die Unterthanen irgend eines Regenten so froh über die Folgen eines königlichen Befehls.

So endigte sich die fünfte und letzte Begehung dieser denkwürdigen Feyer; und so groß und vollkommen war das Vergnügen der Zuhörer, daß selbst die, welche bey allen fünf Aufführungen zugegen gewesen waren, diesen Schluß von allen gerade am meisten zu bedauern schienen. Es ist indeß noch Hoffnung da, daß in Zukunft ein Concert von ähnlicher Art alle Jahr unter dem Schutze Ihrer Majestäten und der nämlichen Direktoren, zum Besten der musikalischen Versorgungsanstalt werde errichtet werden. Der Entwurf dazu ist noch nicht völlig zu Stande; ich habe aber Erlaubniß, hier zu sagen, daß Ihre Majestäten gnädigst geruht haben, diese Gesellschaft und milde Stiftung in ihren königlichen Schutz zu nehmen; daß die erhabnen und angesehenen Männer, welche über die neuliche Gedächtnißfeyer eine so vortreffliche Aufsicht führten, der Anstalt die Gnade erzeigen wollen, sich ihrer als Ehrenpräsident und Vicepräsidenten dieser Gesellschaft besonders anzunehmen; und daß man auf ein jährliches Concert, nach einem großen und ausgebreiteten Plane, denkt, in welchem Stücke aus den Werken des unsterblichen Händel's, die itzt durch Zeit, Vernunft, Wissenschaft und allgemeinen Beyfall geweiht sind, auf die möglichst vollkommenste und glänzendste Art sollen aufgeführt werden.

Diese Nachricht kann vielleicht der Verzweiflung derjenigen Musikliebhaber ein wenig Einhalt thun, die sich einbildeten, daß die neulichen großen musikalischen Aufführungen ein niemals wieder zu befriedigendes künstliches Bedürfniß zur Folge haben würden, indem sie die Zusammenkunft jener günstigen Umstände, die solch eine Versammlung und solch ein Orchester zusammen brachten, jeder Wiedererlangung, oder selbst der Macht des Zufalls für unerreichbar hielten.

Freylich haben die neulichen Concerte auf eine Zeitlang die Wirkung derer Orchester, die man immer für die beträchtlichsten zu halten pflegte, dergestalt verringert, daß viele von den Operisten, nachdem sie in der Abtey an den beyden Sonnabend-Vormittagen

gen der Gedächtnißfeyer zugegen gewesen waren, des Abends glaubten, von ihren Brüdern
wären die eine Hälfte nicht da, und die eine Hälfte schliefe.

Und wenn man gleich über die einzelne Vortrefflichkeit einzelner Stücke unter den
Kompositionen jenes Tages sowohl, als über die Ausführung einzelner Personen nicht einerley Meynung seyn sollte; so kann doch die Wirkung und Vollkommenheit des Ganzen die
Genauigkeit, womit dieser musikalische Phalanx sich bewegte, das Gewicht und die Würde,
welches von ihm jeder Reihe von Tönen in der Melodie, und jeder Verbindung in der Harmonie ertheilt wurde, nur von der äußersten Unwissenheit, oder der völligsten Fühllosigkeit
bestritten werden.   Sollte es aber außerdem noch andre geben, die für ekler in ihrem Geschmack, und für richtiger in ihren Urtheilen, als andre Leute gehalten seyn wollten, und
abgeneigt wären, diesen Aufführungen Gerechtigkeit widerfahren zu lassen; so kann man
sie getrost fragen, was denn gute Musik und guter musikalischer Vortrag ist, wenn das
nicht so heißen soll, was diese Wirkungen hervorbrachte? Wenigstens müssen wir doch irgend ein höheres Ideal musikalischer Schönheit festsetzen, ehe wir Geschmack und Gefühl
der unbarmherzigen Strenge grundloser Kunstrichter Preis geben, die nicht nur mit Auf-
richtigkeit, Wahrheit und gutem Geschmack, sondern mit ihrem eignen Vergnügen im Streit
zu seyn scheinen.

Da ich sehr begierig war, zu erfahren, was einsichtvolle Ausländer, und besonders Italiener, von diesen Concerten dächten, die an gute Musik in ihren Kirchen sowohl,
als auf ihren Schaubühnen gewohnt sind, so wandte ich mich an den Grafen Benincasa,
einen venezianischen Edelmann, der sich damals in London aufhielt, und bey der Aufführung des Messias in der Westmünsterabtey zugegen gewesen war, um von ihm zu hören,
was ihm von der Größe und Schätzbarkeit dieses Orchesters, in Vergleichung mit irgend
einem andern, dünkte, das er gehört, oder wovon Geschichte oder mündliche Sage das
Andenken in seinem Vaterlande erhalten hätte.   Da wir bey der ersten Unterredung darüber zu einer vollständigen Erörterung der Sache nicht Zeit hatten, so war Graf Benincasa
so geneigt, mich mit seinem Urtheile darüber in einem Briefe zu beehren, wovon ich dem
Publikum einen Auszug, auf seine mir vor seiner Abreise ertheilte Erlaubniß, vorlege. Und
dieß Urtheil wird den Unternehmern und Ausführern dieses außerordentlichen Entwurfs desto
schmeichelhafter seyn, da der Graf ein vorzüglicher Kenner der Musik ist, und darüber mit
einem Grade von Gefühl und Einsicht gehört, gelesen, nachgedacht und geschrieben hat*),
der ihm selbst und der Kunst gleich große Ehre macht: **„)

„London,

---

*) Man sehe den Essai sur la Musique. T. III.
Par. 1780. 4. worin viele Artikel über italienische
Komponisten und Sänger vorkommen, die Graf
Benincasa dem Herausgeber mittheilte, und

die den wahren Geist des Geschmacks, des feinen
Gefühls und inniger Begeisterung verrathen.

**) Das Original dieses Briefes war französisch.

„London, den 7. Jun. 1784.

„ Mein werthester Herr und Freund. "

„Händels Gedächtnißfeyer, die zu London in den Monaten May und Junius
„1784 begangen wurde, ist einer von denen Vorfällen, die jeder Menschenfreund zur Ehre
„der Menschheit auszeichnen und erheben muß. Zum Glück für Sie, mein Herr, scheint
„mir der Freund der Menschheit in diesem Verstande vorzüglich der Freund der Engländer
„seyn zu müssen. Ihrer großen und sehr ehrwürdigen Nation ist es vorzüglich eigen, Ideen
„zu haben und auszuführen, die uns in das heroische Zeitalter durch ihre Erhabenheit, und
„durch den feinen und erhabnen Sinn, den sie verrathen, zurück versetzen können. "

„Als wahrer Italiener, dem seine Empfindlichkeit zur Last ist, wenn er sich nicht
„dadurch, daß er um sich schreyt, ihrer zu entledigen vermag, kann ich es nicht verschwei-
„gen, und Ihnen nicht genug sagen, wie sehr mich diese Idee gerührt hat, und wie sehr
„mir das majestätische Ganze ihrer Ausführung aufgefallen ist. "

„Das Andenken eines der ausgezeichnetesten Meister in der göttlichen Kunst der
„Musik, ob er gleich ein Ausländer war, auf diese Art verherrlichen; eines Mannes, der
„das Verdienst hatte, ein hier fast völlig unbebautes Feld urbar zu machen, und in dasselbe
„unsterbliche Keime des Wissens und des Genies zu legen, dem aber die Zeit, und die von
„der Natur jedem Erfinder gesetzten Gränzen nicht erlaubten, sein Werk zu der Vollkom-
„menheit zu bringen, die man hernach um so viel leichter erreicht hat; dieß ist eine von den
„ehrenvollsten Denkwürdigkeiten einer Nation, die dem bloßen und stillen Verdienste eines
„berühmten Verstorbenen eine so glänzende und so uneigennützige Gerechtigkeit widerfahren
„läßt. Warum konnte sein Schatten nicht sein Bildniß umschweben, und dieses so schönen
„Triumphs sich freuen? " *)

„Lange noch werde ich jenen Tempel vor Augen haben, der die Spitzen seines Ge-
„wölbes zum Himmel erhebt; jene zahlreiche Menge, die Auswahl der schönsten und reich-
„sten Einwohner von der ersten Stadt in der Welt; den allemal sehr interessanten Anblick
„einer königlichen Familie, deren Schönheit alle Augen auf sich zieht, und deren Huld
„alle Herzen fesselt; jenes ungemein große Orchester, dessen Gleichen noch nie auf Erden
„da war, und welches in seiner so einsichtvollen Anordnung vom Himmel herabzusteigen
„schien, gleich der Tonkunst, die eine Tochter des Himmels ist. "

„Vergebens biete ich alle Kraft meines Gedächtnisses auf; es erinnert mich an
„nichts ähnliches in allen Jahrbüchern der Fabel und Geschichte. Vielleicht übertäubte
ein

*) Händels Bildniß war vorn am Orchester angebracht.

Burney   M

„ein wildes Geräusch von Trompeten, Pauken und Zithern die Gegenden von Babylon,
„als der einfältige König Nebukadnezar in seinem afiatischen Pomp sie durchzog; vielleicht
„ließ der große König Salomon, der alles zu Tausenden hatte, die Gewölbe des Tempels
„von der großen Menge seiner Kupferbleche, seiner wilden Pfeifen, und ehernen Triangel
„wiederhallen.“

„Aber ich glaube wahrlich nicht, daß man jemals, so lange die Harmonie ihren
„Reichthum, ihre unerschöpfliche Mannichfaltigkeit gezeigt hat, fünfhundert fünf und zwan-
„zig Tonkünstler hat zusammenbringen können, deren erstaunliche Anzahl der richtigsten,
„der vollkommensten Ausführung nicht Abbruch gethan hätte.“

„Niemand ist so gut, als Sie, mit der Geschichte der italienischen Musik bekannt.
„Die großen Feste der Höfe zu Florenz, zu Ferrara und Parma, in den beyden letzten
„Jahrhunderten, seit der Wiederherstellung der Musik, die Hoffeyerlichkeiten zu Neapel,
„können, in Ansehung der Menge nichts aufweisen, was mit dem großen Schauspiel in
„der Westmünsterabtey zu vergleichen wäre.“

„Sie haben die Güte mich zu fragen, ob die Stadt Venedig, die schon seit so
„langer Zeit den Vorzug hat, Schauspiele zu geben, die so sonderbar, als sie selbst, sind,
„und die von Seiten der Musik die berühmteste Stadt in Italien ist, nicht vielleicht in den
„letztern Jahren ein Beyspiel von solch einer Pracht gegeben habe, die der Händelischen
„Gedächtnißfeyer gleich käme.“

„Ich antworte Ihnen sogleich sehr zuversichtlich: Nein! was die Menge der
„Tonkünstler betrift. Ich bin überzeugt, daß nicht weniger, als beynahe eine Million
„von Einwohnern, und so viel Luxus in der Musik, als in London herrscht, dazu gehöre,
„um mehr als fünfhundert gute Musiker zusammen zu bringen. So groß nun auch das
„Talent der Italiener zur Musik, so wahr und so natürlich es ist, daß man sich in Italien
„auf diese Kunst besser, als anderswo, versteht; so haben wir doch keine so volkreiche und
„begüterte Stadt, und es lassen sich daher in keiner so viele geschickte Musiker zusammen
„bringen, wenn man sie nicht aus mehrern Städten herbeyschafft.“ *)

„Hier haben Sie indeß einige denkwürdige Vorfälle dieser Art in Venedig.“

„Während des dortigen Aufenthalts Ihrer Kaiserl. Hoheiten des Großfürsten und
„seiner Gemahlinn im Jahr 1782 gab ihnen die Republik prächtige Feste, wovon man eine
„sehr genaue und durch manche anderweitige Nationalumstände sehr interessante Beschrei-
                                                                                              „bung

*) Wenn gleich an die fünfhundert Musiker an der Aufführung des Messias, bey der Hände-lischen Gedächtnißfeyer, Theil nahmen; so ist doch die musikalische Macht in England gegenwärtig so groß, daß es noch eine eben so große Anzahl für das andre Ende der Abtey hätte aufbringen können, mit einem Giardini, Barthelemon, Salomon, u. a. an ihrer Spitze.

„bung von einer englischen Dame hat, die sich in Venedig aufhält. Unter andern wurde
„auch eine Kantate von Herrn Martellari aus Neapel, Musikmeister daselbst, von hun-
„dert Tonkünstlern und Sängerinnen aufgeführt. An einem andern Abende gab man
„ihnen Concert und Ball. Die Gesellschaft der Musiker, die alle in eine reiche Uniform
„gekleidet waren, gieng über hundert hinaus; und das Fest that eine sehr schöne Wirkung.‘‘

„Die merkwürdigste Unternehmung aber, die ich den Umständen nach für eben
„so einzig halte, als die zu London in Rücksicht auf die Menge, ist das Fest, welches man
„Sr. Maj. dem Kaiser auf seiner ersten Reise nach Italien gab.‘‘

„Man nahm aus vier Konservatorien oder Musikschulen, alle Mädchen, die im
„Stande waren, irgend eine Singestimme oder Instrumentalparthie zu übernehmen. Herr
„Bertoni, ein sehr bekannter venetianischer Kapellmeister, setzte bey dieser Gelegenheit eine
„eigne Kantate; und man sah in dem sehr großen Saale des Pallastes Rezzonico ein
„Orchester von hundert und zwanzig Mädchen in anständiger und hübscher Uniform. Alle
„Arten von Instrumenten, alle Singerollen, selbst der Contrabaß und die Blasinstru-
„mente, die Alte und Tenore, alle wurden von den jungen Händen und Kehlen der Mäd-
„chen ausgeführt; und es war unter ihnen sonst keine Mannsperson, als der Kapellmeister,
„der blos anführte. — Freylich sind das lange noch keine fünfhundert; aber wie sehr ver-
„größert doch auch das Verhältniß, welches aus der Sonderbarkeit und aus der Schwie-
„rigkeit so vieler Personen des andern Geschlechts entsteht, den Betrag der Anzahl? Zwan-
„zig Goldstücke können mehr werth seyn, als hundert Silbermünzen; und in dem gegen-
„wärtigen Falle findet sich, so zu reden, ein Unterschied des Metalls, der vielleicht beyde
„Summen gleich macht. Unter uns, mein Herr, werden Sie zugeben müssen, daß hun-
„dert Mädchen es in der Musik gar wohl mit fünfhundert Mannspersonen aufnehmen kön-
„nen. Dazu kommt noch, daß sie sehr gut mit einander zusammenstimmten, welches bey
„ihrer Lebhaftigkeit, bey der Unbekanntschaft mit einander, und bey den unter ihnen ge-
„wöhnlichen kleinen Kabalen, und bey der gegenseitigen Eifersucht der Konservatorien auf
„einander, destomehr zu verwundern ist.‘‘

„Dieß, mein theuerster Herr und Freund, ist alles, was mir gleich auf der
„Stelle zur Beantwortung Ihrer Fragen eingefallen ist. Aber da ich nicht an Ort und
„Stelle bin, und Sie mir nicht Zeit lassen wollten, hierüber umständlicher zu schreiben; so
„stehe ich auch nicht für die größte Genauigkeit der angeführten Umstände.‘‘

„Mit dem größten Vergnügen ergreife ich diese Gelegenheit, Ihnen, wenn gleich
„nur sehr unvollkommen, meine Hochachtung für ihre persönlichen Verdienste, meine Ver-
„ehrung gegen Ihre so richtigen und ausgebreiteten Einsichten, und, erlauben Sie mir
„hinzuzusetzen, auch meine Dankbarkeit für Ihren aufgeklärten Eifer an den Tag zu legen,
„der so viel Licht und so viel Philosophie über die Geschichte der Musik verbreitet hat, dieser

M 2 „nie

„nie versiegenden Quelle des Vergnügens und der Empfindung, welche die wohlthätige „Gottheit den Sterblichen eröffnet hat."

    „ Ich habe die Ehre, zu seyn,

             „ Ihr gehorsamster Diener und Freund, "
                 Graf Benincasa.

Berechnung der Einnahme
für die fünf musikalischen Aufführungen der Händelischen Gedächtnißfeyer.

	Pfund.	Schill.	Pence.
Einnahme des ersten Tages, in der Westmünsterabtey, Mittwochs, den 26. May, 1784	2966	5	—
Zweytes Concert, im Pantheon, Donnerstags, den 27. May	1690	10	—
Drittes Concert, in der Abtey, Sonnabends, den 29. May	2626	1	—
Viertes Concert, ebendaselbst, Donnerstags, den 3. Jun.	1603	7	—
Fünftes Concert, ebendaselbst, Sonnabends, den 5. Jun.	2117	17	—
Bey den drey Proben, in der Westmünsterabtey und im Pantheon	944	17	10
Gnädigstes Geschenk Sr. Majestät	525	—	—
Verkauf der Textbücher.	262	15	—

Sämtliche Einnahme, 12736 Pfund, 12 Sch. 10 P.

Berechnung der Ausgaben
für gehabte Kosten und milde Stiftungen.

	Pfund.	Schill.	Pence.
An Herrn James Wyatt, für Baukosten in der Abtey und im Pantheon	1969	12	—
Herrn Ashley zur Bezahlung des Orchesters xc.	1976	17	—
Miethe und Erleuchtung des Pantheon	156	16	—
Für die Anzeigen in den Zeitungen	236	19	—
Druck der Textbücher	289	2	—
Thürsteher	102	1	6
Für den Gebrauch der Orgel	100	—	—
Ober- und Unterbediente der Polizey	100	5	—
Geschenke und Trinkgelder	167	5	—
Für die Kupferstiche der Billete und Marken, Prägen der Medaille, Zeichnungen, Wachen, Instrumententräger, und andre kleine Ausgaben	351	8	10
An die Versorgungsanstalt für abgelebte Tonkünstler	6000	—	—
An das Westmünster-Hospital	1000	—	—
An Redmond Simpson, Unterzahlmeister, zur Bestreitung nachherigen Fodrungen.	286	6	6

Sämtliche Ausgabe, salvo errore calc. 12736 Pf. 12 Sch. 10. P.

Redmond Simpson *)

*) Sir Watkin Williams Wynn übernahm das lästige und mühsame Amt eines Zahlmeisters, und unterzog sich dadurch, ex officio, der Einnahme und Ausgabe solcher Summen, die vielfach und beträchtlich genug gewesen wären, die Bedienten eines ansehnlichen Handlungshauses zu beschäftigen. Sehr behülflich war ihm dabey der Eifer, der Fleiß und die arithmetische Geschicklichkeit des Herrn Simpson, eines vieljährigen Tonkünstlers, der sich sowohl durch seine Fähigkeiten und Rechtschaffenheit, als durch die Thätigkeit auszeichnet, womit er das Beste der musikalischen Versorgungsanstalt und die Ehre seiner Kunst zu befördern gewohnt ist.

Anhang.

Anhang.

Die Summen, die in so kurzer Zeit durch die Arbeiten eines einzigen Komponisten, so lange nach seinem Absterben und nach dem Tode fast aller seiner persönlichen Freunde und Bekannten, deren Partheylichkeit vielleicht dazu hätte beytragen können, aufgebracht sind, müssen unter die Wunderkräfte der neuern Musik gerechnet werden.

Und da der große Antheil an der bey dieser Feyerlichkeit gehabten Einnahme, welcher der Versorgungsanstalt für abgelebte Tonkünstler und deren Familien zugefallen ist, die Neugier mancher Leser in Ansehung der eigentlichen Beschaffenheit, des Umfangs und Nutzens dieser Anstalt und ihres Anspruchs auf eine so vorzügliche Milde, rege machen könnte; so will ich hier einen Auszug aus der Verfassung und den Grundgesetzen dieser Gesellschaft mittheilen, und dieselbe mit einigen Betrachtungen über ihren nachmaligen Wohlstand und Nutzen begleiten.

Auszug aus den Gesetzen und Schlüssen der Versorgungsanstalt für abgelebte Tonkünstler und deren Familien.

»Den 8ten May 1738.«

„Nachdem zu Anfange vorigen Monats eine Unterzeichnung zur Errichtung eines Fonds zum Behuf abgelebter Musiker, oder ihrer Familien, eröffnet wurde, mit der es schon einen sehr guten Fortgang gehabt hatte; so hielten die Unterzeichner zwey allgemeine Versammlungen, um sich in eine förmliche Gesellschaft, unter dem Namen der musikalischen Societät, zu vereinigen, erwählten zwölf Vorsteher für das itztlaufende Jahr, und setzten folgende Punkte unter einander fest:

I. „Daß

I. „Daß jeder Unterzeichner zu dieser Anstalt wenigstens eine halbe Krone viertel-jährig beytragen solle, wovon der erste Beytrag um bevorstehende Johannis entrichtet wer-den solle *).“

II. „Daß jährlich, am Sonntage vor Johannis, eine allgemeine Versammlung der Mitglieder, zur Durchsicht der Rechnungen, und zur Wahl der zwölf Vorsteher durchs Ballotement, gehalten werden solle; und daß besagte Vorsteher, oder ihrer fünfe beysam-men, bevollmächtigt seyn sollen, alles für diese Anstalt aufgebrachte Geld einzuheben, welches sie, so bald möglich, an den Banquier, Herrn Andreas Drummond, auf Rech-nung und zum Gebrauch dieser Societät auszuzahlen haben, um so lange in seinen Händen zu bleiben, bis die Summe davon beträchtlich genug ist, in irgend einem vom Parlament garantirten Fond auf Zinsen beleat zu werden.“

III. „Daß gedachte Vorsteher insgesamt, oder fünfe von ihnen, berechtigt seyn sollen, von Hrn. Andreas Drummond so viel Geld zu ziehen, als sie für diese Anstalt brauchen, und, mit den von der Gesellschaft für gut befundnen Einschränkungen, damit zu schalten, worüber sie jedoch genaue Rechnung führen, und solche jedem Unterzeichner auf Verlangen vorlegen müssen.“

IV. „Niemand soll, weder für sich, noch für seine Familie, irgend eine Unter-stützung aus dieser Kasse erhalten, der nicht Musiker, und Unterzeichner zu dieser Anstalt, wenigstens ein Jahr lang, gewesen ist; und hat derselbe einen von zehn Unterzeichnern, die keine Vorsteher sind unterschriebnen Beglaubigungsschein vorzuzeigen, daß er ein ordentliches Mitglied ist, ehe er aus gedachter Kasse eine Unterstützung erhalten kann.“

V. „Wer keine Familie hat, soll aus dieser Kasse nicht mehr, als zehn Schil-linge die Woche, erhalten, ausgenommen in Krankheiten noch einen Zuschuß für Pflege und Arzneyen, nach dem Gutbefinden der jedesmaligen Vorsteher.

VI. „Eine wöchentliche Hülfe, nicht über sieben Schillinge, soll denen Witwen der unterzeichnenden Tonkünstler gereicht werden, die wirklich hülfsbedürftig sind; diese soll aber aufhören, so bald sie wieder heyrathen.

VII

---

*) Im Jahr 1766 wurde ein jährlicher Zuschuß von zwanzig Schillingen, anstatt zehn, von allen neuen Mitgliedern erfodert; und die alten wurden fast einmüthig darüber eins, das nämliche zu bezahlen.

VII. „Auch wird man sich der Kinder von den Mitgliedern dieser Anstalt annehmen, die keine anderweitige Unterstützung genießen."

VIII. „Ein Zuschuß, nicht über fünf Pfund, soll zum Begräbniß eines unterzeichneten Musikers hergegeben werden, wenn er ohne hinreichenden Nachlaß stirbt, um die Kosten einer anständigen Beerdigung zu bestreiten, mit der Bedingung, daß er bis zur Zeit seines Todes ein Mitglied dieser Gesellschaft gewesen seyn muß.

IX. „Um die Gelder gehörig zu vertheilen und anzuwenden, sollen die Vorsteher den ersten Sonntag jedes Monats sich an irgend einem von ihnen bestimmten Orte versammeln; und bey diesen Versammlungen sollen sie Freyheit haben, solche Personen zu Mitgliedern aufzunehmen, bey denen es nicht wahrscheinlich ist, daß sie der Kasse bald zur Last fallen werden; und nur die sollen zur Unterzeichnung zugelassen werden, die von gedachten Vorstehern, oder durch die Mehrheit ihrer Stimmen, dazu würdig befunden sind."

X. „Bey diesen Versammlungen der Vorsteher bestreiten sie selbst die Kosten, wozu aus der Kasse nichts hergegeben wird.

XI. „Alle Mitglieder, welche Musiker sind, müssen ihre Beyträge an die Vorsteher an einem dieser monatlichen Versammlungstage bezahlen oder bezahlen lassen; und außerdem soll Jemand mit einem jährlichen Gehalte von fünf Pfund *) dazu bestellt werden, die Beyträge derer einzusammeln, die keine Musiker sind."

XII. „Sollte Jemand die Bezahlung seines Beytrages drey Vierteljahre lang versäumen; so wird er und seine Familie auf immer von allem Genuß einer Unterstützung aus dieser Kasse ausgeschlossen."

XIII. „Die Vorsteher sollen verbunden seyn, die sämtlichen Mitglieder der Gesellschaft jedesmal zusammen zu berufen, so oft zwanzig Mitglieder es verlangen."

XIV. „In allen den Fällen, worüber in den vorhergehenden Artikeln nichts festgesetzt ist, sollen die jedesmaligen Vorsteher das Recht haben, nach ihren von Zeit zu Zeit nöthig befundenen Einrichtungen zu verfahren. Nur müssen sie alle solche Einrichtungen und Anordnungen bey der nächsten allgemeinen Versammlung vorlegen, um sie von den sämtlichen Mitgliedern bestätigen zu lassen." *). ——

Im

---

*) Das Jahrgehalt des Einsammlers wurde im Jahr 1751 auf 25 Pfund erhöht.

*) Da zu Anfange der Gesellschaft die strengste Oekonomie nothwendig erfodert wurde; so waren diese Grundgesetze, so sparsam und eingeschränkt sie itzt auch scheinen mögen, vielleicht die besten, die damals zu erdenken waren; itzt aber, da das Kapital des Fonds so beträchtlich, und die Hoffnung für die Zukunft so vielversprechend geworden ist, bedürfen sie allerdings einiger Durchsicht und Ausdehnung.

Im Jahr 1739 gieng man einen Vergleich mit der Innung der Söhne der Geist-lichkeit ein, wodurch sich die Gesellschaft anheischig machte, ein aus ihren Mitgliedern ausgewähltes musikalisches Orchester zu den zwey jährlichen Aufführungen in der St. Pauls-kirche, gegen eine jährliche Vergütung von funfzig Pfund zu liefern; und diese Summe hat man seitdem beständig zu dem Fond geschlagen, und zu wohlthätigen Absichten verwandt.

Außer den zufälligen und ungewissen Einkünften von Unterzeichnungen und frey-willigen Geschenken, hat die Societät auch die Ehre gehabt, durch folgende Vermächtnisse bedacht zu werden:

Im Jahr 1758 vermachte Herr Claudio Rojere, ein musikalisches
    Mitglied der Gesellschaft zu diesem Gebrauch   • •   100 Pfund.

    1760, Hr. Boys Waldron, gleichfalls   • •   50 —

    1782, Hr. James Mathias, Kaufmann und Ehrenmitglied der
    Gesellschaft *)   = = =   50 —

    Das beträchtlichste Vermächtniß aber, welches die Societät jemals
    erhalten hat, war von ihrem großen Wohlthäter, Georg Fried-
    rich Händel, nämlich   • •   1000 —

Von diesem Vermächtnisse findet sich folgende Nachricht in dem Protokoll der Gesellschaft.

Den 17. Jun. 1759.

„Dr. Buswell, ehemaliges Mitglied der königlichen Kapelle, und einer von den Rechnungsbeamten der Societät, meldete, daß zwölfhundert vier und funfzig Pfund Ka-pital, von den reducirten jährlichen Bankrenten, die itzt auf den Namen der Herren Tho-mas Wood, Peter Gillier und Christian Reich, in den Büchern der Banco-Ge-sellschaft von England stünden, an sie von George Amyand, Esq. abgeschrieben wären, einem

---

*) Dieser würdige Dilettante, der ein be-ständiger Wohlthäter dieser Anstalt, seit ihrer Stif-tung bis zu seinem Tode war, trug nicht nur als Ehrenmitglied jährlich etwas gewisses dazu bey, sondern machte ihr auch zum öftern gelegentliche Geldgeschenke. — Die ausnehmend volle, sanfte,

und ausgedehnte Baßstimme des Hrn. Mathias wird noch lange von seinen Freunden bedauert wer-den, besonders aber von den Mitgliedern und Be-suchern des Concert zur Krone und zum Anker, die so lange und so ungemein dadurch ergötzt wurden.

Burney.   N

einem von den Exekutoren des letzten Willens und Testaments des verstorbenen Georg Friedrich Händel, Esq. zur völligen Entledigung und Abtragung des Vermächtnisses von Ein Tausend Pfund, welche besagter Georg Friedrich Händel, in einem Codicill seines letzten Willens der sogenannten Societät zur Versorgung abgelebter Tonkünstler und ihrer Familien vermacht hat, um davon auf die wohlthätigste Art zum Besten dieser milden Stiftung Gebrauch zu machen."

Durch diese Schenkungen; durch die vierteljährigen Beyträge der Mitglieder während der ersten Jahre nach der Stiftung, und nachher, als die doppelte Summe erfoderlich war, durch ihre jährliche Bezahlung; durch Ehrenmitglieder; und durch Benefitconcerte vom 17ten Jun. 1739 bis zum 20sten Jun. 1784, ungerechnet die sechs tausend Pfund von der Direktion der Händelischen Gedächtnißfeyer, ist die Societät in dem Verlauf von fünf und vierzig Jahren in den Stand gesetzt, zwölftausend Pfund bey der Südsee-Kompanie zu drey Procent zu belegen, und an kranke und dürftige Brüder und ihre Familien 24,814 Pfund, 14 Sch. ¾ auszuzahlen.

Und offenbar sind diese Summen auf die redlichste und zweckmäßigste Art vertheilt worden. Jedes bedürftige Mitglied erhielt:

	Pf.	Sch.	P.
Zu seinem Unterhalte, monatlich	2	2	—
Für eine Witwe	1	10	4
Für jedes vaterlose Kind	—	10	—
Für Schulgeld fünf- bis achtjähriger Kinder, vierteljährig	—	10	—
Acht- bis vierzehnjähriger	—	15	—
Zur Beerdigung eines verstorbnen Mitglieds.	5	—	—

Die Gesellschaft ist, von ihrer ersten Stiftung an, nicht nur von ihren vornehmsten Mitgliedern, sondern auch vom ganzen Publikum, sehr unterstützt worden; denn es ergiebt sich, daß die niedrigste jährliche Summe, die in so vielen Jahren durch Unterzeichnungen und Benefitconcerte eingenommen wurde, über 400 Pfund betragen hat, außer im Jahr 1766, wo sie sich nur auf 134 Pfund belief; und die höchste Summe, wie in den Jahren 1782 und 1783, betrug über 1100 Pfund.

Von diesen Geldern sind die jährlichen Ausgaben, die zwey oder drey ersten Jahre nach der Stiftung ausgenommen, von 120 bis 866 Pfund, welche im Jahr 1769 ausgezahlt wurden.

Die

		Pf.	Sch.	P.
Die itzigen pensionirten Mitglieder der Gesellschaft sind sieben kranke und abgelebte Personen, monatlich jede zu		2	2	—
Acht und zwanzig Witwen, monatlich jede zu		1	10	4
Eilf Kinder, monatlich jedes zu		—	10	—

Andere Witwen und Kinder haben nach Verhältniß ihrer Lage und Bedürfnisse verschiedne Pensionen; wozu überhaupt die Gesellschaft, nebst Zuschuß für Schulgeld der Kinder von verschiednem Alter gegenwärtig eine monatliche Auszahlung von 65 Pf. 16. Sch. 8 P. oder eine jährliche von 790 Pfund, leistet.

Bey den jährlichen Benefits sind die vornehmsten musikalischen Mitglieder dieser Versorgungsanstalt, die nicht im Orchester beschäftigt sind, bey der Einnahme und dem Theaterdienst angestellt. Denn alles wird von ihnen selbst besorgt, wie durch eine besondre Committee for the Concert verordnet ist. Und es scheint, daß keine milde Stiftung so sehr allen Mißbräuchen, allen Unterschleifen, oder aller Partheylichkeit könne entzogen, mit größerer Sorgfalt, Rechtschaffenheit und Oekonomie verwaltet werden, oder ihre Einnahme so sehr auf die Thätigkeit und Talente ihrer eignen Mitglieder gründen könne. Ein kleines Jahrgehalt für den Sekretär, und ein andres für den Einsammler der Beyträge ausgenommen, ist gar kein eintargliches Amt bey dieser Anstalt; so, daß der ganze Ertrag der Beyträge und Benefits ganz rein, und frey von allem Abzuge ist.

Herr Michael Christian Festing, und Doktor Morrice Green übernahmen die Direktion zur Zeit der Stiftung dieser Gesellschaft, und zwölf oder vierzehn Jahre hernach. Nach ihrem Absterben wurden andre angesehe Mitglieder, die bey den übrigen, ihrer Ehre und Rechtschaffenheit wegen, in gutem Ruf standen, dazu angesetzt; und gegenwärtig wird durch die ansehnliche Vermehrung des Fonds von der Einnahme bey der neulichen Gedächtnißfeyer, ihr Kapital ein ernsthafter und wichtiger Gegenstand, indem es sich gegen 22,000 Pfund beläuft, welches bey der Südsee=Kompanie zu drey Procent belegt ist, wodurch ihr ein jährliches Einkommen von 678 Pfund, außer den Benefits und Beyträgen, gewiß geworden ist.

Der Pfad also, der den Vorstehern und Assistenten itzt vorgezeichnet worden, ist vollkommen eben und angenehm. Das Vermögen, dem Elende und der Dürstigkeit abzuhelfen, den Hungrigen zu speisen, den Nackenden zu kleiden, und Alter und Krankheit zu erleichtern, ist ihnen in die Hände gegeben, ohne die Mühe, für die Mittel dazu besorgt zu seyn.

Da

Da man in den Zeitungen einige nachtheilige Bemerkungen über die kleinen Vergü-
tungen gemacht hat, die von einigen Mitgliedern des Orchesters bey der Gedächtnißfeyer
angenommen sind, zur Erkenntlichkeit für ihre vierzehn Tage bis drey Wochen hindurch ge-
habte Mühe und geleistete Dienste; so scheint hier der Ort zu seyn, sie wider die Vorwürfe
der Habsucht oder Niederträchtigkeit, durch genaue Darstellung ihrer Lage und ihrer Dienste,
zu rechtfertigen.

Es ist freylich sehr natürlich, daß die Wohlthäter und Freunde andrer milder Stiftungen, die anscheinende Partheylichkeit mit ungünstigem Auge betrachten, wodurch alle
andre wohlthätige Anstalten von der Theilnehmung an diesen Vortheilen ausgeschlossen sind.
Allein, eine nur flüchtige Erwägung der besondern Ansprüche dieser Societät wird vielleicht
die Vernünftigen darüber beruhigen, wenn sie gleich den vorlauten Theil des Publikums
nicht beschwichtigen sollte, in so fern sich beyde um die Verwendung der Vortheile, die
durch ein ganz durch die Musik erzeugtes und gereiftes Unternehmen gemacht sind, be-
kümmern mögen.

Und es wird nöthig seyn, dergleichen Leute daran zu erinnern, daß das erste Augen-
merk derer, die diese Feyerlichkeit entworfen, nicht die Aufbringung großer Geldsummen,
sondern die Ehre der Tonkunst, und eines großen, vorzüglich beliebten Komponisten gewesen ist. Und sehr froh wären sie bey der ersten Dämmerung von Hoffnung, daß diese Idee
jemals ausgeführt werden könne, gewesen, wenn einer von denen, die zuerst davon hörten,
ihnen hätte versichern können, daß der Plan sich selbst unterstützen würde. Als
Männer von Profession, und besonders die Mitglieder der musikalischen Versorgungsanstalt, sich willig finden ließen, dabey alle mögliche Hülfe zu leisten, und es nun möglich schien,
daß die Ausgaben, so ansehnlich sie auch in jedem Betracht scheinen mußten, nicht nur
durch die anzustellenden Concerte bestritten werden könnten, sondern, daß vielleicht noch
etwas Ueberschuß da seyn würde; so konnte nichts natürlicher und vernünftiger seyn, als
daß die Urheber dieses Unternehmens den Eifer der Musiker durch die Hoffnung, Wohlthäter ihrer wohleingerichteten Anstalt zu werden, noch mehr befeuerten.

Wenn man aber bedenkt, daß die Neugierde des Publikums während des Fort-
gangs dieser Unternehmung in dem Maaße gereizt wurde, in welchem sich der freywillige
Diensteifer belebte, womit Tonkünstler von jedem Range ihre Beyhülfe unentgeldlich an-
trugen, so lange man noch vermuthete, daß die ganze Feyerlichkeit aus nicht mehr als

zwey

zwey musikalischen Aufführungen an einem und eben dem Tage bestehen würde; daß Musik der Ursprung, Musik die wirkende und die letzte Ursache der ganzen Feyerlichkeit war; und daß Künstler oder Gelehrte von irgend einer andern Wissenschaft, Kunst oder Fakultät, von noch so überwiegendem Range und Nutzen, vielleicht das Publikum nicht so wirksam hätten bewegen können, mit so ungewöhnlichem Aufwande irgend eine andre Art von öffentlicher Unterhaltung zu unterstützen; so kann man es schwerlich mehr für unbillig erklären, daß Tonkünstler es wünschten, und daß ihre Gönner bereit waren, diesem Wunsche zu willfahren, daß eine milde Stiftung, die einzig und allein zum Besten ihrer bejahrten, kranken und dürftigen Brüder sowohl, als ihrer gleich bedürftigen Weiber, Wirwen, Kinder und Waisen, gestiftet war, vorzüglich durch den glücklichen Erfolg dieser so denkwürdigen Feyerlichkeit gewinnen möchte.

Und in Rücksicht auf die Lage der Tonkünstler überhaupt, die an dieser Gedächtnißfeyer thätigen Antheil nahmen, läßt sich mit der größten Wahrheit behaupten, daß kein vorzüglicher Meister unter ihnen die Aufführung mit besorgen konnte, ohne der Ehre Händel's und dem Wohl der Societät ein sehr beträchtliches Opfer zu bringen. Selbst die, welche bezahlt wurden, erhielten durchaus keine Entschädigung für die vieltägige Versäumung ihrer Scholaren und andrer Geschäfte, um bey den öffentlichen und besondern Proben sowohl, als bey den Aufführungen selbst, zugegen zu seyn. Diejenigen Musiker, die für den Eingang alle fünfmal bezahlten, und deren es eine große Menge gaben, litten in der That den kleinsten Verlust. Aber auch ihnen muß der Aufwand von fünf Guineen, und die viertägige Hintansetzung ihrer Geschäfte, zu solch einer Jahrszeit, einen beträchtlichen Unterschied in ihren Umständen verursacht haben.

Die würdigen und edeln Herren, welche die Unternehmung mit ihrer Direktion und ihrem Schutze beehrten, boten sehr weise und großmüthig ehrenvolle Erkenntlichkeiten aus, die in Anführerstäben, Mahlzeiten, Medaillen, und Ansehen für diejenigen bestanden, welche, ohne am Orchester Theil zu nehmen, sich bey dieser Sache anderweitigen Bemühungen unterziehen wollten. Indeß gebührt auch ihnen die Gerechtigkeit, daß Händel's Ehre, und das Beste ihrer Lieblingssocietät, ihren Eifer stärker spornte, als irgend eine andre Rücksicht. Und die gänzliche Uneigennützigkeit und Menschenfreundlichkeit, womit die ersten Meister unter unsern Tonkünstlern sich für das Wohl der Anstalt thätig bewiesen haben, ihre Mühe und ihre Verläugnung aller Vortheile, schon seit der ersten Stiftung derselben, ist desto rühmlicher, da außer ihren vierteljährigen Beyträgen, ihre Gegenwart

N 3 bey

bey den allgemeinen und monatlichen Versammlungen als Vorsteher, und dabey gemachte Aufwand, die unentgeldliche Beyhülfe ihrer Kunst in dem jährlichen Benefitconcerte für das Institut, und in dem für die Söhne der Geistlichkeit zum Besten der Societät, Opfer sind, deren sich keine andre Künstler rühmen können, blos zum Unterhalt und zur Hülfe ihrer unglücklichen Brüder und ihrer Familien; indem sie dadurch die Last, für ihre Bedürfnisse zu sorgen, von den Schultern des Publikums auf ihre eignen nehmen.

Abbildung, der auf Händel's Gedächtnißfeyer geprägten Denkmünze.

Inhalt.

NACHWORT

Eine Faksimile-Ausgabe der *Nachricht von Georg Friedrich Händels Lebensumständen* von Charles Burney (1726–1814) in der Übersetzung von Johann Joachim Eschenburg (1743–1820) mit dem *Bericht über die Gedächtnisfeier vom Jahre 1784* (diese Zentenarfeier fand bekanntlich ein Jahr zu früh statt) findet noch heute das Interesse des Musikliebhabers wie auch des Musikwissenschaftlers. Fast 200 Jahre intensiver Händel-Forschung sind seither vergangen, und es zeigte sich, daß uns Händel heute in mancher Hinsicht nähersteht als denjenigen, die 25 Jahre nach seinem Tode über ihn schrieben. Auf der anderen Seite aber schwingt – bei allen Irrtümern und bloß Anekdotenhaftem im einzelnen – so viel lebendige Tradition, ja persönlich Erlebtes mit, daß diese Lebensbeschreibung in ihrer doppelten Brechung durch zwei bedeutende Gelehrte jener Zeit für uns einen ganz besonderen Reiz besitzt.

Charles Burney, der schon als Fünfundzwanzigjähriger Händel bei der Einstudierung des „*Messias*" in Chester kennengelernt hatte und später als Violin- und Viola-Spieler in Händels Orchester tätig war, 1769 in Oxford den Grad eines Doktors der Musik erwarb, wurde zuerst berühmt durch seine Reiseberichte *The Present State of Music in France and Italy* (London 1771) und *The Present State of Music in Germany, the Netherlands and United Provinces* (London 1773); beide Werke wurden kurz darauf von Christoph David Ebeling ins Deutsche übersetzt und erschienen unter den Titeln *Carl Burney's der Musik Doctors Tagebuch einer musikalischen Reise durch Frankreich und Italien* (Hamburg 1772) und *Carl Burney's der Musik Doctors Tagebuch seiner Musikalischen Reisen, II. und III. Band* (Hamburg 1773). Burney sammelte damals schon Material für sein umfassendes Werk *A General History of Music*, das in vier Bänden zwischen 1776 und 1789 herauskam und ihn zu einer internationalen Autorität machte. Sein *Sketch of Life of Handel* sowie *An account of the Musical Performances in Westminster Abbey and Pantheon in Commemoration of Handel* erschien 1785 bei Payne & Robinson. Burney war 1784 Organist des Spitals in Chelsea geworden, und von dort aus beteiligte er sich an den Vorbereitungen zu der erwähnten Zentenarfeier desselben Jahres; die Lebensskizze Händels ist dazu eigentlich nur eine umfangreicher ausgeführte Einleitung.

Die deutsche Übersetzung dieser beiden Arbeiten erschien noch im gleichen Jahre in Berlin und Stettin bei Friedrich Nicolai, eine zweite Auflage im Jahre 1834. Johann Joachim Eschenburg, Professor für Literaturgeschichte am Braunschweiger Carolineum, war einer der hervorragendsten Vertreter des deutschen Geisteslebens in der zweiten Hälfte des 18. Jahrhunderts, der sich insbesondere als Freund Lessings und Herausgeber seines Nachlasses große Verdienste erworben hat. Auch mit Herder stand er in regem Briefwechsel. Seine Beziehungen zur Musik waren mannigfaltig. So schrieb er verschiedene Operntexte im italienischen Geschmack und stand in enger Verbindung zu den beiden ältesten Bach-Söhnen. Einige wichtige ästhetische Werke der englischen Aufklärung hat Eschenburg mustergültig übersetzt, so *Dr. Brown's Betrachtungen über Poesie und Musik* (Leipzig 1769) und *Daniel Webb's Betrachtungen über Poesie und Musik* (Leipzig 1771); in diese Reihe gehört auch die Übertragung von *Dr. Karl Burney's Abhandlung über die Musik der Alten* (Leipzig 1781), die er dem ersten Band der Musikgeschichte Burneys entnahm. So war es verständlich, daß Eschenburg bald nach dem Erscheinen der Burneyschen Händel-Schrift auch ihre

Übersetzung besorgte, zumal er selbst bereits im Jahre 1774 für eine Braunschweiger Aufführung Händels *Judas Maccabäus* ins Deutsche übertragen hatte.

Es ist kein Zufall, daß es in Deutschland Männer wie Ebeling, Klopstock und Eschenburg waren, die als Händel-Übersetzer wirkten, daß Herder, Goethe, Hiller, Reichardt und Zelter die eifrigsten Förderer und Verehrer des Händelschen Werkes in der Zeit des klassischen Humanismus waren. In diesem Zusammenhange ist hervorzuheben, daß Eschenburg auch der erste war, der sämtliche Werke Shakespeares ins Deutsche übersetzte; die Verbindung Händel–Shakespeare wurde noch für Georg Gottfried Gervinus aus demokratischer Gesinnung heraus bedeutsam. Eschenburgs Übersetzung der beiden Händel-Schriften Burneys zeugt nicht nur von größter Sorgfalt, sondern verrät auch die musikalische Beschlagenheit des Autors. Gerade die Tatsache, daß an diesem Werk zwei bedeutende Humanisten ihrer Zeit gearbeitet haben, macht es auch für unsere Zeit so wertvoll. Unter den Händel-Biographien des 18. Jahrhunderts nimmt es eine hervorragende Stellung ein.

Walther Siegmund-Schultze

Discographies by Travis & Emery:

Discographies by John Hunt.

1987: From Adam to Webern: the Recordings of von Karajan.

1991: 3 Italian Conductors and 7 Viennese Sopranos: 10 Discographies: Arturo Toscanini, Guido Cantelli, Carlo Maria Giulini, Elisabeth Schwarzkopf, Irmgard Seefried, Elisabeth Gruemmer, Sena Jurinac, Hilde Gueden, Lisa Della Casa, Rita Streich.

1992: Mid-Century Conductors and More Viennese Singers: 10 Discographies: Karl Boehm, Victor De Sabata, Hans Knappertsbusch, Tullio Serafin, Clemens Krauss, Anton Dermota, Leonie Rysanek, Eberhard Waechter, Maria Reining, Erich Kunz.

1993: More 20th Century Conductors: 7 Discographies: Eugen Jochum, Ferenc Fricsay, Carl Schuricht, Felix Weingartner, Josef Krips, Otto Klemperer, Erich Kleiber.

1994: Giants of the Keyboard: 6 Discographies: Wilhelm Kempff, Walter Gieseking, Edwin Fischer, Clara Haskil, Wilhelm Backhaus, Artur Schnabel.

1994: Six Wagnerian Sopranos: 6 Discographies: Frieda Leider, Kirsten Flagstad, Astrid Varnay, Martha Moedl, Birgit Nilsson, Gwyneth Jones.

1995: Musical Knights: 6 Discographies: Henry Wood, Thomas Beecham, Adrian Boult, John Barbirolli, Reginald Goodall, Malcolm Sargent.

1995: A Notable Quartet: 4 Discographies: Gundula Janowitz, Christa Ludwig, Nicolai Gedda, Dietrich Fischer-Dieskau.

1996: The Post-War German Tradition: 5 Discographies: Rudolf Kempe, Joseph Keilberth, Wolfgang Sawallisch, Rafael Kubelik, Andre Cluytens.

1996: Teachers and Pupils: 7 Discographies: Elisabeth Schwarzkopf, Maria Ivoguen, Maria Cebotari, Meta Seinemeyer, Ljuba Welitsch, Rita Streich, Erna Berger.

1996: Tenors in a Lyric Tradition: 3 Discographies: Peter Anders, Walther Ludwig, Fritz Wunderlich.

1997: The Lyric Baritone: 5 Discographies: Hans Reinmar, Gerhard Hüsch, Josef Metternich, Hermann Uhde, Eberhard Wächter.

1997: Hungarians in Exile: 3 Discographies: Fritz Reiner, Antal Dorati, George Szell.

1997: The Art of the Diva: 3 Discographies: Claudia Muzio, Maria Callas, Magda Olivero.

1997: Metropolitan Sopranos: 4 Discographies: Rosa Ponselle, Eleanor Steber, Zinka Milanov, Leontyne Price.

1997: Back From The Shadows: 4 Discographies: Willem Mengelberg, Dimitri Mitropoulos, Hermann Abendroth, Eduard Van Beinum.

1997: More Musical Knights: 4 Discographies: Hamilton Harty, Charles Mackerras, Simon Rattle, John Pritchard.

1998: Conductors On The Yellow Label: 8 Discographies: Fritz Lehmann, Ferdinand Leitner, Ferenc Fricsay, Eugen Jochum, Leopold Ludwig, Artur Rother, Franz Konwitschny, Igor Markevitch.

1998: More Giants of the Keyboard: 5 Discographies: Claudio Arrau, Gyorgy Cziffra, Vladimir Horowitz, Dinu Lipatti, Artur Rubinstein.

1998: Mezzos and Contraltos: 5 Discographies: Janet Baker, Margarete Klose, Kathleen Ferrier, Giulietta Simionato, Elisabeth Höngen.

1999: The Furtwängler Sound Sixth Edition: Discography and Concert Listing.

1999: The Great Dictators: 3 Discographies: Evgeny Mravinsky, Artur Rodzinski, Sergiu Celibidache.

1999: Sviatoslav Richter: Pianist of the Century: Discography.

2000: Philharmonic Autocrat 1: Discography of: Herbert Von Karajan [Third Edition].

2000: Wiener Philharmoniker 1 - Vienna Philharmonic & Vienna State Opera Orchestras: Disc. Part 1 1905-1954.

2000: Wiener Philharmoniker 2 - Vienna Philharmonic & Vienna State Opera Orchestras: Disc. Part 2 1954-1989.

2001: Gramophone Stalwarts: 3 Separate Discographies: Bruno Walter, Erich Leinsdorf, Georg Solti.

2001: Singers of the Third Reich: 5 Discographies: Helge Roswaenge, Tiana Lemnitz, Franz Völker, Maria Müller, Max Lorenz.

2001: Philharmonic Autocrat 2: Concert Register of Herbert Von Karajan Second Edition.

2002: Sächsische Staatskapelle Dresden: Complete Discography.

2002: Carlo Maria Giulini: Discography and Concert Register.

2002: Pianists For The Connoisseur: 6 Discographies: Arturo Benedetti Michelangeli, Alfred Cortot, Alexis Weissenberg, Clifford Curzon, Solomon, Elly Ney.

2003: Singers on the Yellow Label: 7 Discographies: Maria Stader, Elfriede Trötschel, Annelies Kupper, Wolfgang Windgassen, Ernst Häfliger, Josef Greindl, Kim Borg.

2003: A Gallic Trio: 3 Discographies: Charles Münch, Paul Paray, Pierre Monteux.

2004: Antal Dorati 1906-1988: Discography and Concert Register.

2004: Columbia 33CX Label Discography.

2004: Great Violinists: 3 Discographies: David Oistrakh, Wolfgang Schneiderhan, Arthur Grumiaux.

2006: Leopold Stokowski: Second Edition of the Discography.

2006: Wagner Im Festspielhaus: Discography of the Bayreuth Festival.

2006: Her Master's Voice: Concert Register and Discography of Dame Elisabeth Schwarzkopf [Third Edition].

2007: Hans Knappertsbusch: Kna: Concert Register and Discography of Hans Knappertsbusch, 1888-1965. Second Edition.

2008: Philips Minigroove: Second Extended Version of the European Discography.

2009: American Classics: The Discographies of Leonard Bernstein and Eugene Ormandy.

Discography by Stephen J. Pettitt, edited by John Hunt:
1987: Philharmonia Orchestra: Complete Discography 1945-1987

Available from: Travis & Emery at 17 Cecil Court, London, UK. (+44) 20 7 240 2129. email on sales@travis-and-emery.com .

Music and Books published by Travis & Emery Music Bookshop:

Anon.: Hymnarium Sarisburense, cum Rubris et Notis Musicus

Agricola, Johann Friedrich from Tosi: Anleitung zur Singkunst. (Faksimile 1757)

Bach, C.P.E.: edited W. Emery: Nekrolog or Obituary Notice of J.S. Bach.

Bateson, Naomi Judith: Alcock of Salisbury

Bathe, William: A Briefe Introduction to the Skill of Song

Bax, Arnold: Symphony #5, Arranged for Piano Four Hands by Walter Emery

Burney, Charles: The Present State of Music in France and Italy

Burney, Charles: The Present State of Music in Germany, The Netherlands …

Burney, Charles: An Account of the Musical Performances ... Handel

Burney, Karl: Nachricht von Georg Friedrich Handel's Lebensumstanden.

Burns, Robert (jnr): The Caledonian Musical Museum (1810 volume)

Cobbett, W.W.: Cobbett's Cyclopedic Survey of Chamber Music. (2 vols.)

Corrette, Michel: Le Maitre de Clavecin

Crimp, Bryan: Dear Mr. Rosenthal … Dear Mr. Gaisberg …

Crimp, Bryan: Solo: The Biography of Solomon

d'Indy, Vincent: Beethoven: Biographie Critique

d'Indy, Vincent: Beethoven: A Critical Biography

d'Indy, Vincent: César Franck (in French)

Fischhof, Joseph: Versuch einer Geschichte des Clavierbaues

Frescobaldi, Girolamo: D'Arie Musicali per Cantarsi. Primo Libro & Secondo Libro.

Geminiani, Francesco: The Art of Playing the Violin.

Handel; Purcell; Boyce; Green et al: Calliope or English Harmony: Volume First.

Hawkins, John: A General History of the Science and Practice of Music (5 vols.)

Herbert-Caesari, Edgar: The Science and Sensations of Vocal Tone

Herbert-Caesari, Edgar: Vocal Truth

Hopkins and Rimboult: The Organ. Its History and Construction.

Hunt, John: some 40 discographies – see list of discographies

Isaacs, Lewis: Hänsel and Gretel. A Guide to Humperdinck's Opera.

Isaacs, Lewis: Königskinder (Royal Children) A Guide to Humperdinck's Opera.

Lacassagne, M. l'Abbé Joseph : Traité Général des élémens du Chant.

Lascelles (née Catley), Anne: The Life of Miss Anne Catley.

Mainwaring, John: Memoirs of the Life of the Late George Frederic Handel

Malcolm, Alexander: A Treaty of Music: Speculative, Practical and Historical

Marx, Adolph Bernhard: Die Kunst des Gesanges, Theoretisch-Practisch

May, Florence: The Life of Brahms

Mellers, Wilfrid: Angels of the Night: Popular Female Singers of Our Time

Mellers, Wilfrid: Bach and the Dance of God

Travis & Emery Music Bookshop
17 Cecil Court, London, WC2N 4EZ, United Kingdom.
Tel. (+44) 20 7240 2129

Music and Books published by Travis & Emery Music Bookshop:

Mellers, Wilfrid: Beethoven and the Voice of God
Mellers, Wilfrid: Caliban Reborn - Renewal in Twentieth Century Music
Mellers, Wilfrid: François Couperin and the French Classical Tradition
Mellers, Wilfrid: Harmonious Meeting
Mellers, Wilfrid: Le Jardin Retrouvé, The Music of Frederic Mompou
Mellers, Wilfrid: Music and Society, England and the European Tradition
Mellers, Wilfrid: Music in a New Found Land: ... ... American Music
Mellers, Wilfrid: Romanticism and the Twentieth Century (from 1800)
Mellers, Wilfrid: The Masks of Orpheus: ...... the Story of European Music.
Mellers, Wilfrid: The Sonata Principle (from c. 1750)
Mellers, Wilfrid: Vaughan Williams and the Vision of Albion
Panchianio, Cattuffio: Rutzvanscad Il Giovine.
Pearce, Charles: Sims Reeves, Fifty Years of Music in England.
Pettitt, Stephen: Philharmonia Orchestra: Complete Discography 1945-1987
Playford, John: An Introduction to the Skill of Musick.
Purcell, Henry et al: Harmonia Sacra ... The First Book, (1726)
Purcell, Henry et al: Harmonia Sacra ... Book II (1726)
Quantz, Johann: Versuch einer Anweisung die Flöte traversiere zu spielen.
Rameau, Jean-Philippe: Code de Musique Pratique, ou Méthodes.
Rastall, Richard: The Notation of Western Music.
Rimbault, Edward: The Pianoforte, Its Origins, Progress, and Construction.
Rousseau, Jean Jacques: Dictionnaire de Musique
Rubinstein, Anton : Guide to the proper use of the Pianoforte Pedals.
Sainsbury, John S.: Dictionary of Musicians. Vol. 1. (1825). 2 vols.
Simpson, Christopher: A Compendium of Practical Musick in Five Parts
Spohr, Louis: Autobiography
Spohr, Louis: Grand Violin School
Tans'ur, William: A New Musical Grammar; or The Harmonical Spectator
Terry, Charles Sanford: Four-Part Chorals of J.S. Bach. (German & English)
Terry, Charles Sanford: Joh. Seb. Bach, Cantata Texts, Sacred and Secular.
Terry, Charles Sanford: The Origins of the Family of Bach Musicians.
Tosi, Pierfrancesco: Opinioni de' Cantori Antichi, e Moderni
Van der Straeten, Edmund: History of the Violoncello, The Viol da Gamba ...
Van der Straeten, Edmund: History of the Violin, Its Ancestors... (2 vols.)
Walther, J. G.: Musicalisches Lexikon ober Musicalische Bibliothec (1732)

Travis & Emery Music Bookshop
17 Cecil Court, London, WC2N 4EZ, United Kingdom.
Tel. (+44) 20 7240 2129

www.ingramcontent.com/pod-product-compliance
Lightning Source LLC
Chambersburg PA
CBHW062100090426

42741CB00015B/3289